U0523048

让光透进来

找回幸福的能力

毕淑敏

——

著

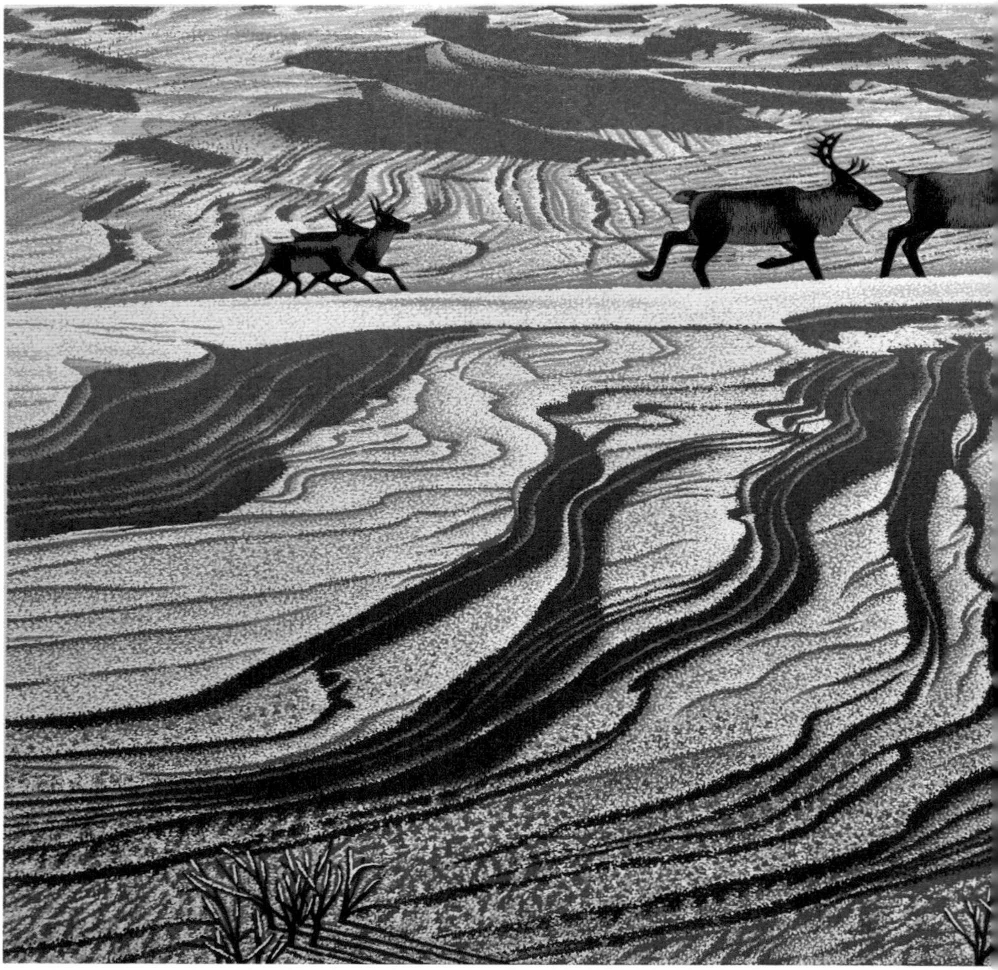

我们的生命，
不因别人的喜欢而存在。

生命有裂缝，
　阳光才照得进来。

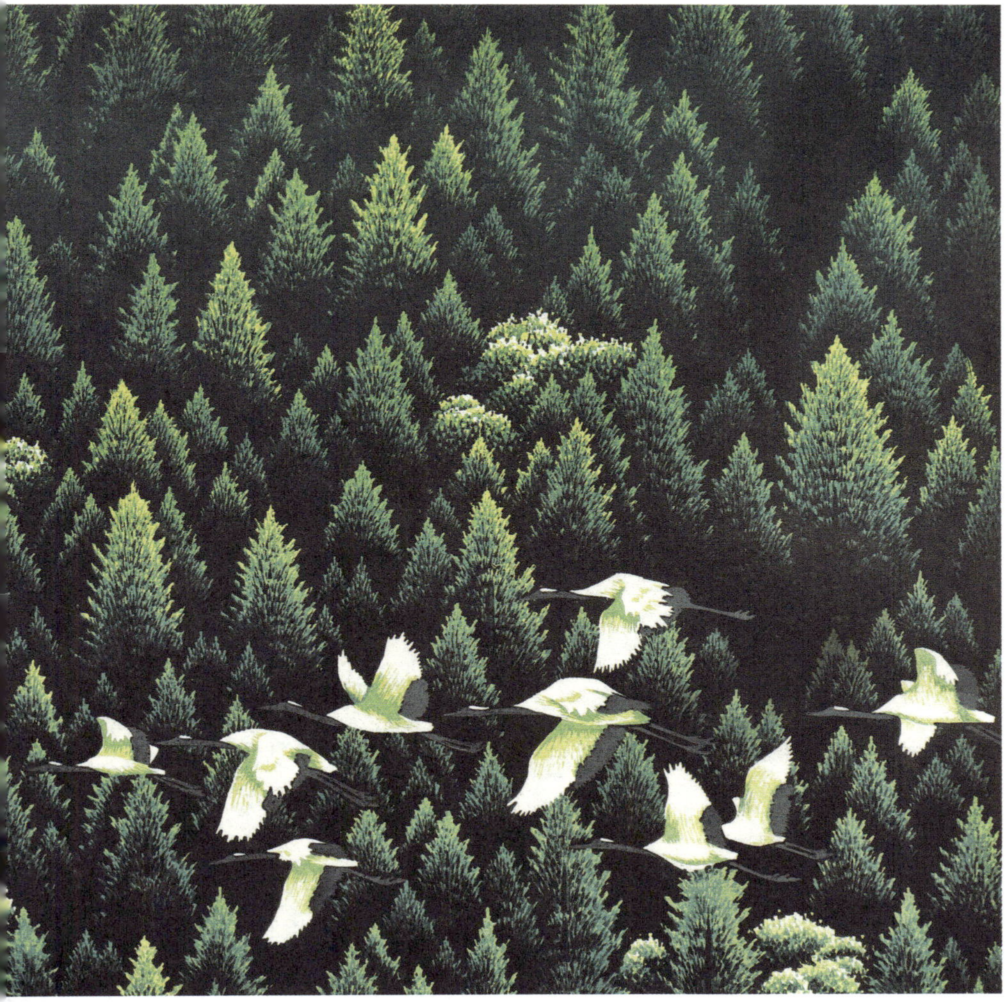

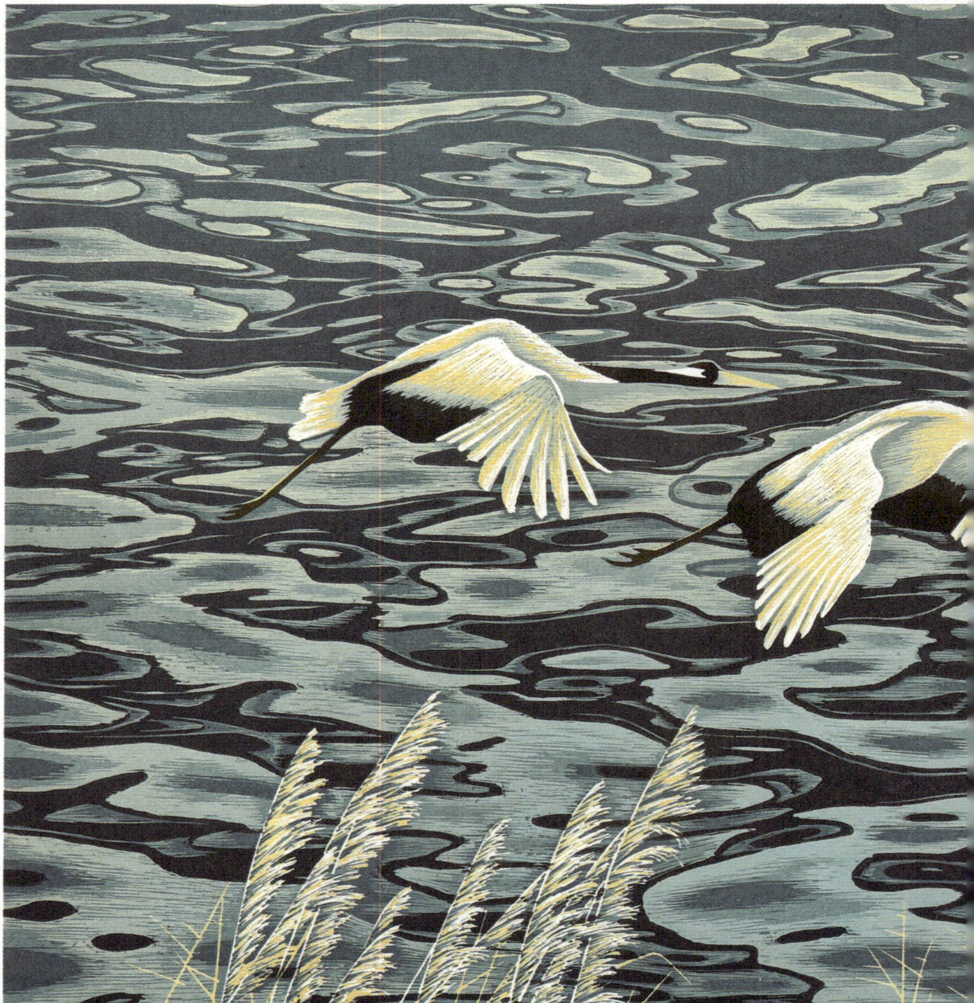

你要全盘接受你不能改变的那一部分，那不是耻辱，是你之所以成为你的特别之处。

你的第一责任
是使你自己幸福。

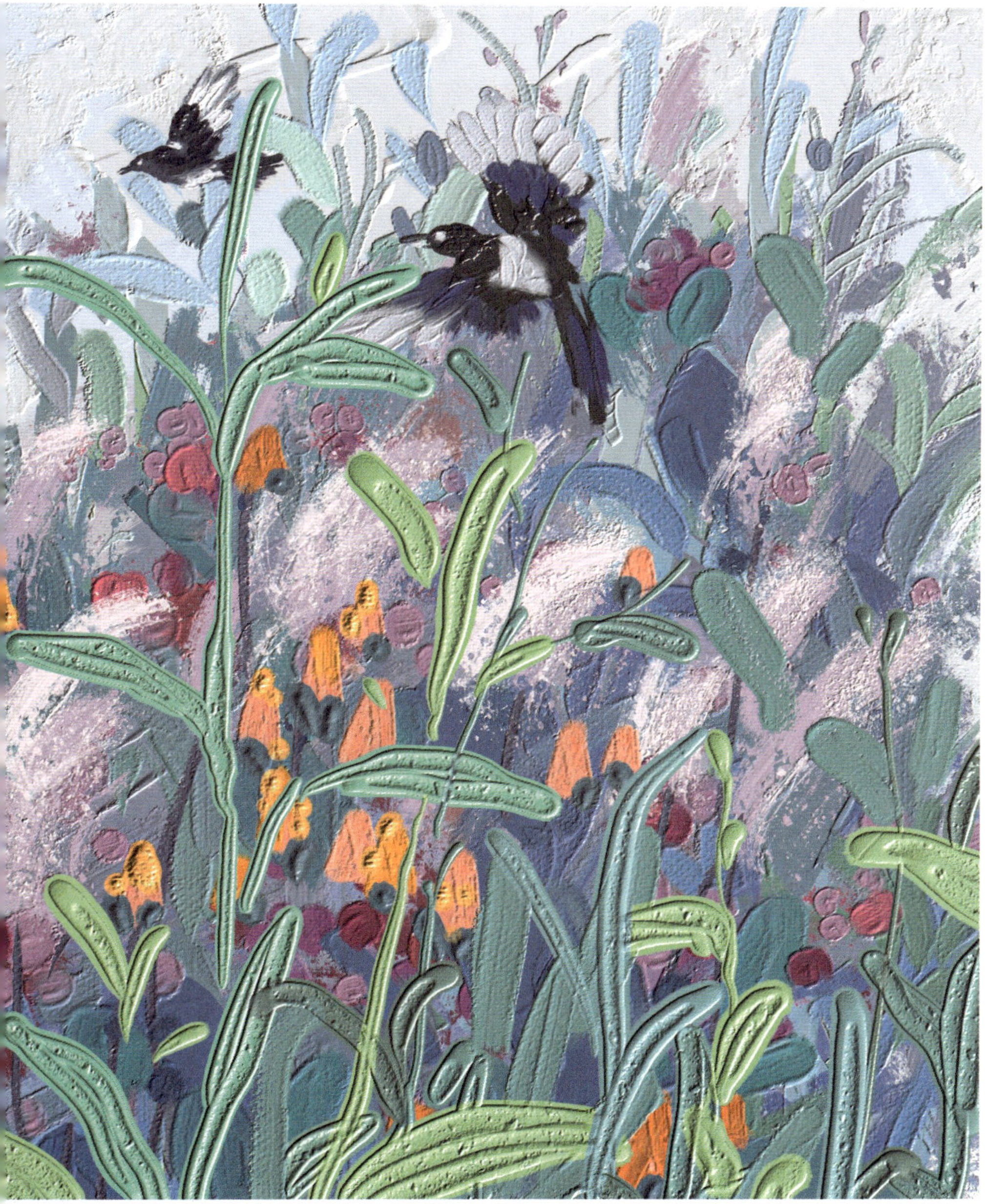

人生本没有意义，你要为自己的人生确立一个意义。

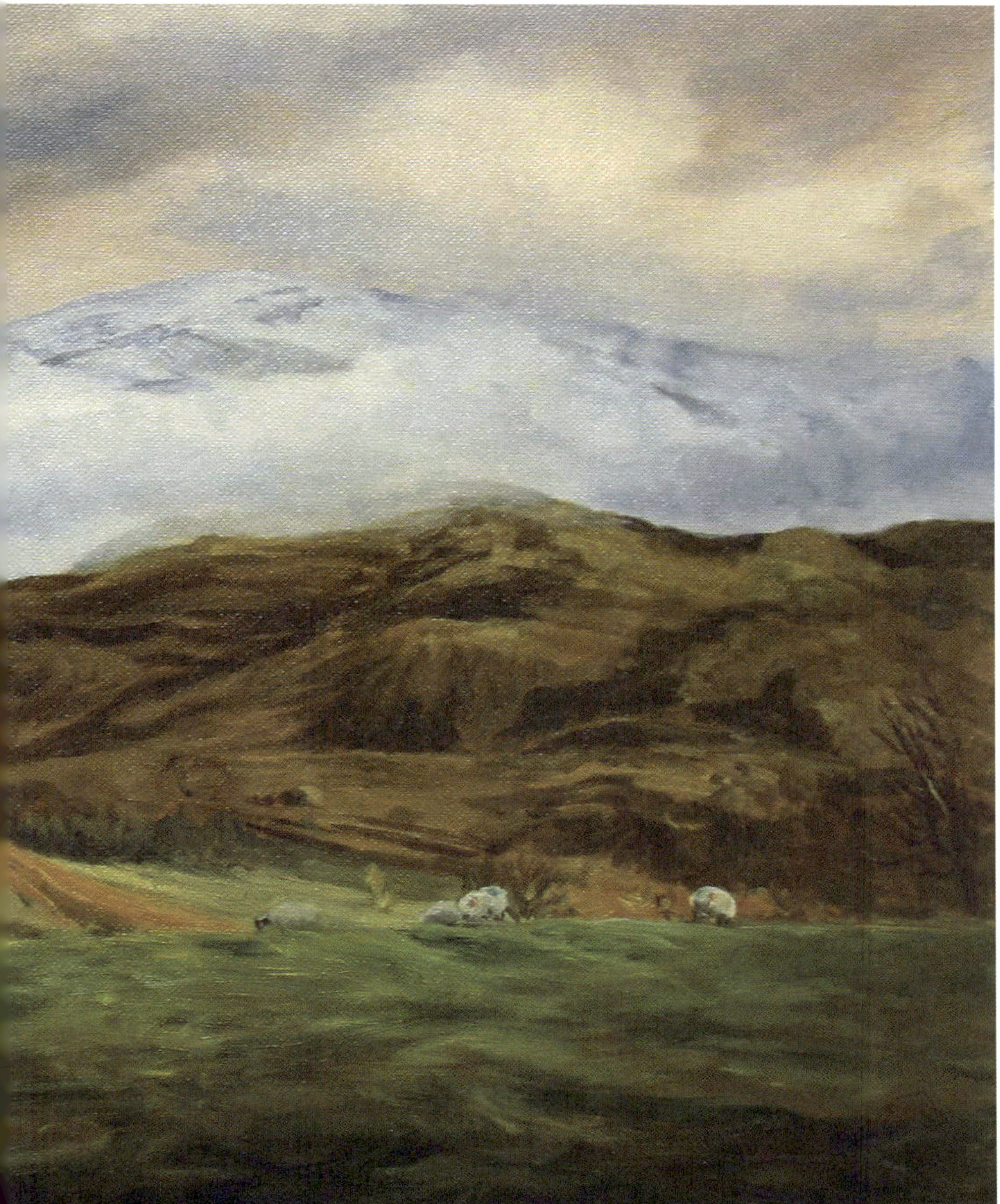

目录 CONTENTS

引子
心理学：一门由内窥外的艺术 /001

第一章
幸福究竟是什么

幸福是快乐和意义的结合 /002

感知幸福的物质基础 /008

四种类型的幸福观 /024

第二章
你是自己幸福的第一责任人

给健康做个评估 /044

改变能改变的，接受不能改变的 /053

自我肯定，获得恰到好处的安全感 /058

没有绝对的好事或坏事，真诚乐观很重要 /065

珍视自己的能力和价值 /069

学会控制情绪，警惕完美主义倾向 /080

以问题为中心，让心更宽广 /084

勇于表达自己，战胜自我恐惧 /088

增强心理弹性指数，让压力落荒而逃 /092

启动适度的自我防卫机制，跨越心理危机 /095

恰切评估，对自己有正确的期望 /099

适应改变，为自己的幸福负责 /104

所有抑郁症的产生，都是人际关系出了问题 /108

朝前看，人生从现在开始 /112

第三章
打破枷锁，幸福不再遥不可及

自卑：幸福的最大敌人 /118

悲伤：不可避免的生命体验 /169

焦虑：无处不在的时代病症 /200

第四章
抵达幸福有方法

构建自己的幸福体系 /236

幸福，最重要的是要有目标感 /242

让光透进来，你有能力获得幸福 /250

附录　社会再适应评定量表 /255

后记　念叨着一种坚定的幸福 /277

引子
心理学：
一门由内窥外的艺术

一个幽灵，心理学的幽灵，在中国大地上飘荡。首先，我们来谈谈什么是心理学。

这些年，心理学这个名词，以惊人的速度普及开来。几乎所有的人，都会在某个场合提到心理学。

比如说，考察航天员的时候，张三和李四各方面的条件都差不多，最后选了张三没有选李四，最终决定取舍的理由，是张三的心理素质更好。

考试砸了锅，大家会说是这个孩子的心理适应不良，才导致临场发挥失常。

国手比赛失误，有时也说不是技不如人，而是输在了心理上。

心理学是这样一个空前普及又扑朔迷离的词。它到底是什么呢？

顾名思义，心理学是研究心理的学问。那么，心理，又是什么东西呢？

在心理学的教科书里，对"心理"所下的定义是这样的：

让光透进来：找回幸福的能力

心理是一切精神活动的总称。它包括感觉、知觉、记忆、思维、情感、意志、能力、气质、性格等心理现象，以及从潜意识到意识的具有不同程度知觉的各种心理现象。

这有一点难懂了。什么叫意识？

意识就是人特有的心理反应形式。是你对环境的刺激和自身的感受，对自己的行为和认知有所监控。一句话，你是清醒的。

这句话说起来比较绕，就是说意识无所不在。比如在突然出了车祸的现场，在疾病的危重期，大家想到的第一个问题就是——他的意识还清醒吗？

如果回答说，意识还很清醒，问话的人就会稍稍松一口气，觉得事态还没有到十万火急的地步，这个人还有救。如果说，意识已经不清醒了，就说明这个人伤得很重，很可能已经生命垂危。由此可见，一个人的意识是何等重要，它是自主生命存在的最显著的标志。

说完意识，还有潜意识。潜意识是什么东西呢？除了我们清楚地意识到自己的行为和思想之外，我们每个人还有一个潜意识的系统。"潜"这个字，就是指"隐藏在水下"，平时不暴露出来。也就是说，在我们能够觉察的意识层面之下，还藏有一个庞大的体系，这就是潜意识。潜意识和意识之比，是怎样的比例呢？

如果把一个人的心理分成10等份，那么，意识是1，潜意识是9。

你可能会吓一大跳，说："在我的身体里面，不仅住着我的意识，还住着如此众多的潜意识，我却不了解、不认识它，这不是很可怕的事情吗？"

是啊，这就是人认识自己如此艰难的原因。明确地露在外面的

引子　心理学：一门由内窥外的艺术

意识比较好办，难办的是藏在水面以下的潜意识。关于这个问题，我们先在这里埋下伏笔，留到后面再来详细说。请大家一定记住：潜意识是一个非常重要的领域。

谈到心理学，大家都觉得它是舶来品，是非常年轻的学问。这话有正确的一部分。为什么这么说呢？

心理学用英文讲叫"psychology"，词根源于古希腊语。这个词的意思是"有关灵魂的科学"。1879年，冯特在德国莱比锡大学建立了世界第一个心理实验室。它的出现，使当时处于"神学的奴婢、哲学的附庸"位置的心理学正式被纳入了科学实验的轨道，从而使心理学从近代的哲学、生理学、神学中脱颖而出，正式成为一门独立的学科。所以，人们通常把1879年定为心理学的开端。

但是，这并不是说，在我们古老的东方文化中，就没有心理学的踪迹。中国文化认为"心"是指精神和意识；"理"，就是道理和规律。南宋的思想家陆九渊把"心"和"理"这两个字联系起来。他提出"心即理"，从此在中国就有了"心理"这个说法。

晋代的大诗人陶渊明有诗曰："养色含精气，粲然有心理。"这"心理"二字，从此也进入了文学的范畴。

我们讲了这么半天，简言之，心理学就是研究人的意识和行为规律的一门学科。

也许有人会说，心灵和精神是没有办法直接观察到的，我心里是怎么想的，我不告诉你，你有什么法子知道呢？

的确，如果一个人只是心里转着千百种念头，但是他不说不做，像个泥塑一样一动不动，那么别人的确无从知晓他是怎样想的。心理学作为一门学科，在这种对象面前，也是一筹莫展，只好败下阵来。一门学科的宗旨和研究范围是要经得起推敲的，因此，心理学的完整定义就是：研究心理和行为过程的学科。

心理学的行为指的是什么呢？

你做的任何事情，都是你的行为。吃饭、睡觉、讲话、打喷嚏、做梦、赌博、吸毒、看电视选频道、考大学报志愿、到公园里相亲、偷东西、结婚、对你的孩子说某一句话、来参加《百家讲坛》的活动、坐在某个座位上、天暖和了要脱去棉衣等，一切的一切，都是行为。

除了这些外显的行为以外，还有一些隐藏的内部心理活动，比如你的记忆和思考，这些也都在心理学的研究范围之内。

看到这里，也许有的朋友会说："天啊，这心理学岂不成了天下第一大箩筐，什么东西都可以装在里面了？"

在某种程度上说，这个说法还真是可以成立。因为人是天地间第一宝贵的生灵，那么关于人的思维和行为的科学，当然就包罗万象了，也可以说是雅俗共赏。举个例子，你可以在菜市场听到两个老太太吵架，这个说："你加塞了。"那个说："我早就在这里了，是你没看到。"两个人越说越急，之后一定有一个老人家张口就说："你有病啊！"另外一个也恼了，说："我没病，你才有病呢！"唇枪舌剑你来我往的，两个人都互不相让，都让对方到医院去看医生。

毫无疑问，这里说的"有病"或"没病"，并不是指拉肚子或感冒发烧，也不是癌症关节炎，而是指精神上有病，更具体地说，是心理上有病。让对方看医生，也不是去看内科或外科的医生，而是去看心理医生。

看奥运会，优秀运动员发挥失常，教练会说，这次失败，不是输在了技术上，而是输在了心理上。

围棋下输了，多半也会说是临场心理调适不当。水平相当的排球篮球输了（中国足球咱们就不说了），多半也会讲，这一次，是心理上不过硬。

平常我们说"我觉得……""我认为……""我判断……""我想起来了……""我的印象是……""我决定……"，这些，统统都是心理活动。

有人说，21世纪是心理学的世纪。为什么这么讲呢？因为人类在无数个世纪为了温饱而挣扎之后，终于有时间有精力来研究关于自身的科学了。

心理学是一门非常年轻的学问。哲学、医学这些都是非常古老的学科，它们起码有几千年的历史了。心理学的真正历史，从德国人冯特在莱比锡大学建立世界上第一个心理实验室到今天，满打满算，才140多年。

心理学虽然年轻，却包含着极其广阔的研究领域，涉及记忆、表达、说服、催眠、直觉、死亡、创造力、学习、个性、衰老、智力、性行为、情绪、幸福感等。

咱们每个人每天都会做出无数判断，比如早上起来，你穿什么衣服呢？天气是冷还是暖和呢？你看到一个人，是对他有好感还是敬而远之呢？你看到一个现象，是置之不理还是愤慨或是欣喜呢？凡此种种，都是我们的心理活动。特别是对待周围的人和事，更是迅速地按照自己的理解，做出相应的判断和采取对策。

那么，我们是根据什么来做出这一系列决定的呢？同样一件事，为什么不同的人，会有不同的反应呢？

比如说，一个上了岁数的人去学乐器，大家会有什么议论呢？表扬他的人会说："这个人老当益壮，活到老学到老，是我们的楷模啊。"不欣赏这件事的人会说："老狗不学艺，80岁吹喇叭，有气无力,寿长气短哪。"

社会上有很多约定俗成的理论,往往是人们根据个人经验的总结,于是众说纷纭,有了千奇百怪甚至相互矛盾的讲法,叫人莫衷一是。

我听一个射击专家说过,做一个狙击手,最重要的是要放松。世界上没有什么事情,是你放松下来干不好的。你要像烟灰一样松弛。越松弛,你的潜意识越会出来帮你的忙,你就在不知不觉中把射击动作完成了。如果你紧张,你的呼吸不平稳,你的心跳过速,你的肌肉颤抖,那就一定会坏事。

可是有人说,人一定要有必要的紧张感,要兴奋起来,要急中生智嘛!如果一点都不紧张,如何能取得成功呢?卢纶《塞下曲》的第二首诗,写将军夜猎,见林深处风吹草动,以为是虎,便挽弓猛射。天亮一看,箭竟然射进一块石头中去了。

林暗草惊风,将军夜引弓。
平明寻白羽,没在石棱中。

这就是说将军在紧张中,把草木纷披当成百兽之王的猛虎现身了。将军在射了箭之后,赶紧就走了。到了早上搜寻猎物,发现中箭者并非猛虎,而是一块蹲石。你说射击的时候,是放松好还是紧张更好呢?

再有,说说找对象这件事。

有人说要志同道合,有人说有差异才能互补。

有人说要门当户对,有人说相信的就是缘分。

有人说日久生情,有人说一见钟情。

有人说距离产生美,"两情若是久长时,又岂在朝朝暮暮";有人说就是要耳鬓厮磨长相厮守,距离是一切爱情的腐蚀剂。

有人说婚姻是爱情的坟墓;有人说结婚是人世间最美好的事情,所以会有"洞房花烛夜,金榜题名时"。

凡此种种,不一而足。到底什么是对什么是不对?到底哪一种说法更符合实际?

现代人常常陷入深刻的迷茫之中。

对这些规律的探寻,是心理学非常重要的研究领域。

第一章
幸福究竟是什么

我们的生命,
不因别人的喜欢而存在。

幸福是快乐和意义的结合

无论是古代人、近代人还是现代人,对于幸福的追求从未停止过片刻。

生活本身的目的就是获得幸福,追求幸福让众生殊途同归。那么,到底什么是幸福?

古往今来,关于幸福的定义,可以说众说纷纭、五花八门。当我们讨论一个问题的时候,有的时候,可以从"它不是什么"来推断。

首先,幸福不是金钱。

金钱肯定是万分重要的。当然,贫贱夫妻百事哀。在物质极度匮乏的情况下,金钱和幸福有密切的相关性。但是,随着温饱的满足,人们对幸福的追求,就脱离了金钱增加的轨道。也就是说,金钱成倍地增加了,相应的幸福感,却并没有成倍增加。

国外的研究发现,百万富翁和街头的乞丐,感知幸福的比例差不多。

到我的心理诊所来咨询的访客中,有些人婚姻关系亮起了红灯,他们说:"我们无比怀念以前没钱的日子,那时候,我俩每天都有说不完的话,两个人一起打拼,乐在其中。现在呢,房子有了,钱有了，可是话没了。两个人的心越离越远了。这是怎么回事啊？是哪里出了问题啊？"

看来，不幸福有时和金钱有关，但有了钱，幸福并不能自然而然地降临。

其次，幸福不是高科技。

谈及高科技与幸福的时候，所有人的第一反应几乎都以为它们是相关的。有了更多的高科技，人们就会收获更多的幸福。

这个论点粗看之下很有道理。因为有了空调，人们不再受酷热严霜之苦，安逸舒适，自然多了幸福。2009年7月，北京酷热，有一天我看到报纸上登了一封读者来信，一位产妇说："我刚生了宝宝，我们这一带停电了，宝宝在没有空调的房间里，受了大罪了，这可怎么办呢？太痛苦了！"

看了这封忧心忡忡的读者来信，我就想起我孩子也是生在7月，那一年，北京也是酷暑。当然没有空调，不过，也安然度过来了，好像并没有产生婴儿在没有空调的房间里就不能生活的顾虑。从这个角度来说，高科技不但没有增加人们的幸福感，反倒让人变得更敏感、更弱不禁风了。

有了火车，人们朝发夕至，免了鞍马劳顿之苦，快捷安全，自然幸福感提高。有了电子邮件，人们手指轻点鼠标，无数思念和信息顿时抵达，自然幸福感提高。较之茹毛饮血刀耕火种的人类，如今的我们似乎幸福到了天上。事实果真如此吗？

不然。今天的人们并没有比以前感受到更多的幸福。

既然幸福不是金钱，不是高科技，那么，幸福是不是长寿呢？

在中国古代，"福寿禄"三足鼎立，可见这三样不是一种东西。福是福，福与祸相对，无祸便是福。寿呢，指的是活得长久。禄，指的是古时官吏的俸禄。

现代人认为：生命不在长度，不在数量，而更要重视质量，重视它的宽度和深度。

现在，我们还要探讨一下——"福"是不是多子多福？

这一点，估计现代人会马上给出否定的答案。孩子并不直接等同于幸福。如果是那样的话，比人具有更强繁殖力的动物就更幸福了。比如鱼和虾甩的子一次可以达到几十万，你能说它们比人类更幸福吗？其实，越是低等动物，它们面临的生存环境越是险恶。为了保证在极端恶劣的环境中种族不灭绝，它们就进化出了大量生殖的本能，这和幸福的确没有多大的关系。就算是在人类社会，多胎的家庭也不一定更幸福。

我们绕了半天圈子，现在还是回到主题上来，一探究竟。幸福到底是什么呢？

讲一个故事。

有一个女人，曾经在这个问题上走入歧途，陷入恐慌，不得不重新思考自己的人生定位。

若干年前，她看到了一则报道，说是西方某都市的报纸，面向社会征集"谁是世界上最幸福的人"这个题目的答案。来稿踊跃，各界人士纷纷应答。报社组织了权威的评审团，在纷纭的答案中进行遴选和投票，最后得出了三个答案。因为众口难调意见无法统一，还保留了一个备选答案。

按照投票者的多寡和权威们的表决，发布了"谁是世界上最幸福的人"的名单。记得大致顺序是这样的：

第一种最幸福的人：刚刚给孩子洗完澡，怀抱婴儿面带微笑的母亲。

第一章　幸福究竟是什么

第二种最幸福的人：给病人做完了一例成功的手术，目送病人出院的医生。

第三种最幸福的人：在海滩上筑起了一座沙堡，望着自己劳动成果的顽童。

备选的答案是：写完小说最后一个字，画上了句号的作家。

消息入眼，这个女人仿佛被人在眼皮上抹了辣椒油，呛而且痛，心中惶惶不安。当她静下心来，梳理思绪时，才明白自己当时的反应，是一种深入骨髓的悲哀。原来她是一个幸福盲。

为什么呢？说来惭愧，答案中的四种情况，在某种意义上说，那时的她，居然都在一定程度上初步拥有了。

她是一个母亲，给婴儿洗澡的事几乎是早年间每日的必修。那时候家中只有一间房子，根本就没有今天的淋浴设备，给孩子洗澡就是准备一个大铝盆，倒上水，然后把孩子泡进去。那个铝盆，她用了6块钱，买了个处理品，处理的原因是内壁不怎么光滑。她试了试，好在只是看着不美观，并不会擦伤人，就买回来了。那时要用蜂窝煤炉子烧水，水热了倒进铝盆，然后再兑凉水。用手背试试水温正合适了，就把孩子泡进盆里。现在她每逢听到给婴儿用的洗浴液是"无泪配方"，就很感叹。那时候，条件差，只能用普通的肥皂给孩子洗澡。因为忙着工作，家务又多，洗澡的时候总是慌慌忙忙的，经常不小心把肥皂水溅到孩子的眼睛里，闹得孩子直哭。洗完澡，把孩子抱起来，抹一抹汗水，艰难地扶一扶腰，已是筋疲力尽，披头散发的。

她曾是一名主治医生，手起刀落，给很多病人做过手术，目送着治愈了的病人走出医院大门的情形，也经历过无数次了。回忆一下，那时候想的是什么呢？很惭愧啊，因为忙，往往是病人还在满

让光透进来：找回幸福的能力

怀深情地回望着医生呢，她已经匆匆回过头去，赶回诊室。候诊的病人实在多，赶紧给别的病人看病是要紧事。再有，医生送病人，也不适合讲"再见"这样的话，谁愿意和医生"再见"呢？总是希望永远不见医生才最好。她知趣地躲开，哪里有什么幸福之感？记得的只是完成任务之后长长呼出一口气，觉得已尽到了职责。

对比第三种幸福的人的情形，可能有一点点差距。她儿时调皮，虽然没在海滩上筑过繁复的沙堡（这大概和那个国家四面环水有关），但在附近建筑工地的沙堆上挖个洞穴藏个"宝贝"之类的工程，倒是常常一试身手。那时候心中也顾不上高兴，总是担心路过的人一脚踩塌了她的宏伟建筑。

另外，在看到上述消息的时候，她已发表过几篇作品，因此那个在备选答案中占据一席之地的"作家完成最后一字"之感，也有幸体验过了。这个程序因为过去的时间并不太久，所以那一刻的心境记得还很清楚。也不是什么幸福感，而是愁肠百结——把稿子投到哪里去呢？听说文学的小道上挤满了人，恨不能成了"自古华山一条道"，一不留神就会被挤下山崖。那时候，虽然还没有"潜规则"这样的说法，但投稿子要认识人，已成了公开的秘密。她思前想后，自己在文学界举目无亲，一片荒凉，一个人也不认识，贸然投稿，等待自己的99%是退稿。不过，因为文学是自己喜爱的事业，她不能在自己喜爱的东西里面藏污纳垢。她下定决心绝不走后门，坚守一份古老的清洁。知道自己这个决定意味着要吃闭门羹，她心中充满了失败的凄凉，真是谈不到幸福。

看到这里，朋友们可能发觉这个糊涂的女人不是别人，就是毕淑敏啊！的确，当时的我，已经集这几种公众认为幸福的状态于一身，可我不曾感到幸福，这真是让人晦气而又痛彻心扉的事情。我

第一章　幸福究竟是什么

思考了一下，发觉是自己出了毛病。还不是小毛病，而是大毛病。如果这个问题不解决，我后半生所有的努力和奋斗，都是镜中花水中月。没有了幸福的基础，所有的结果都是沙上建塔。从最乐观的角度来说，即使我的所作所为对别人有些许帮助，我本人依然是不开心的。我不得不哀伤地承认，照这样生活下去，我就是一个不折不扣的幸福盲。

我要改变这种情况，我要对自己的幸福负责。从那时起，我开始审视自己对于幸福的把握和感知，我训练自己对于幸福的敏感和享受，我像一个自幼被封闭在黑暗中的人，学习如何走出洞穴，在七彩光线下试着辨析青草和艳花，朗月和白云。我真的体会到了那些被病魔囚禁的盲人手术后一旦打开了遮眼纱布时的诧异和惊喜，不由自主地东张西望，喜极而泣的感受。

感知幸福的物质基础

▎自产自销的内啡肽，让幸福的快乐更长久

现在有一种说法，用国民幸福总值替代国内生产总值。为什么这么说呢？因为近年来虽然中国的国内生产总值，也就是咱们常说的 GDP 获得了高速增长，但是很少听到有中国人说自己的幸福感也获得了同步的增长。这个 GDP，一直是中国现代化发展的核心目标，也是西方发达国家主流的经济标准。现在，特别是在全球经济危机的大趋势下，GDP 能否作为衡量社会进步、人民幸福的最佳标准，引发了越来越多的争议。有一股潜流，开始挑战 GDP。

我不知道每一个家庭的收入总值缩写叫作什么，允许我在某种不确切的意义上，借用一下"家庭 GDP"这个说法。简言之，就是我们的收入增加了，我们是否就一定幸福呢？如果不用这个指标，我们又用什么来衡量我们的生存质量并不断提高它呢？

在喜马拉雅山的崇山峻岭当中，有一个不丹国。小小的不丹提供了世界一个新的方向。不丹认为：社会发展的目标，应该是提高国民幸福总值。如果是单纯追求国民生产总值，就会带来一个悖论——物质丰富了，收入提高了，人却没有相应地感到更幸福。GDP 的高增长，带来了环境污染、工作压力、犯罪增多、失业威胁、社会冲突、人际疏离、贫富差距加大等一系列弊病。他们认为，人民的幸福感大于 GDP。

可能有些人对这个结论感到困惑，觉得幸福不幸福完全是个人的感受，不同的人对幸福的评判标准是不同的，这如何来量化呢？太难操作了。

那么，我们就来具体讨论一下幸福的问题。

首先我们还是要把幸福的定义搞清楚。

非常抱歉，在《心理学大辞典》上，我根本就没有找到对幸福的定义。不过它有对于"快乐"的定义："个体体验到的一种愉快、欢乐、满意、幸福的情绪状态。"

我查了很多书，觉得以下这种说法比较恰当。它说幸福是"一种持续时间较长的对生活的满足和感到生活有巨大乐趣并自然而然地希望持续久远的愉快心情"。

综合以上这两种说法，我觉得幸福首先是一种情绪，也就是我们常说的，幸福是一种感觉。其次，幸福不是如电光石火般的短暂之旅，而是要持续相当长的时间，甚至一生。我们不是常常说"幸福人生"吗？这里真套得上周星驰的那句名言了——如果一定要给它加上一个期限的话，希望幸福是一万年。

可不可以这样说，快乐就是短暂的幸福，幸福就是长远的快乐呢？

回到上面那个关于发现幸福的小故事里。我想，我们每个人都是有过快乐体验的，正像哲人说过：生活中缺少的不是美，而是缺少发现美的眼睛。让我们模仿一下他的话：生活中也不缺少幸福，只是缺少发现幸福的眼睛。幸福盲如同色盲，把绚烂的世界还原成了模糊的黑白照片。

/ 让 光 透 进 来： 找 回 幸 福 的 能 力 /

从自己的亲身经历出发，我有理由相信，幸福感不是某种外在的标签或是技术手段可以达到的状态，而是一种精神世界的内在把握和感知。

那么，幸福感到底有没有物质基础呢？它虚无缥缈来去如风吗？也许因为我是医生出身，我坚定地相信，一个能够如此强烈地影响我们的精神状况，并且持续一生存在的状态，一定是可以看得见摸得着的，它一定有坚实的物质基础。

幸福感究竟是什么东西呢？日本医学博士春山茂雄在《脑内革命》这本书中有这样的观点：

人的心灵由大脑里的脑干、大脑边缘系统和大脑皮质组成。其中有一种神经，当受到外界刺激的时候，会使人产生快感。

我们在饮食、性生活中体会到快感，同样在体育运动、学习、工作中也能体验到快感。为他人奉献和为社会工作，也能带来精神的喜悦。这些快感都来自神经分泌的内啡肽。

原来，让我们能够持续地感知幸福的东西，就是我们自产自销的内啡肽。

现在，又出现了新的问题，内啡肽究竟是什么东西呢？

内啡肽（endorphin）亦称安多芬或脑内啡，是一种内源性（脑下垂体分泌）的类吗啡生物化学合成激素。它是由脑下垂体和脊椎动物的丘脑下部所分泌的氨基化合物（肽）。它能与吗啡受体结合，产生跟吗啡、鸦片剂一样的止痛效果和欣快感，等同天然的镇痛剂。利用药物可增加脑内啡的分泌效果。英文 endorphin 是内（endogenous）和吗啡（morphine）的缩略组合词，故 endorphin 有大脑自我制造的类吗啡物质之意。

第一章 幸福究竟是什么

以上我摘录的这一部分，来自维基百科等资料。

你看明白了吗？我觉得编纂这个名词解释的人，犯了一个本末倒置的错误，让没有医学知识的人越看越糊涂。

不是内啡肽起到了吗啡的作用而是吗啡模拟了内啡肽的作用。当然了，由于古时候科学技术不发达，人们不知道自己体内就能分泌一种对抗疼痛、缓解焦虑、让人快乐和兴奋的物质，它让人安宁和心满意足，它甚至能让人稀释对于死亡的恐惧。这种东西是一类激素，它比人类的历史还要古老。因为在1975年，有两组科学家各自独立地研究它时，都是首先在动物身上发现它的。

一组是苏格兰的约翰·休斯和汉斯·科斯特利兹。他们从猪脑中发现 α、β 及 γ 三种脑内啡。当时他们称它为 enkephalins，是由"大脑"的希腊文变化而来。

同一时间，另一组美国研究人员在牛脑中发现脑内啡。埃里·西门称它为脑内啡，是内生吗啡的缩写。已经发现的内啡肽有多种，除具有镇痛功能外，尚具有许多其他生理功能，如调节体温、心血管、呼吸功能等。内啡肽是体内自己产生的一类内源性的具有类似吗啡作用的肽类物质。向动物脑室中注射内啡肽，可引起全身深度失去痛觉，体温下降，行为变得木僵。这些肽能参与感情应答的调节作用，是肌体抗痛系统的组成部分。

当肌体有伤痛刺激时，内啡肽被释放出来以对抗疼痛。在内啡肽的激发下，人的身心处于轻松愉悦的状态中，免疫系统实力得以强化，并能顺利入梦，消除失眠症。内啡肽也被称为"快感激素"或者"年轻激素"，意味这种激素可以帮助人保持年轻快乐的状态。

内啡肽就是我们得以感知幸福的物质基础。

内啡肽来之不易,珍惜幸福时刻

现在,容我把话题稍稍岔开一点。

20 世纪 90 年代,我写了一本名为《红处方》的长篇小说。为什么叫《红处方》呢?我当医生,从有处方权的那一天开始,就知道处方是有颜色的。大家可能要说,处方不都是白色的吗?是的,我们常用的处方是白色的,但处方其实还有另外的颜色。现在新的处方管理规定中,淡黄色是急诊处方,淡绿色是儿科处方,淡红色就是麻醉药品和第一类精神药品的专用处方。

比如你要开吗啡,就要用红处方。

《红处方》这本小说,是国内第一部描写戒毒题材的小说。这些年来,我听很多年轻的朋友说过,他们就是从这部小说中知道了什么是毒品和它控制人的机理,然后决定永远不会沾染毒品。

当时,国内有关戒毒的资料很难找,甚至有的医生对毒品都很少了解,我到了一家图书馆,跟人家说,你可以把我锁在库房里面,我要把有关的书籍读个遍。因为是朋友,图书管理人员说:"请你告诉我们,你到底需要什么书,我们来帮你找。"

我说:"我也不知道自己需要的到底是什么书,我只能一本本地翻找,我要把这件事情搞清楚。"

在阅读了我能找得到的当时国内所有相关书籍之后,我终于明白了,原来,吗啡是如此神秘的一种物质啊。

记得一位 18 或 19 世纪的化学家或是药理学家的传记中说,当时临床上应用的几乎所有的药品,都是无效的,都是安慰剂。人们之所以觉得某些药物有效,是因为医生告诉他们这些药物是有效的,其实真正起到治疗作用的是他们自己的精神状态,加上医生的信誓

第一章 幸福究竟是什么

旦旦。但是，有一个例外。

这个例外是什么呢？就是罂粟的提取物。它们给予人类巨大的帮助，让人们能够对抗身体上的强烈痛苦，并带给人难以比拟的欢愉，还有就是能对抗死亡带来的痛彻心扉的恐惧。

17世纪的英国医生、临床医学的奠基人托马斯·悉登汉姆干脆为鸦片大唱赞歌。他说："我忍不住要大声歌颂伟大的上帝，这个万物的制造者，它给人类的苦恼带来了舒适的鸦片，无论是从它能控制的疾病数量，还是从它能消除疾病的效率来看，没有一种药物有鸦片那样的价值。""没有鸦片，医学将不过是个跛子。"这位医学大师因此也获得"鸦片哲人"的雅号。

我本来非常恨罂粟。谁都知道，吗啡是从罂粟的汁液中提取出来的，它如同魔鬼之手，把人牵引到了地狱。可在这里，我们看到的全是吗啡的优点。

我陷入了沉思。

罂粟有毒，这不是罂粟的过错。为什么这世界上万万千千的动物，都没有因为罂粟而中毒，唯有人把罂粟提炼出来，浓缩为毒剂，让自己蹈入万劫不复的深渊呢？

有罪的究竟是一种植物，还是人类本身呢？

正在这时，我开始剧烈地腹痛，经常半夜时分捂着肚子，直奔医院的急诊科。疼痛椎心刺骨，我蜷缩在急诊室肮脏而冰冷的地板上，单跪着一条腿，屏住气，用膝盖抵住腹部，好像一位狼狈的骑士在蹩脚地求婚，痛得连医生问我叫什么名字，都无法回答。急诊科的医生诊断我为胆绞痛，开出了"红处方"。那上面赫然写着"杜冷丁100毫克"。

杜冷丁是人工合成的麻醉药物，对人体的作用及其机理与吗啡相似，但镇痛、麻醉作用较小，仅相当于吗啡的 1/10 ~ 1/8，作用时间能维持 2 ~ 4 小时。

对于不熟悉医学的朋友，让我打个不怎么恰当的比喻，如果说吗啡是中学生，杜冷丁只能算是小学一年级学生。

但即使是这样一位内啡肽系列的小兄弟出手，效果也非常显著。那痛彻心扉的折磨，大约在注射 10 分钟之后，烟消云散了。我惊奇地抚摸着腹部，觉得刚才的剧痛好像是一场幻觉。随之又出现了轻松活泼的感觉，人有一种沸腾起来的欲望。之后是深沉的困倦，好像不由自主地潜入了海底……当我第二天早上醒来时，觉得精神抖擞意气风发，似乎从来没有睡过这样的好觉。

后来，我把这种体验同一位毒理药理专家说起，他说："你要是吸毒的话，一定会很快成瘾的。"我吓出了一身冷汗。

我从自己的亲身经历得出了一个结论，如果单是在医疗领域里正确地使用吗啡类药物，人真是要对吗啡鞠个躬。它是那样快捷而又斩钉截铁地消除了疼痛。

当然，它治标不治本，有点像灰姑娘的金马车。有效时间一过，病痛照旧发作，金马车就变回了老南瓜。我的病，后来是在医院开刀做手术，才算治好了。

为了写那部小说，我走访了很多在戒毒过程中的瘾君子。我原来觉得他们都是愚蠢透顶或头脑简单容易上当受骗的人，不然为什么亲手给自己制造了灭顶之灾？

真正结识之后，交谈一番，才发现他们大部分都是很聪明伶俐的人，好奇，对新鲜事物很敏感，害怕孤独，想要出人头地……一句话，他们的智商绝不低，有些还出类拔萃。

我几乎会问每一个吸毒者："你第一次吸毒，是为什么？"

第一章　幸福究竟是什么

我得到的最多的回答是：为了寻求幸福。

当我第一次听到这个答案的时候，震惊之余根本就不相信。我想，这是他们为自己编造的一个冠冕堂皇的理由。后来，听得多了，这句话一次又一次震荡在耳边，我相信了他们，他们是真心实意地这样讲。当然，说法略有差异，实质是一样的。

比如，有的人会说："我觉得自己不开心，听说只要吸上几口这东西，就不那么烦了。"

有人会说："我失恋了。我没法不想她。别人告诉我，吸一口这玩意吧，你什么都忘了，你就能走过这一段揪心的日子了。"

还有人说："我很孤独，没有人搭理我。只要我吸了毒品，我就觉得自己强大起来，要什么有什么，对自己充满了信心。"

凡此种种，令我痛惜不已。

他们都有一个美好的愿望，为了让自己更幸福，却不料一拐弯，从寻找天堂的路上掉进了地狱。

为什么？戒毒者们睁着迷茫的双眼，我也百思不得其解。

后来，我终于明白了。内啡肽扮演了一个极端诡异的角色。

内啡肽本来是无罪的。它是人们自己在生命过程中生产的一种激素，你也可以将它理解为一种能量。它是一种能够帮助肌体对抗重重恶劣环境，激发自身免疫体系的酵母，是我们的宝贝。正像国外的科学家们研究出来的那样，如果我们的肌体能够稳定地保持着生产内啡肽的能力，内啡肽源源不断地荡涤着身体的每一个细胞，我们就年轻而有活力，身心愉悦。

可惜的是，内啡肽的产生是很吝啬的，是要我们付出艰苦的努力才能获得的。

一个老农，辛辛苦苦在土地里耕耘了一年，收获的时候，看着

/让光透进来：找回幸福的能力/

麦浪翻滚的田野，脸上露出了灿烂的微笑。我相信，这时候，如果有个穿白大褂的科学工作者，抽取他的血液去化验，那么，他的内啡肽一定是在一个很高的水平值上。

如果一个年轻的学子，经过十二年寒窗苦读，终于考上了自己理想中的大学，在接到邮递员递过来的录取通知书时，如果有人在这个节骨眼上抽取他的血液去化验，我猜他血中的内啡肽也一定汹涌澎湃。

这就是幸福时刻，来之不易！

老农如果没有一年来风霜雨雪中的辛勤劳作，就没有丰收的喜悦。所以，这是他的汗水换来的。

学子如果没有不懈努力，我相信等待他的就是另外一番情形了。

所以，我们体内的内啡肽，是体力和精神双重努力的结果。它带给我们的欢愉，宝贵而稀少。

做内啡肽的主人，警惕伪幸福

人们发现了大自然里有一种美丽的花，叫作罂粟。这罂粟不单美丽妖娆，而且还有一个神奇的妙用：罂粟的提取物——鸦片，居然和我们的身体在快乐时所产生的物质极为相似。

吗啡是鸦片中最主要的生物碱（含量10%～15%），1806年法国化学家F.泽尔蒂纳首次将其从鸦片中分离出来。他用分离得到的白色粉末在狗和自己身上进行实验，结果狗吃下去后很快昏昏睡去，用强刺激法也无法使其兴奋苏醒；他本人吞下这些粉末后也长睡不起。据此他用希腊神话中的睡眠之神吗啡斯（Morpheus）的名字，将这种物质命名为"吗啡"。

也就是说，吗啡模拟了幸福时的人类分泌系统，吗啡是山寨版的幸福物质，吗啡让人不费吹灰之力，就获取了原本需要长期艰苦努力才能取得的欢愉，吗啡让人类的幸福速成而又廉价。

但是，且慢！吗啡在带给人短暂的"伪幸福"之后，就使人的身体进入了成瘾的状态。它再也不是原来那个朴素而有节制地享受幸福的身体了，它变得贪婪而失控。它对毒品的渴求越来越强烈，毒品已经成了一种罪恶的"营养素"，整个神经系统对它形成了不可遏制的依赖。它们就像干渴的土地，需要毒品定时来灌溉，只要供应不上，肌体就会变成一架疯狂的机器，引起一系列极为痛苦的症状。为了防止这些症状出现，吸毒者只有不断寻找毒品，饮鸩止渴。随着时间的推移，吸毒者对于毒品的需求越来越大，两次"灌溉"之间的距离越来越短。这时候，吸毒者就完全沦为毒品魔爪中的"人质"，他们每天唯一的念头，就是不惜一切手段去攫取毒品。他们在败光了自己的财产之后，开始贩卖毒品，杀人越货，无恶不作。

这是一条悲惨的通往地狱的狭路，但在它的入口处，却分明书写着"幸福"二字。你仔细打量，才能发现那是盗版。

这就是吸毒者大致的轨迹。

当我所写的戒毒题材小说《红处方》将在文学期刊上发表的时候，受到了严格的审查，其中最主要的是删减了描写吸毒者最初阶段感觉欢愉和幸福的部分。

我说："为什么呢？"

删减者说："这样会鼓励吸毒。他们会觉得吸毒是一件美妙的事情。"

我说："可这是事实。正是最初阶段的假象，诱使不明真相的人深陷其中。"

删减者说:"不管怎么说,不能把吸毒写得有快感。年轻人好奇,他们会追求这种快感,事情就复杂了。"

我说:"如果一件事,一开始就给人很痛苦的感觉,人们本能地就会排斥它,也就没有那么危险了。最可怕的情形就是刚刚涉入其中的时候,感受到的是鸟语花香,而其实危险就潜伏在这种看起来很舒适欢愉的表象之下。"

删减者说:"不管怎么样,书中只能描写吸毒的痛苦,痛不欲生,这才能起到正面的教育意义。"

我终于没能说服他们。据说,一般的稿子只要审3次就行了,我的稿子审了7次。

说这段陈年往事,我只是想重申,人们在寻求幸福的道路上,要提防魔鬼的化身。真正的幸福,绝不是靠一种化学药品就能达到的,你要付出艰苦卓绝的努力。

内啡肽是神奇的,我们要做自己内啡肽的主人。

长久以来,我们都知道自己的身体里面有一个精密的内分泌系统。可是,我们不知道它是如何工作的,它好像自成体系,不听指挥,我们对此无能为力。当我们发现了这种幸福的物质之后,我觉得人们要学会和自己的内分泌系统对话,让自身成为一个和谐的整体。或者说得更直接一点,我们要学会控制自己的激素。

训练你的激素!

这是一个新的课题。千百万年以来,我们是自己激素的奴隶。我们不知道它们是如何发动的,也不知道它们是如何工作的,我们只有俯首帖耳听命于它们的份。科学发展到了今天,我们已经搞清了很多问题,但是我们还有更多的问题没有搞清楚。我们可以不断地探索和发现,我们要学会驾驭自己的幸福激素。人们把注意力从

第一章　幸福究竟是什么

外在的 GDP 转移到内在的幸福指数上面，就是良好的方向。

▎找到生活的目标与意义，让内啡肽更有方向

继续谈论幸福，因为它是如此重要和容易被误解。

首先，咱们来统一幸福的定义。关于幸福到底是什么，有无数种说法。有人说，幸福是一种主观判定。有人说，幸福是纯粹的个人感觉。有人说，幸福就是物质的满足。有人说，幸福就是没有痛苦的时刻。

我认为：幸福并不是单纯的生理反应，而是一种快乐和意义的结合体。

真正幸福的人，不是指他生活中的每一个时刻都是快乐的，而是指他的生命整个状态，即使有经历痛苦的时刻，但他明白这些痛苦的真实意义，他知道这些痛苦过后，依然指向幸福。甚至可以说，这些痛苦也是幸福的一部分，他在总体上仍然是幸福的。

我们前面说过幸福和愉悦的生理学基础，那就是你身体内的内分泌系统开始活跃，你血管内有了更高的内啡肽水平。

简言之，快乐就是指活在当下，你的内啡肽开始分泌。

意义就是指在整个生命过程中，你知道方向，你有你的理想，你知道所有的步骤都是在向那个方向前进。你的内啡肽会持续不断地有所分泌。

自有人类以来，我们对自己的内分泌系统俯首帖耳。它堂而皇之地居住在我们身体内，统摄着我们的生老病死喜怒哀乐，可是我们却对它一筹莫展。我们是自己内分泌系统的奴隶，我们听命于它，它是无所不在的君王和主宰。如果它不开心了，就会引发形形色色

的病症，直至将我们引到死亡的台阶下。

假如内分泌可以发言的话，我想听了我以上的话，它一定要举红牌抗议。它说自己不过是个忠实的奴仆，一切都听命于主人所发出的指令，不单听你说出来的话，而且听取你还没有说出来的话，它觉得自己是善解人意的忠臣。

内分泌的这番抗议，我觉得也有它的道理。如果你不是有意识地支配指挥自己的内分泌系统的话，它就按照古老的遗传法则，在那里自行其是。有的时候是拔刀相助，有的时候则完全是帮倒忙，倒行逆施火上浇油，它也浑然不觉，没准还沾沾自喜呢。要知道，在我们的身体里面，居住着自进化以来的所有房客。内分泌系统，实在是个古老的体系，它有几千万年的进化历史了，或许和爬虫一样古老，你不能指望它有太高的智商。

学会控制你的激素，这是新时代的人的崭新任务。如果说这个题目太大，大到耸人听闻的话，我们就暂时缩小一下目标——学会控制你的内啡肽。

让我们先把话题宕开，讨论一部小说。

在苏联的名著《钢铁是怎样炼成的》一书中，主人公保尔·柯察金有这样的名言：

> 人最宝贵的是生命，生命每个人只有一次。人的一生应当这样度过：回首往事，他不会因为虚度年华而悔恨，也不会因为卑鄙庸俗而羞愧。这样，临终之际，他能够说："我的整个生命和全部精力，都贡献给了世界上最壮丽的事业——为解放全人类而斗争。"

这一段话，是大家所熟知的，但在这段话的后面，还有另外一

第一章　幸福究竟是什么

句，常常被人所忽略。接下来是这样说的："所以应该赶紧生活，要知道稀奇古怪的疾病或一些悲惨的偶发事件都可以中断人的生命。"

这是一部著名的理想主义的小说的谆谆告诫。我觉得这段话有两个要点，非常精辟地阐明了：

生活要有意义；
要抓紧生活。

为什么生活要有意义呢？

因为生活本来是没有意义的，所以需要你为自己找到一个意义。当然了，你要不要选择和保尔·柯察金一样的生活目标，这是你的自由。但是，你一定要给自己选定一个目标，这是确定无疑的。一个没有目标的人，是没有法子应对漫长的一生的。山高水远阻碍万千，没有目标，你将如何前进？无数选择，没有目标，你将如何取舍？如果你没有目标，你就没有了主心骨，无论你往哪个方向走，你都不知道它是否正确，你也不知道它是否谬误。现在很多人的离婚，找不到理由，找不到答案。我觉得有一个很重要的方向也许被忽视了，这就是——彼此的目标是否一样？价值观是否相同？如果不同，你很难设想一个人要往东，一个人要往西，他们的步伐是和谐统一的。

生活本没有意义，所以我们要让它变得有点意义。生活本身并不幸福，所以我们要幸福地生活。

生活的意义，你必须要找到。很多人在很多问题上的迷茫，其实就是没有找到生活的意义。这个生活的意义，包括如何对自己，如何对他人。这两部分缺一不可。

为什么这么说呢？因为人是一种群居的动物，不可能单独存在。就算有人离群索居，他还是要同人群发生千丝万缕的联系。所以你生活的目标，不能只对你自己有益处，还要对别人的发展有益处。因为如果由于你的存在，让这个星球上多了丑恶，那你会为这个社会所不容。从长远来看，就是自取灭亡。

有了目标，你的内啡肽就有了方向。做什么事，凡是符合你最终目标的，你的身体就会积极响应。当你做出和你大方向一致的行为的时候，你的内啡肽就会汹涌分泌，这样，你就会有幸福感。长久地坚持，你的内分泌系统就积极工作，整个人就进入一种良性循环之中。别人以为苦，你却乐在其中，觉得非常幸福。我认识一位科学家，他的研究非常辛苦，甚至有的时候还要以身试药，冒着生命危险，但迄今为止，却一无名二无利，用咱们世俗的话讲，就是你根本想不通他图的是什么。我就这个疑问请教过他，他说："我在这种科学研究中感知到的快乐，是无法比拟无法形容的。其实，要说我最大的痛苦，不是废寝忘食，也不是百思不得其解的时刻，而是我无法将这种巨大的快乐和人分享，没有人能体会到我的欢愉。"

这是一种出神入化的境界。其实，那些练武的高人，得道的高僧，还有全神贯注的科学家，就是掌握了自己内啡肽的分泌规律。他们通过一系列的诱导和前驱动作，使自己的身体开始进入内啡肽的分泌轨道，这样身心愉快，不知饥渴，能够抵达通常情况下无法达到的境界，日复一日年复一年，颐养性情，益寿延年。这并没有什么神秘的，只是掌握了和自己的内分泌系统对话的规律，我们普通人为了自己的身心健康，也是可以做到的。前提是，你首先要有一个有利于自己也有利于大众的生活目标，然后找到两者之间的平衡点。

第一章　幸福究竟是什么

人是受自己的大脑支配的，大脑又是受谁支配的呢？受我们整个的价值体系支配。人类情绪上的一点点波动，都会引起脑内环境（如脑波和激素的分泌等）的改变。

当人采取正面积极的思考时，大脑会分泌出一种特殊的内啡肽（哈！又是内啡肽！）刺激细胞，使细胞活化起来，在大脑中形成活泼的神经网络联系，脑电波也会呈现出低缓融合连贯的模式。这种模式可以使人保持轻松连贯的心境，充分发挥体力和脑力的潜能。

相反，当人的心情处于紧张、烦躁、发怒的状态时，大脑会分泌出肾上腺素等物质，它们的长期存在是有毒的，让人的脑电波不稳定，人会变得衰竭和疲惫。

外部的刺激，对大脑的功能也很重要。

其中起到重要作用的是声音和光线。声和光，都是宇宙间极为重要的物理能量。各种庄严的仪式中，都会奏起或低沉或高亢但一定是有威慑力的鼓乐，会强烈地影响人的精神状态。教堂的窗户为什么又高又细长，并且五颜六色闪烁不定？这就是让人在抬头仰望的同时，目光迷离，比较容易想象天堂。为什么要在节日施放礼花？就是以五彩缤纷又瞬间熄灭的光焰让人进入狂欢的氛围。为什么庙堂中要有飘动的烛火？也是为了制造神秘感，让你在不知不觉中被感染，进入半催眠状态。

情绪就是这样影响着大脑，大脑又反转过来影响身体。我们要成为自己的主人，这不是一句空话，是要搞清其中的规律，并掌握适当的方法。

四种类型的幸福观

有一家机构希望我能给他们的员工谈谈"选择"这个话题。选择，表面上看起来是得到一个结论，其实是一个放弃和丧失的过程。只有利弊兴衰非常明显的问题，你几乎不假思索就可以得出结论。凡是让你朝思暮想委实决定不下的问题，都是由于你对它们的得失一时有些看不清楚。好像半斤对八两，相差无几。这个时候，你的选择，其实就是丧失。你选择了这个方向，就封死了其他方向。你选择了这个人，就放弃了那个人。这也有点像"排除法"，将那些相比之下不相宜的选项排除掉，留下的，就是你的结论了。

人一辈子要做多少选择？资料上说，婴孩从一生下来，就开始了选择。你喂奶给他，他可以选择吃，也可以选择不吃。如果你强硬地逼迫他吃下去，他还可以选择吐出来。按照弗洛伊德的理论，孩子对于自己的大便，也拥有充分的选择权。他可以选择排泄或暂时保存。大小便失禁之所以被视为病情相当严重的标志，就是因为它表示人的自主意识已经丧失。除了吃喝排泄功能这些人类所共有的基本选择之外，你还将面临非常多的选择。早上起来，你是选择睡到自然醒，还是定好了闹钟，让自己被唤醒？也许你会说："我倒是想选择自然醒，可我没有那个福气，我必须要按时上班，不然，谁给我发工资啊？"好啊，从这个选择就可以看出，很多选择是一个套着一个，相互关联，一个选择就必然会引发另外的选择，选择也像项链，环环紧扣。这就更证明了你在做出选择的时候，要尽量少出错误。

问题又来了，什么是错误？什么不是错误？以什么为标准呢？

只有一个标准，这就是你的选择是否符合你的人生大目标呢？是否符合你为自己确立的人生的意义呢？如果是符合的，那就是有目的的主动行为。这样，你即便是被闹钟从美梦中惊醒，睡眼惺忪，也不会牢骚满腹、抑郁压抑，而是很清楚地知道自己这样早早地爬起来，是有价值的。你的激素系统也会快乐地配合你，新的一天就朝气蓬勃地开始了。

选择看起来是随机的，很多时候甚至是在下意识中完成的，但我们的身体可不糊涂。它坚定不移地在那里恭候着，随时出发。

所以，从表面上看，意义和选择好像不相干，实际上，所有的选择都是你的人生意义这棵树上长出的枝丫。你一定要有一己生命之外更高远的目标感，才能在选择中保持清醒，才能在选择中不犯方向路线性的错误，才能最大限度地减少自己的后悔。

说到咱中国人选择幸福的方式，我想用咱们的吃喝之物来做个大体上的分类。不一定准确，仅供大家参考。

按照咱们上面所说，幸福就是意义和快乐的结合，如果我们再具体把快乐定性为短期的欢愉，把意义定性为长期的有意识的追求，那么，中国人对待幸福大体分为以下四种类型。

享受有节制的快乐，幸福面前不能"饮鸩止渴"

第一种：饮鸩止渴型

这里的"鸩"指的是"鸩酒"。那么，什么叫作"鸩酒"呢？

"鸩酒"就是用鸩的羽毛浸制出来的酒——毒酒。典出《后汉书》："譬犹疗饥于附子，止渴于鸩毒，未入肠胃，已绝咽喉，岂可为哉！"

这话的字面意思就是：好比你饥饿的时候，用附子这种有剧毒的药物来填饱肚子，渴的时候，喝鸩酒来解渴。结果是附子和鸩毒还没有入肠胃，在咽喉那里，就绝了你的性命。唉，这样的事情怎么能做呢！

后来比喻为了解救目前之困境，而不顾将来之祸患；或单看眼前之利益，而不顾严重之后果。

附子的功效，始载于《神农本草经》，说它味辛、性温、有毒，具有回阳救逆、补火助阳、散寒止痛之功效。历代医家及本草著作皆言附子"有毒""有大毒"，易出现严重的毒副作用。《神农本草经》就将附子列为"多毒，不可久服"之下药。

关于"鸩"是什么动物，大概有三种说法。一是传说鸩是一种猛禽，比鹰大，鸣声响而凄厉。羽毛有剧毒，把它的羽毛在酒中稍微浸一下，酒就成了鸩酒，剧毒，几乎不可解救。第二种说法是鸩就是食蛇鹰，是一种真实的鸟，在我国南方山区分布较广，因为它能吃蛇，所以被误认为体内和羽毛上有毒。还有一种说法，说鸩是一种稀有的未知鸟类，已经被人捕杀绝迹了。

第一种说法有点传奇；第二种等于说鸩是没有毒的，大家以讹传讹；第三种说法，证明环保主义者的主张多么重要。

饿了吃大毒的附子以充饥，渴了以鸩酒来解渴，稍有常识的人都知道，这将引发致命的后果。之所以把这类幸福和鸩酒并列在一起，是因为在高远的意义和片刻的欢愉这架天平上，砝码都集中在

第一章　幸福究竟是什么

了短暂欢愉这边。

执这种幸福观的人，会为了眼前肉体和感官的快乐，而完全罔顾长远的目标，他们是损人不利己的。

比如犯法、吃喝嫖赌、腐败及性瘾、网瘾等一切成瘾行为。

在咱们中国民间文化中，飞扬着这种幸福观的散乱灰尘。

"人生在世，吃喝二字"，到了现代，又有了"有权不用，过期作废"的版本。"对酒当歌，人生几何"也属于这个范畴。还有现在很多年轻的朋友爱说"不在乎天长地久，只在乎一朝拥有"等，都有及时行乐、逃避痛苦的内核在其中。

我听某朋友告诉我说，他们那里有一个贪官，酷爱金钱，尤其是现金。他专门买了一套房子，储存现金。他给自己定出了每天要贪污受贿多少钱的指标，要是这一天没有收敛到自己理想中的赃款，就会闷闷不乐。为了运送赃款，他还专门购置了一台车，专门把钱送到自己的那座"金库"中储藏起来。他的一大乐趣，就是看着满屋子的现金，痴痴发笑。

让我们试想一下，当这个愚蠢的贪官痴痴发笑的时候，他的身体里是不是有较高水平的内啡肽呢？我猜是一定有的。他是不是感受到极度的快乐呢？我想，也是有的。从这个时间的局部来说，他是高兴的。但是，且慢，我们刚才说过，幸福就是意义和愉快的叠加，就是二者有一个和谐的平衡。现在，他的愉快是有了，可是他有没有意义呢？如果这个贪官说，我的目的就是积累更多的金钱，让自己过上幸福生活。那么，你的手段一定要正当，"君子爱财，取之有道"嘛！如果你用不正当的手段来敛财，结果是触犯了人类社会的法则。大家怎么能允许一个人贪污公款牟取私利，来成就个人的所谓幸福呢？如果这样的行为不受到惩处，人类就没有什么希望，就必定会灭亡了。所以,人类社会制定了各种严刑峻法,以惩治这种行为。那么,从长远来看,从大的概率来说,这个贪官就一定会被发现。

有一位检察官曾对我说:"现代社会的犯罪,其实是很容易查出来的,只要肯下功夫,就没有查不出来的罪行。"

我说:"为什么会这样呢?按说现代的人更狡猾,手段更高明,应该是更难侦查啊。"

检察官说:"过去在农耕社会里,偷的东西多半是邻居的一根针,一把斧头,或者几贯铜钱……这种东西如果不是人赃俱获,反倒不容易认定。现代社会贪赃枉法的案子,大笔金钱都要走好几道手续,是有迹可查的。再者,过去还有一些江湖侠士,为了哥们儿义气宁死不说,现在这些贪腐的利益联盟本身就是乌合之众,一到生死攸关的时候,为了自保和减轻罪责,检举他人极常见,他们其实很虚弱并且绝非铁板一块。当然了,搜集证据是很辛苦的事情,不过只要下定决心严惩贪官,都是可以查办出来的。"

看来,生于信息这样发达的现代,大家都需要求真务实,不然就天下大乱。说假作假造假,是更不容易的。做坏事的人,利令智昏,仗着人多,以为一时查不到自己,这是多么愚蠢的行为。在古代都有天网恢恢的说法,现代的天网不仅恢恢,而且滴水不漏啊。

查出了贪官,当然会严办。像上面所说的那个贪官,就被投入铁窗。和面对金钱短暂虚妄的欢愉相比,他在高墙之内丧失自由的后半生,才更真实和漫长。

所以,对于眼前哪怕铺天盖地的享乐,你也要保持清醒的头脑。因为人是有理智的动物,因为人的一生要慢慢走过,很长很长。

为什么会有这种类型?

第一章　幸福究竟是什么

我们再来研究一下内啡肽的分泌。当感官快乐的时候，我们会有生理上的反应。比如，你吃到山珍海味，从味蕾到口腔，到胃部的饱胀感，都会给你一种愉悦。看到美丽的女子、俊朗的男子，相应地人会有生理上的快感，这些都是正常的。但是，胃肠的容量是有限的，所以，你不可能无限制地摄入食品。过去物质供应不充分，分到你手中的食物，实际上不能满足你的全部需要，所以就不存在控制的问题，有多少，你就吃多少。当然，皇帝除外。普通人基本上是饥一顿饱一顿，就算这顿吃多了，后面也许就是长久的饥饿状态。所以，人没有必要节制自己的食欲。

现在情况不同了，大多数人解决了温饱问题，如果你再没有节制，就会得高血脂、高血糖或者肥胖病。甚至对于无法控制自己食欲的人，医生要用外科手术的方法，在腹部打个洞，或真正地开肠破肚，在病患的胃部绑上一根带子，把胃像扎口袋似的系住，强行控制胃部的容量，让人不能多吃。

关于性欲，这是一个古老的本能。过去只有皇帝和酋长，才能三妻四妾后宫无数，借更多机会留下自己的子嗣。所以人类社会为了和平，发展出了一夫一妻制，这是一个保存物种多样性和安定社会的措施，现在被绝大多数国家以法律的形式固定下来。

单纯为寻欢作乐而发泄性欲的举动，是一种任体内的性激素蔓延，被其操纵的低级趣味，是和动物相仿佛的生物本能。上升到精神道德的层面，滥交是愚蠢和肮脏的。人是需要爱的，人不是只懂得交配的低等动物，人不能成为某种激素的奴隶，人是有思想和情操的。

身体并不愚蠢。性爱可以摧毁压力缓释紧张达到数小时之久，可以医治失眠，等等。但是人生，不仅仅是数小时，而是数小时的几万倍。用性爱来医治失眠，会 ED（阳痿）啊。当你不是为了繁衍后代而贪婪地不断进行性的活动时，性器官很快就会进入某种病态，陷入麻痹和枯萎的状态。那就是它不惜自损以抗议。

如果是女子，恐难脱被人抛弃、孑然一身的悲惨境地。虽然你可能会积攒下一点钱财，甚至珠光宝气，不至于穷困潦倒，但在情感的收支簿上，你一定是个输家。你为了眼前的享乐，出卖整个人生。你是你自己的叛徒。

从容享受现在，不给生活开空头支票

对待幸福的第二种类型，是黄连团子型。

黄连，大家都很熟悉的。《本草正义》说，黄连大苦大寒。

黄连是群草中的清肃之物，为多年生草本，根茎有分枝，形如鸡爪。它能够抗金黄色葡萄球菌、溶血性链球菌、肺炎球菌、脑膜炎双球菌、痢疾杆菌、炭疽杆菌等，是非常好的一味药，只是味道奇苦。

至于团子，想来大家都很熟悉，就是把面粉或米粉揉成一个圆饼，然后在其中加上糖或豆馅包起来，就成了好吃的汤团或是麻团。要是包进菜，就是菜团。要是包进黄连，就成了咱们所说的黄连团子。

看到这里，我猜想朋友们一定会说，谁没事把黄连包进团子里啊？那多苦啊！如果要治病，就干脆直接吃黄连好了。如果要充饥，就直接吃团子，把它们俩和在一起，能好吃吗？

说得对。世上并没有一种食品叫作黄连团子，不过可有一种享受幸福的方式，叫作黄连团子型。可能有朋友要问，这个黄连是包在团子里面，当作团子的馅吗？我要说，这个黄连团子，是把黄连磨成粉当作皮，把一个美好的理想当成馅包起来。吃的时候，当然是先吃黄连了。它指的是有些人把目前的生活过得十分清苦，总想以后再来享受，他们日复一日地劳作，忍受万千辛苦，任劳任怨，把每一分钱都积攒起来，不敢有丝毫的放松。他们终年忙碌奔波，牺牲眼前的幸福，图的就是将来有一天，自己可以从容地享受幸福。也许有人要说，这样也不错啊，等到把黄连吃完了，不就苦尽甘来了吗？理论上可以这样说，那些持有黄连团子型幸福观的人，心里也是这样想的。殊不知，这黄连乃寒苦之药，长久地沉浸其中吞咽入肠，长期地奔忙劳累，人就受了内伤，早已麻痹了感知幸福的神经和能力，很多人根本就没有等到享受幸福的那一天，就积劳成疾撒手人寰。他们一直在预约幸福，却难得真正地享受幸福，实际上等于消灭了幸福。

这类人多半热衷于攒钱，从来不知道享受，认为人生就应该受苦，享受就是大逆不道。到老了，没有牙，吃也吃不动，喝也喝不下；要想出去旅游，四肢俱软，已经没有那个体力了。他一生还有很多愿望没有实现，就无声无息地驾鹤西行了。

这种幸福观，在贫苦的中国底层百姓中比较流行，应该说，这种吃苦耐劳、未雨绸缪、总是生活在不安全状态中的幸福观，在很长一段时间内，是物质生活条件低下和社会的不安全感所导致的，有它滋生的土壤和一定的合理性。不过斗转星移，目前我们已经从温饱进入小康社会，一味地把幸福推到遥远的将来，这是值得商榷和需要改变的方式。

很多人想要孝敬自己的父母，也总是把时间推到遥远的将来，总觉得自己还有一个又一个目标没有完成，等到有了更宽裕的时间

让光透进来：找回幸福的能力

和更多的财力，再来孝敬不晚。汉代韩婴所著《韩诗外传》讲了这样一个故事：皋鱼周游列国去寻师访友，故此很少留在家里侍奉父母。岂料父母相继去世，皋鱼惊觉从此不能再尽孝道，深悔父母在世时未能好好侍床，现在已追悔莫及了。这正是"树欲静而风不止，子欲养而亲不待"。

为什么"亲不待"了？因为他们已经走了。大家常说"我父母一天好日子也没有过上"指的就是这种遗憾。

吴敬梓的《儒林外史》中也有这样一个故事。

严监生喉咙里痰响得一进一出，一声不倒一声的，总不得断气，还把手从被单里拿出来，伸着两个指头。大侄子走上前来问道："二叔，你莫不是还有两个亲人不曾见面？"他就把头摇了两三摇。二侄子走上前来问道："二叔，莫不是还有两笔银子在那里，不曾吩咐明白？"他两眼睁得的溜圆，把头又狠狠摇了几摇，越发指得紧了。奶妈抱着哥子插口道："老爷想是因两位舅爷不在跟前，故此记念。"他听了这话，把眼闭着摇头，那手只是指着不动。赵氏慌忙揩揩眼泪，走近上前道："爷，别人都说的不相干，只有我晓得你的意思！"……"你是为那灯盏里点的是两茎灯草，不放心，恐费了油。我如今挑掉一茎就是了。"说罢，忙走去挑掉一茎。众人看严监生时，点一点头，把手垂下，登时就没了气。

严监生家里算上继承来的财产，再加上自己省吃俭用的钱又去买田置地，旧产加新产，大致已有了十多万两银子的家底，这在当地绝对算是大户人家。如此的大地主，严监生还是精打细算事必躬亲。他生病在床后，家人劝他进补，他却舍不得银子吃人参,直到临死,还在为两根灯草死不瞑目。这种幸福观,实在值得推敲。

留一点时间给自己,留一点当下的幸福给自己。不要丧失了对过程的幸福感。幸福并不是爬到了山顶的那一刻,而是贯穿在攀登的全过程。不要给幸福开一张渺茫的支票,而且不肯签上自己的名字。这样的幸福支票,就是一个黄连粉制作的菜团子,你始终无法抵达香甜的核心,就算真的吃到了内核,也会发现那内核不论原本多么香甜,在苦不堪言的大寒之药浸泡下,早已失了原味。

排除病态思维,体会此时此刻的欢愉

第三种幸福的类型:馊馅饼型。

这一型和黄连团子有一点相似之处,就是都有馅。如果说黄连团子的馅还是甘甜的枣泥或莲子羹,还有某种合理性和实用性的话,那么这第三种幸福,连馅带皮子,均一无是处。馅饼馊了,从外面包裹的面皮到里面填塞的肉馅,对不起,全部是坏的。吃起来没有好味道,也不健康,会引起拉肚子,损害身体健康。

这种幸福观,指的就是某些人固着于一种既对眼前不利,对长远也没有好处的生活态度。这种人很消极,认为自己根本就不配享有幸福,总是对生命采取破罐破摔的态度,没有希望,放弃了对幸福的追求。一事当前,他总是能找到消极逃避的理由。

讲个小故事。

据说国外的一家马戏团正在演出,人们看到一头大象被细细的绳索拴在一棵小树上,正在乖乖地用大鼻子吃草,不远处就是大象梦寐以求的森林。

人们问马戏团的首领："大象愿意表演吗？"

首领答道："大象做梦都想回到丛林。"

人们接着问："那大象为什么不跑呢？要知道，它的力气那么大，它真要跑，谁也拦不住它。"

首领说："是这样啊，没有人能拦住大象，只要它想跑，谁都没办法。"

人们不解："那大象为什么不跑呢？"

首领一努嘴说："你们没看到那条绳子吗？它拴着大象呢！"

人们就笑起来，说："这条绳子怎能拴住大象呢？只要它一使劲，这么细的小绳子马上就断了，大象就能回归森林啊！"

首领说："你们说得不错。但是，大象永远不会去挣脱那根细细的小绳子。它知道自己是无法挣脱这根绳子的。"

大伙万分不解，说："您这根绳子是特殊材料制成的吗？看起来很普通啊！"

有人说着，还走到跟前，仔细地看了看绳子。的确，这是一条非常普通的绳子，别说是大象那一身排山倒海的气力，就是一个强壮点的人，也能把这绳子挣脱。

首领说："不错，这就是一根普通的绳子。可是，你们要知道，它是从这头大象还是小象的时候，就绑住它了。"

人们还是不解："说这有什么关系呢？"

首领意味深长地说："症结就在这里。当这头大象还是小象的时候，它就被这根绳子缚住了。它无数次地想挣脱绳子，都失败了。久而久之，小象知道自己的努力是徒劳的，知道自己是无法挣脱这根绳子的，它就不再做这种无用的努力了。"

人们惊呼："可是小象已经长大了啊，它只要再试一试，就能挣脱绳索回到大自然里去！"

首领说："大象并不知道这一点。它以为自己还是一头小象。"

在现实生活中，这种长不大的小象比比皆是。在心理学上，有一个专业术语，叫作"习得性无助"。

"习得性无助"是美国心理学家塞利格曼1967年在研究动物时提出来的。他用狗做了一项经典实验。起初他把狗关在笼子里，只要蜂音器一响，就给狗以一定程度的电击，让狗感到很不舒服。狗想逃避，可是它被关在笼子里，上天无路，入地无门，逃避不了电击，只好被动地忍受。经过多次实验后，蜂音器先响起来，但在给狗以电击之前，实验人员就把笼门打开了，按说狗是可以借此逃走的。但是此时狗不但不逃，反而不等真正的电击出现，就自动地先躺倒在地，开始呻吟和颤抖。

这个实验证明，在本来可以选择主动逃避的时刻，由于以往的痛苦经验所产生的绝望情绪，会出现被动地等待痛苦来临的行为，这就是习得性无助。

取得了初步结果的塞利格曼再接再厉，1975年，他开始用人当受试者，继续验证他所发现的"习得性无助"。

实验是在大学生身上进行的，塞利格曼把学生分为三组：

第一组学生听一种噪声，这组学生无论如何也不能使噪声停止。

第二组学生也听这种噪声，不过他们通过努力可以使噪声停止。

第三组是对照，不听噪声。

当受试者在各自的条件下进行一段实验之后，再让他们接受另外一种实验。实验装置是一只"手指穿梭箱"，当受试者把手指放在穿梭箱的一侧时，就会听到一种强烈的噪声，放在另一侧时，就听不到这种噪声。

实验结果表明，在原来的实验中，能通过努力使噪声停止的受试者，以及未听噪声的对照组受试者，他们在"穿梭箱"的实验中，学会了把手指移到箱子的另一边，使噪声停止，而第一组受试者，也就是在原来的实验中无论怎样努力，也不能使噪声停止的受试者，他们的手指仍然停留在原处，听任刺耳的噪声响下去，却不把手指移到箱子的另一边。

这个经典的实验，表明"习得性无助"不但会发生在动物身上，也同样会发生在人身上。最可怕的是，人在一个情境中形成的"习得性无助"还会迁移到其他情境中。比如你读书成绩不好，下次让你去种树，你会觉得自己也做不好，树肯定会死的。再下次让你去推销，你也觉得自己做不好，一件产品也卖不出。

"习得性无助"有这样一个形成过程：频繁体验挫折—产生消极认识—产生无助感—出现动机、认知和情绪上的损害。

这种习得性无助，会让我们丧失对幸福的感知力。

如果我说，有人会一再地拒绝幸福，一定会有很多人反驳我说，幸福是多么美好的时刻，怎么还会有人要拒绝呢？可是，看了以上的例子，你是不是会赞同，当那只屡受电击的小狗，放弃了可以脱逃的机会时，就是放弃了可以争取的幸福呢？你会不会赞同，那头大象，忘记自己已经长大的事实，就拒绝了唾手可得的幸福呢？幸福不是从天上落下来的，是奋斗来的。因为害怕失败，就拒绝了奋斗和挑战，那也就是从根本上拒绝了幸福。

简言之，馊馅饼就是当下不幸福，将来也不幸福。很多人就是如此委屈地活着：为了金钱，在一个很不喜欢的人手下苟延残喘；为了舆论，在一桩极不幸的婚姻中挣扎；为了提升，在一个很不惬意的单位佯作笑脸；为了讨好他人，用整整一生来揣摩他人的心思；为了一个户口，一个身份，反倒完全忘却了自己是谁……这就是馊馅饼的幸福观。

▎忽视身体的语言，我们创造了自己的疾病

现在，我们来讨论第四种类型的幸福观，我给它起了一个好听的名字：幸福的包子。

包子是由包子皮和包子馅组成的。包子皮，就相当于我们当下的欢愉。吃包子，总是要从包子皮开始，如果在每一口的品尝当中，都感到快乐，那是多么享受的过程。包子馅呢，就相当于我们长远的理想，就是我们赋予自己生命的意义。包子皮和包子馅是紧密相连的，一个好的包子，应该薄皮大馅，味道鲜美。它象征着我们相信自己能够把握幸福，享受幸福，在任何时候都能看到希望，都能找到正面积极的方向，都能投入自己的情感，并珍惜时光。换句通俗的话讲，就是活在当下，眺望未来。既能吃到松软美味的包子皮，也坚信在不远之处有更棒的有肉有菜的包子馅真实地存在着，富有营养，可以获得更加满意的未来。

要知道，心理健康了，一定会对整个身体产生积极正面的影响，连疾病也会对幸福的包子们敬而远之呢。

想起我犯过的一个错误，也和心理健康与疾病的关系相关。

路易斯·海，是一位美国的女心理学家。

她说，我们每个人的生命经历，完全是我们自己创造的。我们自己要为自己负起责任。而我们现在的想法，创造着我们的未来。也就是说，如果你打算做一个幸福的包子，你就真的会有美味的馅

料和松软的包子皮。如果你中意馊馅饼，那么，这个难吃而且有毒的东西，就在前边热气腾腾地等着你呢！

世界上最有力量的东西，就是"此时此刻"。做一个幸福的包子，就要学会欣赏生命进行时的风景。

我们每个人都曾经受到自我憎恨和内疚的伤害，总觉得自己"还不够好"。我猜你刚刚认识到这一点的时候，会很伤心。不过，如果我们打算成为幸福的包子，你坚信自己可以改变，那么就从发现这个问题的那一分钟开始改变，永远都不算晚。

路易斯·海有一个令人振聋发聩的说法——我们每个人创造了自己的疾病。

当然，她不是第一个提出这个观点的心理学家，但是她列出了一个表，一一列举了导致疾病的可能的思维模式，还有治疗这些疾病的新的思维模式。我对她的这一部分建树，简直佩服至极。她当然也不能保证这些说法百分之百有效，不过根据统计，有超过90%的心理原因导致的疾病是准确的。

下面，我就复述一下路易斯·海的观点。

首先她强调我们要学会听到身体的讲话。身体的语言，有时候模糊，有时候声东击西含糊不清。我们要有和自己对话的经验。路易斯·海给出了一个身体语言的小词典。

头发代表了力量，在某种程度上，也释放着求偶的信息。脱发，表示健康程度下降，过度紧张。

耳朵代表着听。当耳朵出现问题的时候，代表着在某种程度上，你再也不想听到某些东西了，代表着你对听到的东西生气。

眼睛代表看的能力。当眼睛出现问题的时候，通常代表着我们

第一章　幸福究竟是什么

生活中有什么东西，是你不愿意看到的。比如我们有这么多戴眼镜的孩子，那就是他们对过重的学习负担的无声反抗，如果他们对这些无能为力，他们将在无意中调整自己的视力，这样他们就看不大清楚了，可以保护自己，不愿面对未来。

颈部代表着灵活。特别固执的人，尤其是对环境有某些顽固的感受的人，容易罹患严重的颈椎病。比如有些人就顽固地相信自己从小学来的方式是最好的。他们不愿意改变的时候，颈椎往往成了替罪羊。

咽喉代表着我们大声说话的能力，表达你所希望得到的，你所企求的。当我们的喉咙出现问题的时候，通常意味着我们觉得自己说某些话是不恰当的。它还代表着身体内部的创造力。能量集中在咽喉部。比如，当你准备发言的时候，你通常要清清喉咙。当你表示厌恶某些人的时候，你会吐唾沫。中国有个词叫作"唾弃"，当我们没有能力做真正的抗争的时候，我们往往把能量放在咽喉部。

后背代表我们的支持系统。后背出现问题，意味着我们感到没有支持。如果觉得自己失去了父母、配偶、孩子、老板、朋友等人的支持，感觉到支持受到破坏的时候，人极容易感到背痛，丧失力量感。大家常常会说"身后有强大的力量""背负着重大的责任"，就是这个意思。当我们支持某个人的时候，我们会说，"我会站在你的背后"。还有，没钱或害怕没钱的时候，也容易背痛。

心脏代表爱。这就不多啰唆了，你看看到处都是红色桃心，就明白这个观念是如何深入人心了。

胃有病的时候，一般来说是有什么我们不得不下咽的东西，你得接受它，你必须强咽下去，可你不喜欢。于是你的胃就代表你提抗议了。

让光透进来：找回幸福的能力

生殖系统的疾病，通常是我们感觉到性的肮脏或是不喜欢自己的性别角色。

肠道和你的放弃废物的能力有关。便秘的人，常常也是十分会过日子的人。这是好听点的说法，更直接的说法是比较吝啬。哈！连大便也要储存起来，舍不得排出体外。

腿的问题，常常意味着你害怕向前走。膝关节有问题，通常是拒绝妥协和弯曲，特别倔强。

肥胖代表着不安全，于是希望储存更多的食物。尤其是源于父母的不安全感。他们只顾给孩子喂食，觉得这就是爱和关怀，于是给孩子传递了这样的信息：关爱自己就是多吃东西。"多吃点""吃好点""你还想吃点什么""一定要吃饱吃好"等，都是饥饿的孑遗。

更年期的实质就是害怕衰老，害怕自己不被人需要。

做一个幸福的包子，就要在心理上排除这些病态的思维，然后缔造独属于自己的幸福生活。

以上的这四种类型，实在是粗浅而不成熟的分类。每一种类型，都不是壁垒森严，也不是和其他幸福类型毫不搭界的。你可以找找看，自己主要属于哪一种类型，是饮鸩止渴型，还是黄连团子型？是馊馅饼，还是幸福的包子？还是两种甚至三种类型兼而有之？

当然希望大家都是幸福的包子了！丝丝入扣地料理身边的杂务，其乐悠悠。平淡如水的日子，食之如饴。与大地江河和亲人们和睦相处。一生就如一匹丝绸的长卷，哗地抖开，柔光流淌，细韧而亲

第一章　幸福究竟是什么

切。那里面藏着桑的青绿和蚕的孜孜不倦，温煦的气息如同樱桃之酒，红艳而醇厚地扑面而来，飘然散去。远处，悬挂着初阳一般光灿的目标。即使在暗夜中跌倒，可能被打败，但不可能被摧毁。只靠月光和星光，也可以走得很远，我们的心理健康了，脚力就足够健硕。

"你的第一责任是使你自己幸福。你自己幸福，你也就能使别人幸福。幸福的人，但愿在自己周围只看到幸福的人。"这是德国的大哲学家费尔巴哈说的。

我看到一个有趣的研究报告，似乎可以从另一个侧面说明心理健康的效果并不是虚无缥缈的，而是可以量化的，是有触手可及的效果的。

英国一项研究表明，如果按成本与效果的比例计算，心理疗法增进快乐的效率是单独提供金钱的 30 多倍。

> 英国沃里克大学等机构的研究人员在一期《健康学中的经济、政策与法律》杂志上，提交了一份报告。他们对 1000 多人的心理健康状况和生活状况进行了长期跟踪调查，比较了那些接受心理疗法的人的快乐上升程度。作为对照组的是那些彩票中奖或工资增加的人的快乐上升程度。
>
> 4 个月的心理疗程可以显著提升人的快乐程度。如果从成本效果比来看，一个成本仅为 800 英镑的心理疗程带来的快乐上升程度，约相当于收入增加 2.5 万英镑带来的快乐上升程度。照此计算，心理疗法的快乐效率是金钱的 30 多倍。

我看到这份资料以后，算了个小账。成本 800 英镑，约合人民币9000元；2.5万英镑，约合人民币30万元①。也就是说，花费1万元做心理治疗，和真正得到30万元，其快乐上升程度可有一拼。而且根据另外一组科学家的研究，彩票中奖的快乐在几个月之后就会渐渐消失，而心理健康所带来的快乐，却是经得住考验的，有些还历久弥坚。对于咱们大多数中国人来说，花1万块钱进行历时4个月的心理治疗，是比较奢侈和不现实的。不过，我们可以进行自我心理保健，进行心理健康的反思，自己做自己的心理医生。那么，就是从最世俗的观点来看，也是一本万利的事情啊。

---

① 此为作者写作时的汇率。——编者注

第二章

你是自己幸福的第一责任人

你要全盘接受你不能改变的那一部分，
那不是耻辱，是你之所以成为你的特别之处。

给健康做个评估

过春节,大家拜年的时候,最常说的吉祥话就是祝你"身体健康"。

什么叫"健康"呢?

生理标准

先来说说生理标准。

身体强壮,各系统功能良好并且互相协调。以目前的检查手段,不能发现病理改变。你到医院去检查,就会得到一大沓化验单、透视单、B超单。你就要在各个科室之间像条冰冷的鱼一样,游来游去。你会被抽血,查大便小便,肚子上涂黏黏糊糊的东西,让一个探头触来触去。你要被各种仪器检查一遍。过几天之后,你会得到一个单子,你的生理健康情况就在上面了。在发达国家,这甚至成了一桩产业,你要住在专门的医院里,经过几百个项目的检查。如果你的所有指标都是正常的,那就可以高枕无忧了吗?

不是。

对于现代人的健康标准来说,这还远远不够。

第二章　你是自己幸福的第一责任人

心理健康

我们还要检查心理是否健康。

大家可能会说，心理健康的标准究竟是怎么样的？我们不大清楚啊。简言之，就是：心理功能正常，精神协调一致。主观感受良好，精力充沛。情绪稳定，能够自如地应付环境，有积极的人生观。

社会适应标准

除了以上这两项之外，还有一个社会适应标准。那就是一个人的行为符合社会规范，有良好的人际关系，家庭功能和职业功能完好，能享受生活和工作的乐趣。

只有这三条标准都符合了，你才是一个健康的人。

大家可能会说，生理健康比较直观，看得见摸得着，社会标准还好说一点，但心理健康就比较模糊了。

据多年前的一项统计，我国心理疾病已占疾病总数的 33.2%。当时有专家预测，到 2020 年，心理问题引起的疾病将在总疾病负担中排名第一。

美国进入 21 世纪后，抑郁症的患病率比 20 世纪 60 年代上升了 10 倍。发病年龄也从 29 岁下降到了 14 岁左右。

1957 年，有 52% 的英国人感到自己非常幸福。到了 2005 年，这个比例就只有 36% 了。

最近我看到有数字显示，在我国青壮年人口的死因当中，占第一位的不是疾病，也不是交通事故，而是自杀。人活得好好的，为什么要亲手了断自己的生命呢？发生了什么事情，让这些人觉得生

让光透进来：找回幸福的能力

不如死呢？

这些都是心理学要讨论的问题。

大家可能要问，既然心理学这么重要，为什么以前没有被提到这样的高度上来呢？

中国有句俗话，叫作"吃饱了撑的"，意思是种种不可思议的奇怪事情，都是人吃饱了以后，才生发出来的。我觉得心理学在今天的中国及全世界的大发展，就和"吃饱了"大有关系。为什么这么说呢？因为人一是要生存，二是要发展，这是进化的规律，也是文明的规律。当人的温饱问题没有解决之时，别的就顾不上，生存就是最大的挑战。随着科学技术的发展和社会的进步，在近100年以来，粮食产量有了长足的提高，在世界上的大部分地区，基本上都脱离了饥饿的威胁。具体到中国，由于改革开放以来取得的巨大成果，我们已经从温饱型向小康型社会迈进。在这种情况下，新的问题就出现了，那就是吃饱了之后，人们怎样去争取快乐和幸福？过去比较简单，没有饭吃，别说吃山珍海味是幸福，就是没有美味佳肴，饥饿时能有几个馍馍打牙祭，也是莫大的幸福。人类几十万年的进化史，就是这样简单地规定了我们对于幸福的理解，它和物质紧密相连。所以，从这个角度来说，心理问题的增多，是社会发展的必然现象。它不是坏事，是一件必然之事，甚至可以说是一件好事。人们对心理健康的重视，是一种进步，是社会发展一定要经历的阶段。现在，人们比较关注自己的生理健康，证据之一就是凡是有关健康的讲座，都人满为患，凡是讲生理保健的书籍，都有很好的销量。心理和生理紧密相连，身心一体。甚至可以这样说，一个人的生理是健康的，他的各项化验指标都正常，但他的心理不正常，那么用不了多久，他的生理上也一定会出问题。反之，若是一个人的心理是健康的，那么，就算他渐渐衰老，百病丛生，或者肢体不健全，身有残疾，但他依然可以有阳光灿烂的笑脸，享受幸福生活。所以，关注自己的心理健康，是现代人的功课，既是一种前所未有的挑战，也是一个必须完成的任务。

如果对于心理健康的重要性，大家有了初步的认识，接下来就有了新的问题。有朋友要问了，说我知道这个事情很重要，我当然也愿意心理健康。可是，我的心理到底健康不健康呢？我不知道。如果能像医院的体检表一样，有一个正常值，知道了相关的标准，我们就心里有数了。

我在北师大心理系（现在叫心理学院）博士方向课程结业以后，和几位同学合开了一家心理诊所。几年下来，在和求助心理咨询的客人交谈中，我发现中国有心理问题的人真不少。中国目前有资质和素质的心理医生比较缺乏，中国民众的心理问题，如果像欧美发达国家那样，主要靠心理医生的帮助才能得到解决的话，那真是杯水车薪。但是中华文化有一个很好的传统，就是"自省"。《论语》中说："吾日三省吾身。"

原文是这样：

> 曾子曰："吾日三省吾身：为人谋而不忠乎？与朋友交而不信乎？传不习乎？"

这句古文翻成白话就是："我每天必定用三件事反省自己：替人谋事有没有不尽心尽力的地方？与朋友交往是不是有不诚信之处？师长的传授有没有复习？"这"三省"包括两个方面，一是修己，一是对人。对人要诚信，诚信是人格光明的表现，不欺人也不欺己。

替人谋事要尽心，尽心才能不苟且，不敷衍，这是为人的基本德行。并且要温习旧经验，求取新知识。

对这"三省"也有另外的解释。除了说是从三个方面反思，也可以当作一个数量词，指每日要进行三次自我检查。这个"三"，是个泛指。古代讲数字的时候，三哪九呀，常常是表示频率高，不必认定仅仅是字面上的那几次。

中国的知识分子和老百姓有自我反省的好习惯，而且不是单一方面，是囊括若干方面；也不是一次两次，而是多次。这是一个很好的传统。不过这个传统，在现代社会被丢弃得差不多了。为什么呢？从客观上讲，是生活节奏太快了，你什么时间来自我反省呢？早上一爬起来就忙着上班，连吃早餐的时间都没有。

前几天我听到有人讨论在地铁车厢里能不能吃东西。大多数人都说，地铁里空间那么促狭，空气又不流通，当然不能吃东西了。不过我也看到有一个白领说："如果我不在地铁里吃东西，我根本就找不到其他时间来填饱肚子，我就只能饿到中午了。"所以，我才不管礼貌不礼貌的问题，民生为大。主观上来说，大家已经淡漠了自我批评，凡事先想着怎么对自己有利，怎么更多地从对手那里争取到更好的条件，哪里还愿意更多地来探讨自己的不足呢？很多书籍刊物教给大家的，都是怎么美化自己，给别人一个好印象。如何揣测和驾驭别人，怎么才能争取到自己的利益最大化。在这种情形下，自省已经成为比较罕见的习惯了。

但是，为了自我的心理健康，你必须学会自省。这不是对别人有好处，而是对自己的生命状态随时进行检索和反思。这对于保持身心健康，充满活力地向前，是非常重要的措施。

现在回到咱们的问题上。如果你有了反省的好习惯，那么，你

第二章　你是自己幸福的第一责任人

如何才能知道自己的心理是健康、亚健康还是不健康呢？

需要一个大致的评定标准。

遗憾的是，迄今为止，并没有这样一种百发百中的表格，如同糖尿病人测血糖一样，用试纸一测，仪器上就会报出你的血糖值，这张表格也能这样告诉你，你的心理到底正常不正常。

一个人想知道自己的心理是否健康，这是非常朴素又非常合情合理的要求。不过，人的心理是很复杂的系统，不能简单地完成判断。你没有法子找到医院或什么机构，对人家说，你用什么仪器检查一下，判断我的心理究竟能打多少分；也没有法子抽点血或查个脑电波，得到一张报告单，从此有了权威的报告。

不过，这并不是说心理健康就完全像是一团迷雾，让我们每个人都摸不着头脑。

下面，我向大家提供一张心理健康的自我鉴定表，方便大家自测。

心理健康自我鉴定表

序号	心理健康状况良好	心理健康状况不良
01	接纳自己	否定自己
02	喜欢和尊重自己	不喜欢、不尊重和讨厌自己
03	自信	自我怀疑
04	有安全感和自我肯定	感到不安全和无法自我肯定
05	真诚	虚假、不诚实

续表

序号	心理健康状况良好	心理健康状况不良
06	乐观	悲观
07	清楚个人能力	不清楚个人能力
08	对自己的成就感到自豪	害怕成功，否定或抗拒成就
09	能自我控制和自律	情绪化和易失控
10	接纳个人限制，不会因此觉得不安、羞耻和有罪咎感	害怕被批评和被击败
11	主动和投入	被动、退缩，对别人和自己疏离
12	问题中心	自我中心
13	有同感	冷漠
14	有信心，开放自己	缺乏信心，自卑并封闭自己
15	有勇气表达自己	羞怯、不敢表达自己
16	真情流露、自然和主动	情绪上自我压抑
17	仁爱良善	具有攻击性和敌意
18	关心爱护人	对人漠不关心
19	具弹性、机灵	僵硬、一成不变
20	低自我防卫	高自我防卫

续表

序号	心理健康状况良好	心理健康状况不良
21	对自己有正确的期望	对自己有不切实际、低劣的期望，甚至没有期望
22	能接纳别人的回馈和愿意学习	对个人问题钻牛角尖和不接纳别人的回馈
23	乐意面对促进成长的新经验	抗拒新经验
24	愿意冒险和享受挑战	不愿冒险和害怕失败
25	积极和从容自在	消极和紧张
26	愿意改变自己	不愿意改变自己
27	表现自己的能力，同时承认个人的限制和能在失败中学习	表现得很脆弱和易受伤害，面对失败时亦欠缺理性
28	对自己的行为负责	逃避责任，以无助和自责为借口
29	能设定适当的目标	没有正确坚定的目标
30	独立自主	依赖他人
31	坚毅	做事容易半途而废，甚至放弃自己的生命
32	满意自己，并享受与他人的亲密关系	轻视自己，无法享受与他人的亲密关系
33	相信个人努力影响自己的人生	相信自己一生被环境所控制

续表

序号	心理健康状况良好	心理健康状况不良
34	对生命的看法是"我很不错"和"我能掌握生命"	对生命的看法是"我很差劲"和"我无法控制自己的人生"
35	人生以现在、未来为定向	人生在过往经验（往往选择负面事件）和未来期望上呈恶性循环

改变能改变的，接受不能改变的

下面，咱们一起探讨研究一下这张表格的具体内容。

第1条 心理健康的人知道接纳自己；反之，则否定自己

"接纳"这个词是什么意思呢？普通词典上的解释是接受采纳。这似乎很好理解。你提个意见，我接受了。你有个好建议，我按照你说的办，这就是采纳。

心理学的意思，接纳就是"认可"。

落实到我们每个人身上，这个接受和采纳，加上认可，可就不那么简单了。比如，你认可你的身高吗？认可你的长相吗？认可你的头发分布吗？认可你的家庭吗？认可你的出身吗？认可你的种族吗？认可你的国家吗？认可你皮肤的颜色吗？认可你手指的形状吗？认可你受教育的程度吗？认可你所处的地域吗？认可你说话的嗓音吗？认可你的身体状况吗？认可你有多少钱财吗？认可你……

在上面这段话的后面，我打了一个省略号。就是说，有关你这个人的一切状况都可以续写下去，包罗万象。而这一切，就构成了一个活生生的天下唯一的"你"。

这就是我们每个人基本的生命状态。

让光透进来：找回幸福的能力

也许有人觉得这个"认可"多此一举，会咂着嘴说，不就是说我们本来是什么样子就认命吗？说一千道一万，谁还不知道自己是怎么回事呀？有什么可说的？有人会觉得这个问题很抽象，认可不认可自己，自己都得生活，这是个画蛇添足的傻问题。其实，大不然。

一个人的心理，就像是一棵树。树是有根的，根是扎在土壤里的。如果没有根，这棵树就活不下去。就算有根的树，如果这棵树的根扎得不够深，那么大风大雨袭来的时候，这棵树也许会轰然倒下。我们心理的根，扎在哪里呢？就扎在"认可自我"这片肥沃土壤中。

如果一个人连自己的基本状态都不全面认可，他的心理根基就很不稳定。如果对自己全面否定，那简直就是把自己置于死地了，就是无根之木。很显然，一个人没有了支点，是没有法子坦然地面对这个世界的。

关于每个人的基本状态，可以分为两大部分，一部分是永远无法改变的，还有一部分是暂时无法改变的。

咱们先来说说那些永远无法改变的东西。

你的父母，你就没有法子改变。你不可能换掉自己的父母，也不可能改变自己的种族。在不做变性手术的前提下，你也不能改变自己的性别。在不做美容手术的情况下，你不能改变自己的相貌。还有，你在兄弟姐妹中的排行，你不能改变。你的出生地，你不能改变。你的籍贯，你不能改变。你的民族，如果不是弄虚作假的话，也不能改变。每个人，都有一些东西是自己无法改变的。任你如何十八般武艺，你也不可能改变这些东西。

怎么办呢？

只有一个法子，就是你要接受这些不可改变之物。

我们平日遇到很多问题，首先要把问题中的能改变部分和不能改变部分分清楚，然后分门别类地来处理。举个例子：

有一年在乡下，我碰到一个怒气冲冲的女孩子。

她说："为什么我是一个女孩子呢？""为什么我父母都是农民呢？""为什么我生在中国而不是美国呢？""为什么我的同桌有几支好钢笔，可我只有一支圆珠笔呢？"

这前面的几个问题，都是不可改变的。你就是一个女孩子，而不是一个男孩子。你就是农民的后代，而不是大学教授的子孙。你就是生在中国，而且是中国农村，而不是在美国的旧金山硅谷。你把这些东西整理出来，就比较心平气和了。

但是，关于圆珠笔这一条，是可以改变的。

改变的方法，不是把你同桌的钢笔丢掉或是偷走，而是在自己的圆珠笔上下功夫。你先要问自己，钢笔是干什么用的呢？是用来写字的。写什么字呢？平日，记录课堂笔记；课下，书写作业；考试的时候，答卷子。试想一下，如果是在作业本或卷子上回答问题，钢笔写的字和圆珠笔写的字，代表的意思是相同的，都是执笔者的答案水平，并不会因为他用好钢笔回答问题，答得不对老师也给他100分，你用圆珠笔回答问题，答对了老师也判你不及格。也就是说，钢笔和圆珠笔，都是你的学习工具。你能够决定的是自己能否好好学习，牢牢地掌握知识，并且能有独到的发现。如果你在那些不能改变的条件上耗费大量的精力，结果肯定是竹篮打水一场空。

而且，因为你不能改变，你就积攒了很多的怨气，对那些拥有良好条件的人产生了敌意。这样做的结果是，你的条件并不会因为

/ 让 光 透 进 来： 找 回 幸 福 的 能 力 /

仇恨和抱怨而有所改变，它把你的注意力都集中到一块顽石之上，你的一生都有可能在这种毫无效果的牢骚和懈怠之中虚度。人间的谩骂和抱怨，多半都是面对着一个不能更改的事实，因为荒凉的无奈，所以格外刻毒。当然了，你还可以继续谩骂和仇恨下去，但这对你有什么用处呢？除了心跳加速、血压升高、怨天尤人、走火入魔，甚至铤而走险之外，我看不到有什么实际的改变之处。所有怨毒之箭，都如澳大利亚土著人的"飞去来"，到头来把你钉在了自己的苦闷之上，而对真实的世界丝毫无补。

接纳自己的反面，就是否定自己。

否定自己可以有各式各样的表现。可以说，不喜欢自己简直就是我们每个人的常态。"不喜欢"这个害人精，实在是包罗万象，不喜欢自己的外貌、身高、籍贯、受教育的程度、讲话的口音、进步的速度、开的车子、住的房子等。

也许有人说，关于相貌，是有办法改变的。我可以整容啊。一个人，不喜欢自己的容貌，如果是由于特殊的疾病或是烧伤烫伤等，实在是到了有碍观瞻让人害怕的地步，那是需要医学整容的。如果只是为了更美丽、更自信，这就走入了一个误区。有人说："我的相貌好了，我就会更有自信，就不那么自卑了。"这种说法其实经不起推敲。人的自信，主要是来自内心的坚定和顽强。就算你靠着高科技和大量金钱，把自己整出个倾国倾城之貌，还有一个强大无比的因素，是你所不能对抗的，这就是时间。新陈代谢，是宇宙间最伟大最普遍的规律之一，只要生命存在，新陈代谢就是现在进行时。

说到美貌，我们都记得享誉全球的影星奥黛丽·赫本，在《罗马假日》中，她是纯真和高贵的公主，人们感动于她天真无邪的笑容，说"我们没有看到上帝，但是我们遇见了天使"。有一次，我无意间看到了奥黛丽·赫本晚年的一张照片，昔日的美貌已经远去，她只能说是一个慈爱善良的老太太。我相信以她的经济实力，是买得起昂贵的化妆品的，可所有外在的东西，都没有法子对抗时间。即使这个有着夺人心魄的美貌的女子，在时间之水的无情冲刷下，也会渐渐逝去耀眼的光芒，回归平凡。对于普通人来说，如果把自信心建筑在美貌之上，是不客观也是很不扎实的。只有内心的坚定，才能把岁月留下的伤痕，化作成长的书签。微笑，虽饱经沧桑，仍动人心扉；美丽，虽历经磨难，仍毫发无损；慈祥，虽万般摧残，仍春风拂面。

　　心理健康自我鉴定表，把"接纳还是否定"这一条摆在第一位，犹如哈姆雷特那句经典的台词"生存还是毁灭，这是一个问题"，其重要性，不言而喻。你要全盘接受你不能改变的那一部分，那不是耻辱，是你之所以成为你的特别之处。

自我肯定，获得恰到好处的安全感

▼ **第 2 条** 心理健康的人喜欢和尊重自己；反之，则不喜欢、不尊重和讨厌自己

这一条是第一条的提高版、升级版。前提是你接纳了自己，然后你才能喜欢自己，你才能尊重自己。你喜欢了自己，尊重了自己，才能喜欢别人，才能尊重别人。那么，有没有可能，一个人不喜欢自己，却喜欢别人呢？有人说，当然可以啦！比如说，我是一个各方面条件都不大好的男生，可我喜欢一个非常美丽和优秀的女生，这难道不行吗？

现实中这种情形屡屡发生。不过我们在前面说过，心理学不仅仅研究你是如何想的，还要研究你是如何行动的。假设情况真如我们刚才设想的那样，一个连自己都不喜欢自己的男生，向那个优秀的女生求爱，结果会怎么样？极大的可能就是会被拒绝。被拒绝之后，这个男生怎么办呢？继续无望地追求，直到人家报警？或者寄希望于那个女生突然被感动，答应一个自己不喜欢的人的求爱？

我不敢说这样的事情在这世界上从未发生过，但心理学研究的是普遍现象，不是那种极端罕见的特例。一个人天天追求极小

概率的事情，这基本上也属于不正常了。况且，如果那个女生真的很优秀，就算一时动了恻隐之心，和这个自卑的男生结了婚，婚后两个人也会矛盾不断，要知道和一个心理不正常的人相处，是很辛苦的事情。可能这个女生在外面和异性朋友多说了几句话，回家晚了一些，这个男生就会疑神疑鬼。因为他觉得自己和这个女生是不般配的，自己是没有魅力的，很害怕自己的妻子再爱上别人。这样一个没有安全感的人，不仅自己活得不开心，也让周围的人紧张兮兮。如果是旧时代，嫁鸡随鸡嫁狗随狗，这种婚姻也许可以维持，但是现在时代不同了，两个人如果没有默契，一个不和谐的婚姻，很容易走向离婚。那么，这个被抛弃的男生，到底是幸福还是不幸福呢？看一个人的某种选择是正确还是不正确，眼光要放长远，不要光看一时一地的得失，而要从一个更长的时间框架中考察。苏格拉底说过：没有经过审视的生活是不值得过的。我觉得没有经过时间考验的决定，也是不值得肯定的。这样看来，一个不自信的男子，娶到了一个各方面条件都很好的姑娘，如果在今后的岁月里，这个男子不能与时俱进的话，很可能造成更大的人生悲剧，这个男生也很可能一蹶不振。因为你不知道他从过去的伤痛中恢复，需要多少年。有时候，一个错漏、一句谎话，就让人走完了一生。

"不喜欢自己"还将导致一个很糟糕的结果，这就是不喜欢别人，进而发展到不喜欢这个世界。有些人，总是怨声载道，没有一天是开心的，谁也看不惯。表面上，他们的矛头是指向他人，其实在这些人的内心，常常潜伏着一个哀伤而懦弱的小孩子，因为他们不喜欢自己，看自己是灰色的，看别人自然也没有阳光。

第3条　心理健康的人通常是自信的；反之，则常常自我怀疑

心理健康的人，充满了自信。自信是什么意思呢？就是一个人发自内心的自我肯定，自己相信自己。由此可以证明，自信完全是自产自销的东西，不是外在的产品，是你由衷地觉得自己有价值，是热爱生命的表现。反之，就常常自我怀疑，哪怕是人家都肯定了你的成绩，你还在那里疑神疑鬼，觉得自己不配得到这份信任。

有的人习惯了负面思维，一事当前，总是先去想它的不利因素，先怀疑自己不行。这是很悲惨的思维方式，是一种心理不健康的表现。

现在有一种误区，认为自信就是敢当着人大叫大嚷，就是被人拒绝了，还一百次一千次地围着别人，死缠烂打。把某种程度的"没皮没脸"，当作自信。有一些训练机构，教唆人在大街上放肆地大声吆喝，甚至和不认识的人没完没了地搭讪，把这当作自信的表示。这是很可笑的事情。还有一些妈妈，为了培养自信的孩子，按照一些教子经上所说，经常对孩子说："你是最棒的！"

我觉得这都是对自信的断章取义，甚至是饮鸩止渴的做法。

诚然，自卑的人常常不好意思当众大声讲话，这在心理学中被称为"发言恐惧"，国外有统计说害怕当众讲话的人，比害怕死亡的人还多。这可能是因为一般人觉得死亡毕竟是比较遥远的事情，而当众讲话，是经常面对的挑战。如果有心理顾虑，会觉得这是十分恐怖的事情。但是，如果被驱赶着，用一种破坏性的操纵方式，使一个人可以不顾场合不顾受众的反应，自我吹嘘，自说自话，这不是克服了自卑，而是使当事人进入了更深刻的不自信。至于对孩子说"你是最棒的"，这在逻辑上是讲不通的。世界这么大，孩子如何

知道自己是最棒的呢？当这个孩子对此信以为真，真的以为自己是世界上最棒的时，就是接受了一个弥天谎言。将来他长大了，到了一个更广阔的世界，看到了天外有天山外有山，知道自己并不是最棒的，他在震惊和伤心之余，也许会陷入更麻烦的自我否定之中，这一定是善良的妈妈所始料不及的。

真正的自信，不是狂妄的叫嚣，不是不切实际的幻想，也不是来自他人的虚与委蛇的评价，而是像泉水一样，从自我肯定的深层岩石中渗出来的。它也许没有惊涛骇浪般的声势，却如涓涓细流永不衰竭，终生滋养你的灵魂。

第4条　心理健康的人有安全感，自我肯定；反之，则感到不安全，无法自我肯定

当我们到了陌生人群当中时，有些人就缩手缩脚，放不开，很拘谨，时刻觉得自己是多余的人，因为不知道人家喜欢不喜欢自己。很多人以为这是性格问题。这究竟是不是性格问题，要具体分析。如果你在自己很熟悉的人群当中也沉默寡言，那这多半是性格使然。可大多数人不是这样，在自己熟悉的人当中，他们是活蹦乱跳、生猛活跃的。可是到了陌生场合，特别是人多的地方，他们就会感到很不安，手足无措。究其原因，这是缺乏安全感的一种表现。

人对于外界的安全感，要调整到一个适当的尺度。既不能太高，也不能太低。我们对外界的判断，是安全感的出发点。想那远古的时候，我们的祖先在密林中，当然得高度警惕。如果周围不安全，潜伏着大型野兽，自己又没有察觉，生命就会受到严重的威胁。保持必要的警觉，不能麻痹大意，这是人的基本能力之一。但是，如

让光透进来：找回幸福的能力

果对什么人都怀有高度的戒备之心，我们就会在应该联络并发展新的关系的时候，畏葸不前，也许会错失很多机会。如何既对人充满了信任，又抱有适度的警觉，这是现代人的新课题。

如今有些说法，对建立信任感和安全感，是不够妥帖的。比如，现在很流行一句话——不要和陌生人说话。常常听到人们在教育孩子的时候，把这当作一个很好的安全措施。殊不知，如果真的一辈子不和陌生人说话，不到新的领域去闯荡，那么就只能是温室里的花朵。

有研究表明，在农耕社会时代，一个人一辈子接触过的人，大约不超过200人，基本上就是一个中等村落的人口。在这个领域里，你是可以不和陌生人说话的。某个村子真来了一个陌生人，几乎全村的人都会来观看，然后集体判断他是个好人还是个坏人。但是，在现代社会，我们的活动范围扩大，生活节奏加快，你不妨算一算，在大城市里工作的人，一辈子要接触多少人呢？最少是过去的100倍，也就是20000人。所以保持安全感，不在于和不和陌生人说话，而在于你对自己面对的环境和应对能力，有没有恰如其分的估计。大庭广众之下，你当然可以和陌生人说话。在安全的场合，你也可以和陌生人说话。半夜里，生疏的地方，黑暗中……不要和陌生人说话。

安全感较差的人，不愿意开辟新的工作领域，顾虑重重。"怕"是他们常常涌起的感受，到底怕什么呢？一时间说不清，好像什么都怕。新的环境会让他们不舒服，感到深刻的不安，很容易退却。这一点，让很多人在职业的选择和生涯设计上吃亏，到了晚年，他们会说："啊，我曾经有过怎样的机会，可是我没有抓住。"为什么抓不住呢？就是觉得熟悉才安全。

现在很多年轻人整天迷恋电脑，染上了网瘾，在众多诱因当中，安全感差是一个不容小觑的原因。他们害怕外面的世界，觉得和人打交道很不安全，唯有埋头于机器，才感觉到世界是熟悉的，是可以控制的。特别是一些玩网络游戏上瘾的人，在不断的重复当中，他们越来越了解下面的步骤是什么，觉得一切尽在掌握之中。这种安全的感觉，令他们着魔。击破网瘾，就要让这些人建立起对人类社会的基本了解，勇于接触。如果不在这个层面深入挖掘，就容易事倍功半，网瘾还会复发。

这个世界肯定不是绝对安全的，特别是在迅猛变化的时代，人们会遇到很多让人害怕的事情。我觉得对于这些不安全因素，第一是不怕它，第二是找出应对的措施。完全安全的世界，在人类历史上从来没有出现过，以后也不会有。对此，我们应该丢掉幻想。父母也绝对不要允诺给孩子一个完全安全的世界，那是你们力所不及的事情。

只有自我肯定，才是你安身立命的宝贝。因为我们的存在价值不是由任何外在的因素所决定的，而是由生命本身决定的。你不需要别人的肯定，你要学会自我肯定。这件事说起来容易，其实，很多人一辈子都无法掌握其要领，运用纯熟。

为什么呢？

因为人类幼年的时候，是很软弱的。你没有法子自己走路，没有法子自己吃喝，你是在家人的看护下慢慢长大的。当你第一次学习走路的时候，要在大人的搀扶下笨拙地开始，你一定会摔跟头，你会感觉到疼。你蹒跚学步，走得有点模样了，就会得到鼓励夸奖肯定，出于生命的本能和得到夸赞的渴望，你会从地上爬起来继续走下去。

可是要注意，随着你慢慢长大，没有人天天跟在你的旁边来观察你，恰如其分地评判你。你必须要学会成为你自己的主人，你前进的动力不再来自他人的判断和反馈，而是要听从自己内心的呼唤。这是一个艰难的转变，仿佛蚕蜕皮一样，只有一次又一次地蜕变，你才能吐出银亮的丝，最后变成一只飞翔的白蛾。可惜的是有很多人年纪很大了，内心还是一个婴孩，还需要他人的肯定，不然就手足无措。这个过程，如果做父母的心理健康，多鼓励自己的孩子去尝试新鲜事物，当他们出了差错的时候，不是一味地埋怨批评，甚至捆住他们的手脚，禁止他们探索，而是给予更多的宽容，那么孩子会比较平稳地过渡到一个成年人的心理状态，把评判自己的那杆秤，放在自己手心里。当然了，一个人缺乏安全感，也不能全赖父母。长大了，要有自己独立的思考和判断。说了这么多，只是为了证明一个心理健康的人，要有恰到好处的安全感。

还要强调一点——有些人的安全意识比较差，对人对事物总是一厢情愿地认为一切都阳光灿烂，太天真了也不是好的状态。必须要适度，要知道真理与谬误，仅有一步之差。

没有绝对的好事或坏事，真诚乐观很重要

▰ **第 5 条　心理健康的人真诚；反之，则常常是虚假和不诚实的**

真实诚恳，这是美德。没有这种美德的人，就会撒谎和装腔作势。以往人们常常以为这是思想觉悟的问题，是可以教育和帮助的。其实，这是心理上的问题。一个人只有敢于真实地面对自己，他才有可能真实地面对他人，面对世界。心无所惧，襟怀坦荡，才能真诚。人们都愿意跟真诚的人打交道，谁愿意同一个满嘴谎话的人来往呢？现代社会讲究诚信，我们评价一个人，诚实是非常重要的。

从这个层面说，说谎不是品德问题，是心理问题。

在这里，容我为爱说谎的人，特别是爱说谎的孩子，讲几句话。

说谎的人，并不是不知道这样做不好，而是他们养成了习惯。他们以为谎话能够救自己，能够让别人更喜欢自己，能够给别人留下好印象，能够使人更愿意同自己合作。

为什么要说谎呢？是在刻意地掩盖一个真相。为什么要掩盖这个真相呢？因为说谎的人觉得这个真相是不好的，是得不到他人欣赏和赞同的，所以，要掩藏起来，要用一个假象覆盖在它上面，让别人误以为真。

撇开蓄意欺骗陷害他人的谎言，我们单说生活中常常发生的说谎，那个苦涩的内核通常都是我们不愿意示人的部分。怎么办呢？我们就用一个自己臆想的假象代替它，于是，谎言就诞生了。

谎言是不能长久存在的，俗话说，纸里包不住火。想想看，这个比喻多么精彩！用纸去包火，能不能包住呢？可能有一个极短的时间，我不知道是零点几毫秒的时间，外人看不到纸中的火，但这个时间是多么短暂啊！之后，我们不但会看到燃烧的火，而且这火苗因为得到了纸的助燃，会变得更加猛烈。这就是说谎的流程和代价。尤其是现代社会，说谎是越来越不容易圆谎了。过去资讯不发达，识破一个谎言，有时候也许要用一辈子的时间。一个谎言，在一个时间段内，也许可以骗过所有人。但是随着现代高科技的进步，日行千万里寻常事，联络千万人弹指间。天网恢恢，做一个滴水不漏的骗子是越来越不容易了。骗人成了系统工程，稍有闪失，第一时间就会被识破。

对企图说谎的人，除了觉得可悲可恨，还有一点点同情和悲悯。他们本想用谎言的外衣，把自己包装得光鲜些，以遮盖不想示人的本来面目。不想却是画虎不成反类犬，闹得自己更惨淡了。从时间成本和信誉成本来说，说谎也完全得不偿失。

第6条　心理健康的人通常是比较乐观的；反之，则常常是悲观的

这一条比较简单。举两个故事说明一下，有名的半杯水的故事，以及那个老太太的两个女儿卖伞和开染坊的故事，大多数人都知道，

容我再简单重复一下。

一杯水,如果喝掉了一半,乐观的人会说,还有半杯水呢!悲观的人会说,再也回复不到满杯的模样了。

有一位老奶奶,她有两个女儿。一个是开染坊的,还有一个是卖伞的。大家都知道,开染坊需要阳光,但是卖伞的就需要下雨。这样老人家就天天不开心,下雨的时候,她叹气说:"老大家的生意没法做了。"出太阳的时候,她又叹息说:"老二家的买卖没法做了。"后来,有人劝她说:"您何不这样想——下雨的时候,老二家的买卖兴旺;太阳出来的时候,大女儿就眉开眼笑。"

很老套的故事,很深刻的道理。任何一件事情,都不会坏到没有一点空隙透过阳光,也不会好到没有一丝阴影。比如菲尔普斯,一个人在北京奥运会上独得8块金牌,这是何等荣耀,无数人视他为偶像和奇迹。可是,他一不留神开始吸食毒品。比如离婚,你的爱情失败了,但离开一个不再爱你,你也不再爱的人,未尝不是解脱和成长。它可能成为你新生活的起点。天下没有绝对的好事或坏事,就看你如何面对。甚至连亲人故去,也给了我们认识世界普遍规律的机会,从此敬畏生命,带来新的思考,更加珍惜每一天。

心理健康状况不良的人,遇事总是往恶劣之处盘算,遇人总是以小人之心度量。对于近代以来饱受欺凌的中华民族来说,我们用负面思维的传统是比较浓厚的。按照我们上面的逻辑,这个习惯也有它正面的意义,就是凡事你总是想坏处比较多,就可以规避一些风险。你先假设一个人是坏人,提高警惕可能会避免损失。但是你也可能因为凡事悲观,而丧失了进取的勇气和时机。有个词叫作"悲观厌世",说的就是悲观的害处,不但让你丧失快乐容颜枯槁,最终还可能导致放弃努力，甚至放弃生命。如果一定要在悲观和乐观二者之间择其一的话，我会毫不犹豫地选择乐观。因为这样比较有斗志，比较有信心，也比较容易找到相濡以沫的同道，可以同甘苦，共患难，携手向前。

珍视自己的能力和价值

> **第 7 条** 心理健康的人很清楚个人能力；反之，则不清楚个人能力

这一条看起来简单，其实非常重要。每个人都不是万能的，你有长处，也必有短处。扬长避短，这是大家熟知的人生法则。然而很多人终其一生，都不知道自己的长处究竟在哪里。你别以为这是夸大其词，其实自己最擅长和最不擅长的是什么，许多人至死都不清楚。找到你的长处，是人生的一门大考，是张漫长的考试卷子，是多选题，一定要你亲笔完成。困难的是，还没有老师和同学可以帮助你，全要靠你自力更生。如果你说这太难了，算了，我也不费这个脑筋，走到哪儿说到哪儿吧，容我说句不客气的话——那你可就惨了，就好比盲人骑瞎马，夜半临深池。就算瞎猫碰死耗子，成功了，也懵懵懂懂，你没有法子发扬光大继往开来，到头来很可能丧失大好局面，落得个满盘皆输。看看我们周围，有太多的人浑浑噩噩，出发的时候没有完整的构想，中途遇到岔路口，被各种因素所裹挟诱惑，任意乱拐，猝不及防地到了终点，被动地倒下了。

说句不好听的话，这样的人生，就是一出彻头彻尾的悲剧，简

直就近似于没有活过。李白当年豪迈地发过一句誓言，叫作：天生我材必有用。

这句话，可以说是又对又不对。对的是：的确，每个人都是"材"。不对的地方是：最终有没有用，却没有什么"必然"在人生路口殷勤地等着我们，只有靠自己，才能创造出一片天地来。

人要珍视自己的能力，这是你与生俱来的唯一宝藏。

一说到能力，大家马上想到智商。智商高，就一好百好；智商不高，就一无是处。其实，经过心理学家的研究，人的能力是多方面的。

心理学和其他学科相比有一个显著的不同之处——它建立在假说的体系之上。如果我们谈到化学物理学，还有医学物理学等，都可以找到非常精确的实验数据，并且可以重复。可惜，心理学不是这样的实证科学。比如，我们至今还不能在解剖学上找到人的"潜意识"或"自尊"到底是由大脑的哪些部位和细胞所管辖，但是我们几乎可以肯定地确认，它们是真实存在的。也许将来的某一天我们能够找到"自尊"的解剖学证据，也许我们永远也找不到。因为它是一个庞大的系统，是无数大脑细胞共同工作的结果。

你只有坚定地相信"人是有价值的，人是有能力的，人是能够成为自己的主人的"这一理论，咱们才能继续讨论。如果你说我不相信这一点，我就觉得人是没有价值的，人是没有能力的，人是不能成为自己主人的，那我也没有办法，你就按照你的那条道，走到黑吧。不过，我劝你还是相信"人是有价值的"这一点，因为这样，你自己和世界才能有希望。

心理学家经过研究发现，人的能力不仅仅是我们惯常知道的记忆能力、理解能力。一个人的学习成绩好不好，和这两种能力有很大的关系，但这绝不是一个人潜能的全部。

我们每个人都有丰富的潜能，如同汹涌的地下河，在我们所不知道的岩洞里流淌。根据美国人类机能研究室的报告，人具有15种不同的自然天赋。大致分为以下这些方面。

1. 归纳思考能力

具备这种能力的人善于从一大堆碎片似的事实中得出具有逻辑性的结论。这种能力，对于律师、研究学者、医生、作家或评论员来说，都是非常重要的。因为这些工作都需要人能够很快地从特殊事物中找到普遍规律，用细节的片段拼接起一幅完整的图像。那些物理、数学等科目成绩优良的人，基本上就是这种能力比较优异了。也许有人看了以上的说明文字，会垂头丧气地说："看起来我这方面的潜能不是很充沛啊……"别着急，还有另外14种能力呢，别光看这一条就否定自我。东方不亮西方亮，黑了南方有北方。

2. 分析思考能力

这部分能力强的人，能够很快地把概念和想法组织连续起来，也能把整体进行适当的分类，适宜当科学家、编辑以及程序设计师，当然他们最重要的岗位，就是当领导和组织者。小到一个部门的负责人，大到整个国家的首长，要想胜任，都需要具备这种才能。他们长于举一反三，也能化整为零。

3. 对数字灵敏的能力

这一项能力，不是按照字面上的意思，考查我们的数学能力，而是考查我们是否具有技巧性地操作数字的能力。也许有人会说，如果不对数学成绩有帮助,这项能力有什么用呢?如果有这样的疑问,恰好就说明他把学习成绩是否优异当成了评定潜能高下的唯一标准。其实这项能力对于行政和机械工作都非常有用。比如当秘书的人,就要对数字有很强的记忆能力,他们不是数学家,但是要对数字很敏感,在需要的时候,就可以脱口而出。还有打字员,也许他们不能更详尽地思考理解那些字句的含义,但他们可以打得非常快,手指翻飞如同蝴蝶一般。

4. 精密地使用小型工具的能力

记得当我第一次看到人可以有这个能力的时候,不由自主地笑了起来。

以前不觉得这是一项很重要的能力,心想不过是有些人比较细心而我比较粗心罢了,谁知道这也是天赋的一种。在精密仪器和钟表修理以及外科医生的领域里,这都是至关重要的才能。

我从小就因为手笨被妈妈批评,比如我没法把土豆切得像头发丝一样细,非要手起刀落地往细里切,结果就是把手指切破,鲜血涌出。我纫针时总是要穿好几次,以致外婆活着的时候说:"这孩子是不是眼珠有毛病啊?小小年纪就看不见针眼。"其实,我能把针眼看清楚,可就是纫不上针,气死人!我在外科当医生的时候,学会一项手术,要比别人慢。在手术台上,一着急,就伸出左手去取手术器械,闹得护士长连连用止血钳狠敲我的手心,说:"年纪轻轻怎么养成这种坏毛病!"我也很苦恼,不知道自己是哪里乱了套。后来经过勤学苦练,我总算可以熟练地给病人开膛破肚做手术了。一次,外科主任让我做他的助手,手术圆满完成后,他说:"看了你的手术,我打算把你培养成一个优秀的野战外科女医生。你知道,在治病救人这个王国里，外科是现代医学的王冠，而野战外科就是王冠上的那颗宝石。成为一名身手利索的野战外科医生，是多少人的梦想！我看你个子高大体质好（那时候我身高一米七，体重 62 公斤，基本上算身强力壮），要知道外科医生对体力的要求十分严酷，还要头脑聪明手指灵活，你过关了。告诉我，你愿不愿意成为医学王冠上的红宝石？"

面对着外科主任的目光，我知道这是莫大的信任。可是我在第一时间就摇头拒绝了他的苦心栽培。那些貌似熟练的操作，是我无数次暗中苦练的结果，他看到的"手指灵活"是一个假象，真实的情况是我的手很笨，这实在是我的短板。如果我一时虚荣答应了，在瞬息万变的手术台上，危急时刻我很可能又用左手抓器械，病人就倒霉了。外科主任非常失望，但时至今日，我依然认为当年的拒绝，无论对自己还是对病人，都是一种幸运与解脱。我不具备这种能力，或者说这项能力比较薄弱，就不能勉为其难。

下面说说那个著名的爱因斯坦小板凳的故事。

爱因斯坦小时候，一次手工课上，老师布置同学们做小板凳。下课时，同学们争先恐后地拿出自己的作品，交给老师。爱因斯坦急得满头大汗也没有做好，老师宽厚地望着这个在数学与几何方面非常出色的男孩，相信他能交上一件好作品。第二天，爱因斯坦交给老师的是一个制作很粗糙的小板凳，一条凳腿还钉偏了。

老师十分生气地说："你们谁见过这么糟糕的凳子？"同学们纷纷摇头。老师又看了爱因斯坦一眼，生气地说："我想，世界上不会再有比这更坏的凳子了。"教室里一阵哄笑。爱因斯坦红着脸，走到老师面前，肯定地说："有，老师，还有比这更坏的凳子。"他走回自己的座位，从书桌下拿出两个更为粗糙的小板凳，说："这是我第一次和第二次制作的,刚才交给老师的是第三次做的小板凳。虽然它并不使人满意,可比起前两个总要强一些。"

当人们说起这个故事的时候,总是在感叹爱因斯坦的毅力和坚持。不过,我想这也证明了爱因斯坦不是全能的,很可能在操作工具这方面的能力很欠缺,幸亏他扬长避短当科学家去了,要是当木匠,一定手艺不精。

5. 观察力

这个能力的测验方法说起来很简单,就是先让你看一张摆满了家具的居室照片,然后再让你看起码10张同一居室的照片。这些照片大体上都是一样的,但其实每张照片中至少有一样东西被移动和变换过了,就看你能不能识别出来。这种观察能力,对于实验室的工作人员和画家等来说,都是决定其发展和水平高下的极其重要的条件。

报纸上常常有比较两张图片哪些地方不一样的小测验,估计就是测试这种能力的家常版。你自己可以和周围的人比较一下,就会发现单是这样一个简单的小图,有的人完成得又快又好,命中率非常高,有的人总是完不成,差异很大。跟你说句悄悄话,我这一条就很差,通常人家说有9处不同,我能找出3~4处,就很不错了,总是败兴而归。久而久之,我看到这种测试就会绕着走,根本就不做,以防自己受到打击。

不要气馁,你没有这个能力,还有其他的能力。

6. 设计图记忆能力

这项能力表明一个人记忆各种设计图纸的能力,这种能力对于那些需要设计图纸、画蓝图、做素描的人来说，十分要紧，简直就是不可或缺。我个人觉得对于地图的记忆能力，也应属于这个范畴。有的人看了半天地图，当时好像记住该怎样走了，事到临头就又忘了，估计此项能力稍逊一筹。

7．音乐方面的能力

这是一大类才华积聚之处。说的是对声音的记忆能力。这是一项和音乐敏感度有关的潜能。研究者把它们细分成几个小项：

（1）音调记忆能力；

（2）音准判别能力；

（3）旋律记忆能力；

（4）音色判断能力。

我在音乐方面是外行，不敢妄加评说。联想起每次电视台举办青年歌手大奖赛时，都有这类才能的考评，选手们得分不同，想来除了勤奋之外，也和天赋有关。

8．数字记忆能力

这是一项决定谁能够在脑中储藏更多类事务的能力。

俗话说，一心不能二用。但是在生活和电视剧中，常可以看到有的人能够同时接听好几个电话，条理清晰过耳不忘。现实中也有一些超人，能几条线并行，各项工作穿插进行，真是令人钦佩。我只要事情超过三件，就顾此失彼，眉毛胡子一把抓煮成一锅烂粥了。原来不是我不努力，是我不具备这项能力啊！难怪啊！找到了原谅自己的一条理由。

9. 数字思考能力

这个潜能的测验，是考查你辨认几组数字之间相互关系的能力。如果你这项能力出类拔萃的话，对于承担电脑程序设计和保险公司精算师之类的工作，都有独到的优势。

10. 语文能力

关于这一点，就不用我多说了。这项能力对于翻译、作家、老师、咨询师来说都是非常重要的。有一年我到亚洲一所很有名的理工科大学参观，他们很重视学生毕业后的薪酬情况，用专门的图表公布出来，那潜在的招徕词就是："快来报考我们学校吧，你看看我们的毕业生到了工作岗位，薪水是多么可观哪！"我不由得驻足，看到一些当时对于我来说还很生疏的行业，比如保险精算师，我根本就不知道这个行当是干什么的。校方人员看我停下了脚步，以为我对此很感兴趣，就介绍说："这些新的职业收入都是很不错的。"我问道："既然是新的职业，一个学生怎么知道自己适应不适应做这个工作呢？"校方人员很耐心地对我解释："我们会专门编写有关的资料，介绍这些职业，让学生们心里有数，看看是不是适合自己的兴趣爱好和潜在能力。"说着，给我递来了几本资料。

我随手打开一看，在几乎所有职业需求的基本能力一项中，都赫然列着：语文能力优秀。

我对校方人员说："这我就有点不明白了，你们是一所赫赫有名的理工科大学，为什么对学生的语文能力有这么高的要求呢？"

校方人员说："是这样的，正因为现在社会的节奏越来越快，交流沟通就变得格外重要。又因为这些职业都是新兴的，一般人对它的了解比较少，就更要求从业人员有把本行业的专业知识，举重若轻、深入浅出地告知给他人的能力。比如你在一家大公司任职员,你要让你的老板接受你的建议,没有良好的表达才能行吗?你设计了一个方案,要让你的同事们接纳,没有杰出的沟通能力行吗?特别是面对反对你的人,你要让他们明白你的真实想法,要穿越重重障碍,要让你的观点鲜明,立论坚实,说理充分,还要有文采有章法,没有笔头口头的扎实功力,是无法达到目的的。"

一席话说得我频频点头,我这个以文字为生的人,都不曾想得这般缜密。在这里将这番议论转述给大家,希望能有所裨益。

11. 远见测验能力

很喜欢这个测验的名字。它是指人的心思保持在长远目标上的能力。最需要这种能力的工作者有社会科学家、外交官、政治家、市场分析研究员、行销预报人员等。依我看,这种能力的核心意思就是把咱们传统的"事后诸葛亮"变成事先的远见卓识。我原来以为这种能力全是后天培养锻炼出来的,自从学习了有关潜能方面的知识,才知道原来它也和天赋有关。统筹的能力,预报的能力,也属于这个范畴。

12. 颜色感知能力

就是关于分辨颜色能力的测试。这一条比较容易理解,有些行业很明显地需要对颜色有高度的敏感性,比如服装设计师、画家、舞台美工人员等。据说在画家的眼睛里,单是一个绿色,就可以分出几百种不同。在普通人眼里,也就几十种。有些人当不成好画家,实在是天赋使然,也不必怪他们不努力。

13. 图表能力

这个能力让人不容易一下子得出要领，其实说白了，就是高速分辨和处理文书的能力，据说这一条可不能小看，是和一个学生在校时能否有好成绩密切相关的。

14. 创意思维能力

指一个人的创造性和表达形式上的能力。这项能力发达的人对于广告、教学、公共关系和记者这些领域的工作，有着如鱼得水般的适应。

15. 结构视觉化能力

这项能力就是把固体视觉化及运用三维空间思考的能力。这一类能力发达的人，不大善于进行抽象的思考，但对具体事物有很高的敏感性。在建筑师、工程师和技师等行业中，这可是非常宝贵的能力。

还有关于人格能力的测定，我就不一一列举了。当然了，就如同我在前面所讲，这些研究还刚刚起步，很多都是假说，尚不够缜密。也有另外的学说，对能力系统的研究有不同的划分和归纳，在此就不一一列举了。一个人具体有多少种才能，或者说这些才能都藏在大脑皮层的哪一堆细胞群里，有没有解剖学的证据，对于咱们普通人来说，都不是最重要的。重要的是，我们知道了人的才能是多种多样的，不必因为单是智商或记忆力不佳，就轻易地否定自己。那是一叶障目，不见泰山。

据说前面所说的能力很少有人具有 7 种以上，但具备三四种是很普遍的。这就是说，除了学习成绩以外，我们每个人，都有广阔的领域有待发掘自己的潜能。

　　社会在不断地发展进步,需要新的才能充实新兴的职业岗位,天地会越来越宽广。你的才能必有得到充分展示的机会,关键是你要相信自己"太有才了",不要自暴自弃,不要妄自菲薄。

学会控制情绪,警惕完美主义倾向

▼ **第 8 条** 心理健康的人对自己的成就感到自豪;反之,则害怕成功,否定或抗拒成就

对这一条的前半部分,我觉得比较容易理解。有了成绩,当然十分开心,这是人之常情。但是,有的人除了害怕挑战,还害怕成功。为什么呢?因为他们无法享受成功的喜悦,忧心忡忡。胜利带给他们的不是快乐,而是一种大难当头的感觉。他们怕出头的椽子先烂,怕木秀于林风必摧之,怕大家的目光像聚光灯一样打在自己身上,自己的缺点也在这种凝视中被放大。他们感到浑身不自在,不安心……在这种思维主导之下,一个心理不够健康的人,当机会来临之时,不是尽量地展示自己的才华,反倒是谨小慎微、畏葸不前,将自己掩埋在芸芸众生的阴影中,随波逐流,虚度年华。

也许有人会说:"我觉得这样也很好啊,淡泊度日,无欲无求,内心清静。"我认为这不是一回事。真正的淡泊清静,是他明白自己的需求,心甘情愿地退隐山林自得其乐。这是一种主动的人生选择,也是对自己生命的合理安排。一个心理不健康的人的退缩,是因为畏惧而强烈压制自己的本性,他的内心是不平静的。那种被压抑的才华因为得不到施展的机会,奔突跌宕,带来的是内心的压迫和躁

动。人们知道积劳成疾，却不一定意识到未能得到施展的才华始终被压抑的结果，也会让人郁郁寡欢，潦倒凄凉。这种害怕成功的人，总有一天会听到诡异的敲门声。打开门，看到的不速之客不是成功，而是癌症或抑郁症。

第9条 心理健康的人能自我控制和自律；反之，则情绪化和易失控

有一年我到一处名胜古迹参观，看到卖扇子的，扇面上印有各种字迹，"难得糊涂""雄鹰展翅"等，画着各种图案，松竹梅什么的。我在那里翻看着，老板说："买这个吧，买这种扇子的人最多。"我一看，漆黑的墨扇上写着"制怒"两个字。老板说："也不知现在这是怎么了，'怒'的人这么多。"

能良好控制自己的情绪，是心理健康的重要表现之一。

人总是有情绪的。过去有一种说法，叫作"闹情绪"。"闹"这个词很传神，情绪是会闹的，就像一个发脾气的动物，不听指挥，肆意妄行。

人不能没有情绪。喜怒哀乐是人之常情，如果一点情绪都没有，那就是个木头人。前些日子我参加一个有关家庭冷暴力的讨论，有一位女性说丈夫的撒手锏就是完全没有表情，好像脸上戴着一副钢铁盔甲。试想一下，这是不是很恐怖？所以，一个心理健康的人不是没有情绪，而是可以驾驭自己的情绪。他举止得体，表情真挚，让人有安全感。

反之，就是情绪化。一旦被一点小事所激惹，就无限放大恶劣情绪，并且把这种情绪传染给他人，造成情绪失控，甚至犯罪。

"激情犯罪"已经成为近年来使用频率极高的词语,是指在强烈而短暂的情绪推动下实施的爆发性、冲动性犯罪。行为人在受到强烈挫折后,由于情绪异常激动而产生难以控制的侵害性行为。从犯罪动机来说,激情犯罪总是对应着特定的消极情绪。

有关资料显示,激情犯罪在我国刑事犯罪案件中的比例呈不断上升趋势。有个法官说,三分之二的命案都是激情犯罪,这些犯罪没有预谋过程,行为人只是瞬间心理失衡而导致犯罪。在强烈的情绪驱使下,心理失控,爆发犯罪行为,盲目冲动,而且手段残忍。

当然,这说的是极端情况。不过,看看我们周围,你不难发现,有些人就是脆弱易感、心胸狭隘、多疑善变、喜怒无常,搞得人际关系紧张,大家避之唯恐不远。以往,我们常常以为这是脾气不好,究其原因,其实是心理健康状况不良,他们的内心也很痛苦。

第10条 心理健康的人接纳个人限制,不会因此觉得不安、羞耻和有罪咎感;反之,则害怕被批评和被击败

就像每个人一定有长处一样,每个人也一定有限制。心理健康的人,会觉得这很自然,因此即使他们犯了错误,做事不够完美,在已经尽心尽力的前提下,也就安然,莞尔一笑,宽容了自己。可心理健康状况不良的人,对此就难以接受,不能允许自己不优秀。由于这种严苛而产生了畏惧,他们就躲避可能受到挑战的场合,常常隐藏起来。因为害怕被批评和被击败,觉得最保险的策略就是一动不动。

这里我特别想说说"完美主义"倾向。

其实,这也是心理健康状况不够良好的表征之一,表面上看起

来，他们做事认真投入，很有成效，老板喜欢雇用这种员工，他们很"敬业"，会不断获得表扬。这种表扬，犹如无声的皮鞭，迫使他们更加兢兢业业如履薄冰般向前。完美主义的本质是一种欲望，是建立在认为事事都有一个无懈可击的答案之上的。要知道世上本无十全十美的东西，这个出发点就注定了它是沙上建塔。完美主义者工作时有一股永不罢休的劲头，后来会不可抑制地发生衰减。在实际工作过程中，不完美是常态，疏漏之处此起彼伏，无论怎样竭尽全力，瑕疵总是存在。完美主义者最后由于精力所限，根本顾及不了那么多，只得在沮丧和失败中认输。强大的压力会导致种种神经症候，很多人因此患上了抑郁症。

有一位白领对我说，他就是一个完美主义者，经常会在半夜毫无缘由地惊醒，吓出一身黏稠的冷汗。他会梦到自己负责的一项工作不能按时完成，梦到同事在背后攻击他，梦到自己被老板裁员……完美主义是人生的大敌。很多人在说到自己有完美主义倾向的时候，还有一点沾沾自喜，其实这是心理不健康的表现。

以问题为中心，让心更宽广

▎第 11 条　心理健康的人做事主动和投入；反之，则被动、退缩，对别人和自己都很疏离

有的人做事情很主动，有的人就很被动。以前，我们说那些做事不主动的人，一言以蔽之——太懒，说他们是属算盘珠子的，拨一下动一下。其实，人们在做自己很有兴趣的事情的时候，是不怕苦累的，是很勤快的。懒的心理因素，就是对人对事都没有信心，所以才不积极不主动。这也是心理障碍的一种。如果要医治懒虫，最好的方法不是每天督促他干活，而是让他建立起广泛的生活乐趣，把劳动当成人生不可分割的一部分。有了目标，有了兴致，手下自然就勤快了。

▎第 12 条　心理健康的人以问题为中心；反之，则常常以自我为中心

这一条中的"问题中心"，就是指"就事论事"。一事当前，就集中精力全神贯注地把这件事情处理好，不要联想得无比丰富，心猿意马。联想太多，就把简单的事情变复杂了。假设我们问一个人：

第二章　你是自己幸福的第一责任人

"你在现实生活中，是愿意简单一点还是复杂一点呢？"我猜大家都会说："当然是简单一点好了。"我有一个朋友，至今选择在国外生活，就一个理由：那里的人比较简单，人际关系也不复杂，有一说一，单纯。

常常觉得我们生活在一个悖论中。所有的人都希望简单地生活，但又彼此把事情搞得十分烦琐。为什么我们不能开始一个新局面呢？假如你希望简单生活，就请从自己做起，从现在做起。如果你爱一个人，你就告诉她或他。如果你有一个好的意见或建议，就请在第一时间说出来，不要做事后诸葛亮。记得鲁迅先生说过："要做就做，与其说明年喝酒，不如立刻喝水；待廿一世纪的剖拨戮尸，倒不如马上就给他一个嘴巴。"鲁迅先生讲这话，可能有他的寓意，我用在这里，就是想说明事情最好快刀斩乱麻，活在当下。做完一件是一件，腾出心力，就可以去完成新的工作，接收新的信息了。

我们的心，就像一间仓库。法国著名作家雨果说过："世界上最辽阔的是海洋，比海洋更辽阔的是天空，比天空更辽阔的是人的心灵。"

雨果指的是一种情怀。在大多数情况下，你别听雨果他老人家的。人的心没有那么辽阔，它的容量很有限，如果你心理健康，有可能慢慢宽广，如果你时时处处联想无限，越想越复杂，最后倒是应了一句中国俗语：心眼比针眼还小！

◆ 第13条　心理健康的人富有同感；反之，则多半很冷漠

"同感"是什么意思呢？就是我能够感知你的痛苦，我能够感

让光透进来：找回幸福的能力

知你的欢乐，我能够感知你的忧愁，我能够感知你的思念……有很多人非常冷漠，对他人的疾苦置若罔闻，这就是心理不健康的表现。

"同感"这个词，就是感同身受。有的人看《红楼梦》，就能体谅到黛玉和宝玉的相思之苦，他看电影的时候，就会为剧中人掬一把同情之泪。他富有人类的良知和恻隐之心，他能够体贴入微地发现别人的需要。

心理健康的人能够设身处地地了解人的感受，有"将心比心"的能力，相当于我们常常说的"换位思考"。很多人以为换位思考是一种技术，是个策略，殊不知它是一种心理能量。只有爱自己也爱他人的人，才能有发自内心的能力，能为他人着想。否则，无论你强调多少次，很多人还是一张嘴就从一己的利益出发，无法跳出自己的圈子。总觉得自己是天下最不幸的人，大家都应该来帮助自己，没有同情心，没有想到去帮助别人，也不能从别人的角度来思考问题。

如果你抽空看看征婚启事，就会发现很多男士在征婚的时候，第一条就要求未来的妻子要"善解人意"。这指的就是同感，意思是你明白我在想什么。你看外国动漫的美少女造型，总是眼睛大得出奇，最少也要有三个嘴巴的大小。这在现实中完全是不可能的，那么小的嘴，吃东西太慢了，会饿死的。但是，为什么在人们的审美中，就诞生了这种畸形的造型呢？为什么它会在现代人的审美中占据了"美女"的位置呢？窃以为这就是对"善解人意"的一种渴求。因为你如何能懂得别人呢？观察很重要。用什么去观察呢？当然是要用眼睛。所以，大眼睛的女子，就成了美丽的代言人。

所有的审美标准都来源于深刻的心理诉求。只是单凭眼睛大不一定能保证有同感,还是心理健康最保险。只要你的心理健康,眼睛小也能拥有良好的同感能力(它是人们相互关系中的优质胶水)。

没有同感的人是可怕的。他无法感受到别人的苦痛,没有恻隐之心,没有人道情怀。这也是心理不健康的确凿证据。

勇于表达自己，战胜自我恐惧

▎**第 14 条　心理健康的人是有信心的人，能开放自己；反之，则通常缺乏信心，自卑并封闭自己**

在日常生活中，你会发现某些人很固执，他们对和自己意见不相同的人很排斥，听都不要听别人的意见。人们往往以为这些人很坚定，其实他们没有足够的自信，不愿意去学习新的事物，把自己封闭起来，怕别人的意见动摇了自己的想法，应对措施就是堵起耳朵，闭关自守。越是对自己的信念有非常明确的把握的人，越是能听得进不同意见，知道什么可以完善自己的看法，什么是杞人忧天。那些固执的人，内心是脆弱的，他们因为自卑，因为无法在纷杂的事务中保持住自己的立场，找了一个最省事的方法，就是学鸵鸟。（现在有研究证明鸵鸟把头埋进沙子的说法是不准确的，原谅我在这里还是引用了一下鸵鸟埋头的老典故。）

▎**第 15 条　心理健康的人有勇气表达自己的看法；反之，则羞怯、不敢表达自己**

敢大声地说"是"或"不是"，尤其是后者，是一种有勇气的象征。它不是鲁莽，而是觉得自己的思想、认识、看法和思考，都是有价值的，是值得别人注意倾听的，所以才能胸有成竹地畅快地表达自己。即使说错了，也是一家之言，相信自己的出发点是好的，起了抛砖引玉的作用。而且，这是一种有责任心的表现。

反之，就是心理不健康。可能有人不服气，说"羞怯"是一种心理不健康的表现，是不是太武断了？当然了，恋爱中的男女，在你所喜爱的人面前害羞，那只是相互倾慕的一个阶段，另当别论。我这儿指的"羞怯"，是说没有勇气在大庭广众下说出自己的看法，总是自惭形秽，不敢听到自己的声音。

很多人对于自己的声音，有一种莫名其妙的恐惧。有的人，甚至一时言语不和，就拔出拳头以武力说话，却不愿付诸言语，沟通交流。我觉得这可能和人类早期的群居经验有关。

那时候，人类可以借助的工具十分有限，凭借的就是集体的力量同舟共济，才能抵抗严酷的自然和众多的猛兽。团体中，一旦做出了决定，就要服从。否则，你就会被踢出团队，等待你的就是孤独和死亡。人们习惯于掩盖自己的真实想法，如果发出和别人不一样的声音，是要付出血的代价的。只有那些超级自信的人，有着强大力量的人，才敢随时随地发出声音，那是酋长的特权。

现在，时代不同了，你发表了不同意见，也不会被排斥和淘汰，不会被架在火刑柱上烧死。可人们从远古时代遗留下来的习惯，却不会那么轻而易举地改变。知道了"缄默"的来龙去脉，也许有利于我们战胜自我恐惧。

就算是谈恋爱，也不能太扭扭捏捏，让人摸不着头脑。如果你总是害羞，总是不敢表达自己的真情实感，那么，到手的爱情，也可能长出翅膀飞走。

> 第16条　心理健康的人勇于流露真情实感，是自然和主动的；反之，则多半在情绪上自我压抑

这一条比较好理解。我写过一篇文章，叫作《流露你的真表情》。人身上的肌肉有600多块，共分为三大类。第一类是心脏的肌肉，它日夜不停地工作。一旦罢工，心脏停搏，那后果就不堪设想。不过，这组肌肉是不受你支配的。不信，你想控制你的心脏一分钟跳多少下，你会发现办不到。第二类叫作"平滑肌"，主要分布在我们的胃肠道。它们可真是无名英雄，工作时不用你操心指挥，像工厂里的流水线一样，只要食物进了嘴巴，它们就按部就班有条不紊地开始工作了。分泌消化液，研磨食物，等等，直到完成吸取精华、排泄糟粕这一整套流程。尿道和肛门的括约肌，基本上也不听你指挥。你肚子饿了，想让胃肠不要咕咕叫，也做不到。第三类肌肉，就是随意肌，主要是骨骼肌和表情肌。

骨骼肌好理解，肌肉附着在骨骼上，帮助我们完成日常生活中的各种动作。表情肌，主要集中在面部。表情肌是干什么用的？当然是表达感情了。人脸上具有整个生物界最庞大和最丰富的随意肌肉群，一共有40多块。表情肌上覆盖着光滑紧绷的皮肤，相互关联，相互作用，缠绕在一起，主要集中在眼袋、鼻孔和口裂的周围。表情肌哪怕一点点细微的动作，都会牵动人的五官和面孔的皮肤，使外形发生变化，从而产生喜怒哀乐的表情。

人类面部肌肉如此丰富，和大脑皮质的高度发展有关，也和人类思维的繁复和语言的精密有关。并不是人类头部的所有肌肉都比别的动物发达，比如人耳周围的肌群就明显退化，可能是因为人类运用听觉的能力已经下降。

人的面部可以组合出不计其数而又十分微妙的表情，变化又十分迅速、敏捷和精细，能够在第一时间真实、准确地反映情感，传递信息。据说人类最少可摆出 5000 个表情来，单是微笑，就有近 20 种。人类比较常见的面部表情主要包括抬眉、皱眉、睁眼、闭眼，笑时口角向上翘，痛苦时口角往下耷拉，等等。

中国人重脸面。我们常说的"面子"，就和脸密切相关。当然，所谓脸面不仅是指人的长相，主要是指面部表情。人脸部表达的情感，最能吸引对方的注意。在你开口之前对方就从你的面部表情上得到了很多信息，对你的气质、情绪、性格、态度等有所了解了。严重点说，脸是人的价值观与性格的外展。

你的脸，是你情感的旗帜，是你精神的反光镜。不要吝啬你的表情。高兴的时候，就展示微笑；愤慨的时候，就聚拢双眉；悲哀的时候，就低垂眼睑；焦虑的时候，就咬紧嘴唇……只有心理不健康的人，觉得自己微不足道的人，生怕得罪了别人的人，才常常掩饰自己的真情实感，那不但对自己残忍，也是对他人的欺瞒。

增强心理弹性指数,让压力落荒而逃

> 第17条　心理健康的人是仁爱良善的;反之,则具有攻击性和敌意

我们常常以为慈悲心是与生俱来的,罪恶之心也是天生的。其实,刚刚生下来的小孩子,有哪一个天生知道爱别人或恨别人?所以,慈悲心和冷漠心的生成,都是和一个人整体的观念相匹配的。如果一个人没有善念,他就是心理不健康。

> 第18条　心理健康的人知道关心爱护人;反之,则对人漠不关心,冷如冰霜

开了几年的心理诊所,我常常听到有的女性在婚后抱怨说,一结了婚,对方就好像变了一个人,把以前的温柔体贴都抛到了爪哇国,变得冷漠粗硬,真不知道以前的他和现在的他,是不是同一个人。这个女生在婚前看到的就是一个经过了伪装的男人。那男子把婚姻看成一个舞台,他揣摩剧情,他引逗观众,他成功地扮演了一个怜香惜玉的角色。一旦走入了婚姻的殿堂,他觉得大幕就算合上了,自己的演出也告一段落了,一切都复归到自己的本色上来。他

的本色是什么呢？就是一个心理不健康的人，他没有把婚姻当成一生一世的系统工程，而是以为只要登了记，就可以摘下面具，马放南山了。

　　婚姻的稳固，靠的不是甜言蜜语，不是伪装出来的细致体贴，而是真正从内心涌流出来的关切和温暖，还有颠扑不破的责任。在这里，也对那些伪装者进一句忠言，如果说以前因为封建主义思想作怪，女子一旦嫁了人，发觉上当，多数会隐忍下来，大家将就着过日子，骗术还是有效的；现代女性自主独立意识加强，经济上也不再依傍男人，那么两个人的情投意合、相濡以沫，就是最重要的婚姻保鲜剂、关系黏合剂。要不然，离婚的达摩克利斯剑就悬挂在头顶上了。对青年人说一句贴心话，找爱人一定要关注他或她的心理健康状态。山盟海誓不顶用，美貌和家世钱财不顶用，写血书送钻石也不顶用，要保持婚姻的品格，唯一可靠的是找一个心理健康的爱人，这才是最好的质保证书。

▎第 19 条　心理健康的人具有充分的弹性，也就是人们常说的机灵，能灵活应变；反之，则常常是僵硬且一成不变的

　　弹性这个东西，非常重要。关于弹性，在词典上是这样解释的：物体发生形变后，除去作用力时能恢复原来形状的性质。引申为可根据实际需要，加以调整变通的性质。

　　现代社会如此变化莫测，一个人的一生，要经历多少跌宕起伏！变数如此之多，怎么办呢？既要坚持原则，又要顺应形势，这对一个人的应变能力提出了很高的要求。

　　心理健康的人，要有一点"莱卡"精神。

让光透进来：找回幸福的能力

莱卡是什么东西呢？它是由美国杜邦公司生产的一种纤维，人称"友好的纤维"。一种化学纤维，为什么被冠以这种亲切名称呢？因为莱卡具有极佳的弹性，它的伸展度可达400%～900%。也就是说，莱卡可以非常轻松地被拉伸，直到它原本长度的4～9倍，松开后又能马上恢复原样，紧贴在人体表面，对人体的束缚力很小。它可以配合任何面料使用，包括羊毛、麻、丝及棉，面料贴身舒适，活动时又很灵活。而且，它不会发霉。

让我们的精神也灵活耐磨，有弹性，能伸展，可以轻松地恢复原样，抖擞精神，如同压力并不曾铺天盖地而来。

中国有个说法：峣峣者易缺，皎皎者易污。意思是：过于坚硬刚强则容易折断；过于干净洁白则容易受到污染，变得肮脏。怎样能既坚硬刚强又有韧性而不轻易折断？怎样能既保持内心的洁白又不被污染？那就是要在思想中加入"莱卡"纤维，要有良好的弹性。

如果心理健康状况不良，精神就容易折断和变脏。就算你有善良的初衷，也无法达到圆满的目的。

启动适度的自我防卫机制，跨越心理危机

> 第 20 条　心理健康的人是低自我防卫的；反之，则是高自我防卫的

咱们先来搞清楚什么是自我防卫。人类的心理，有一个很巧妙的机制，就是当我们遇到一些让自己感到焦虑不安或恐惧的事情时，会自动地产生一个防卫机制，用来保护自我免受伤害。

打个比方，我们在进化过程中，会受到很多精神上的创伤。人们就给自己准备了一些宝贝，背在身上的万宝囊里。一旦感觉到自己可能受伤害，就飞快地把万宝囊抖搂开，让里面的宝贝一件件飞出来，化成金钟罩，把自己保护起来。这些宝贝都是什么家什呢？且听我慢慢道来。

头一件是"压抑"——就是把恐惧、痛苦的想法和感觉，不自觉地从意识中排除掉。比如当年我们被一个同学欺负了，我们不喜欢他。多年后，聚会的时候，见面的时候，我们会忘记他的姓名。

第二件是"反向作用"——将内心的冲动，用一种看起来相反的行为表现出来，以掩饰内心的真实欲望。比如人在极端悲痛的时刻，反而会面无表情，一滴眼泪也不掉，甚至傻笑。

第三件是"投射"——把自己特别希望或特别不希望的愿望，嫁

接在别人身上，认为别人应该按照自己的期望来行事。比如自己对一个人没有好感，却认为是那个人首先对自己产生了敌意。有的妈妈把自己没有完成的理想，强加在自己孩子的身上，还说是为了孩子好，这也是一种以"爱"的名义实行操控的"投射"。

第四件是"合理化"——干脆制造一个自己及社会能够接受的理由，来解释自己的行为，让它看起来比较合乎逻辑，不显得唐突和异类。比如失恋的人，作为被抛弃的一方，往往对自己说，我也早就不想要他或她了，现在这样，正是我所希望的。

第五件是"退化"——我是真不愿意把它称为宝贝，当面临非常强大的压力时，有些人会出现同年龄不相符的幼年行为。比如我认识的一位成年女子，刚走出银行，就发现有人把她刚刚取出的钱全都偷走了，她就一屁股坐在地上，号啕大哭，双腿不断地蹬地，并且吸手指，完全像一个学龄前小姑娘。

第六件是"替代"——自己真实的愿望无法满足，就找到另外一个代用品，转移自己的情绪。比如在单位受了领导的批评，回到家里，正好孩子考试不及格，那么就大训特训孩子，以转移自己的怒气。

第七件是"内化"——自己本来是受害者，但久而久之，反倒把他人的价值观与道德标准吸取过来，变成了自己的思维行动方式。这一条的力道很大，你开始实践你所不认同的规则了。比如你小时候被父母打骂，自己受尽了委屈。可等到你当了父母，你也开始打骂自己的儿女。

第八件是"认同"——对于成功和有价值的人和事，表示赞同，将其作为自己仿效的对象。比如崇拜某人，将其当作偶像，效仿某种行为，希望自己有一天也进入这种状态。学习英雄、崇拜偶像都属于这一类。

第九件是"补偿"——这一方面不行，就发展出另外一些方面，来弥补缺陷。比如个子矮小的人，就拼命读书，以学习的成就来补偿自己在身材方面的欠缺。

第十件是"升华"——被压抑的不符合社会规范的原始冲动，另辟蹊径，用得到社会认同的建设性方式表达出来，并得到本能性满足。比如我认识的一个警察，他说他对血腥的场面有一种天然兴奋感。当然他不能去杀人。小时候他就爱看打打杀杀的电影，长大以后，就报考警官学校，成为一名优异的刑警。升华是很富有建设性的。

还有一些防卫机制的表现方式，我就不一一列举了。

我猜你看了以上的自我防卫机制类型，会不由自主地琢磨，自己常常采用怎样的防卫机制呢？是转移还是升华？是补偿还是退化？也许你会说，防卫机制并不是全都不好啊！你这话说得很对，我们当然要有防卫机制了，如果你的先辈是个"不设防的城市"，那么在漫长的进化过程中，早就被淘汰了，活不到今天，也不能保存下自己的基因。你能在此时此刻读这本书，也是依托于你的防卫机制，它保护了你，让你和你的先辈们躲过劫难，安然成长。

一项对 80 个国家超过 200 万人的调查报告显示，人在 41 岁时，最容易感到郁闷。看来中年危机这个说法，并不是空穴来风。几乎所有人的幸福感，都呈一种马蹄形的走向，童年和老年比较容易感到幸福。也就是说，中年危机这一现象，非常严重。尤其是对于女性来说，这一现象更为显著。而另外一项针对同卵双胞胎的测试表明，一个人快乐与否，基因所起的作用占到 40%，还有 40% 依赖我们对情绪的掌控。还有 10%，由国别、种族、收入水平等所决定。注意啊，只有不到10%的比例，决定于财富。把自己的防卫机制经营好，它就是渡过各种心理危机的坚固城堡。

我们在这里说的，并不是让人毫无防卫机制，而是要有适当的度。一个心理健康的人，这个度就拿捏得恰到好处，既不门户大开心无城府，也不风声鹤唳草木皆兵。季羡林先生有一句很有名的话，叫作"假话全不说，真话不全说"，就是分寸得当的标杆。从这个意义上说，季先生的心理比较健康。

恰切评估，对自己有正确的期望

> 第 21 条　心理健康的人对自己有正确的期望；反之，则常常对自己有不切实际、低劣的期望，甚至没有期望

每个人都对自己有一定的期望。如果你说自己对自己没有期望，那可真是心理不健康的表现。让咱们做个小小的游戏。

一说要做游戏，可能有的朋友会说："现在我正一个人看这本书呢，深更半夜的，你让我到哪里找人来做游戏呢？"

别着急，这个游戏，不是像老鹰捉小鸡或丢手绢那样的游戏，要有很多人一齐上阵，一个人没法玩。咱们的游戏要是有一大群人玩，会很有意思，但一个人呢，也有一个人的乐趣。

你可能要说："既然是玩游戏，就得有个场地吧？我现在正躺在枕头上看这本书呢。"或者有人干脆说："我此刻在厕所里呢，如何玩呢？"

这个游戏在哪里都可以玩。不需要很大的场地，只要有把椅子坐在上面就可以了。要是你不愿意坐着，站着也行，而且，可能玩的成绩更好，兴致更高呢。

说到这里，你大概忍不住问："这个游戏到底怎么玩呢？"

就像做菜要写出需要备哪些主料辅料一样，我们这个游戏也要

让光透进来：找回幸福的能力

有主料和辅料。现在，你听好了，主料嘛，就是你的双手和力气。辅料嘛，就是一个带秒针的手表或闹钟，还有一张白纸和一支笔。

只要你备好了这几样东西，咱们就能开始做游戏了。

你可能有些失望，就这么简单啊？

对，就这么简单。

咱们先来进行游戏的第一个步骤。你估计一下，如果你用自己最大的气力，以最高的频率鼓掌，你能在一分钟之内鼓多少次呢？

你一定会预计一个数字出来。然后把这个数字用圆珠笔写在白纸上。

好了，现在，我们进行下一个步骤。就是眼睛盯着钟表的秒针，然后开始鼓掌！鼓掌并不像我们想象的那样轻松，你鼓到半分钟的时候，会感到手指发酸。要坚持，千万不要松劲，继续努力！

好！你终于坚持到了一分钟。现在，你又得到了一个数字，一个真实的数字。然后，你把这个数字写在那张白纸上。此刻，白纸上有了两个数字。一个是你估计的数字，一个是你真正完成了这个游戏的数字。

游戏到了这个当口，基本上就算玩完了。更准确地说，就是肢体部分已经结束，后面就是脑力部分了。

我和成千上万的人玩过这个游戏。大约有98%的人，估计出来的鼓掌数字，都比自己实际完成的数字要少。其中有些人，少得还不是一星半点，简直悬殊。也就是说，估计的数字，只有真实数字的几分之一。

大约有1%的人，估计出的数字和自己实际操作的数字，刚好相等。

大约还有1%的人，估计出的数字比自己实际操作的数字，要多一点。

这个游戏说明了什么呢？

再没有什么东西，比我们的双手更令我们收放自如了。再没有什么动作，比双手击掌更让我们熟悉了。可是，就是这样司空见惯的动作，就是这双随心所欲的手，却和我们的想象有如此大的差距！

一个人对自己的期望，一定要适当。这不仅仅是预测的能力，更是对自己综合实力的恰切评估，它和我们的心理健康水平密切相关。

第22条　心理健康的人能接纳别人的回馈，并愿意学习；反之，则看问题易钻牛角尖，并且不接纳他人的回馈

咱们这些鉴定心理健康的条目，越到后面，就变得越简明扼要了。为什么呢？有了前面的基础，这些条目不言而喻，不需要做更多的解释了。心理健康的人，因为有坚定的信念，因为对自己充满了信心，所以，他们不怕犯错误，也能正确地对待别人的意见。他把所有的反馈，都当成难得的镜子，从中可以找到自己的不足之处，然后更好地改进自身，不断进步。而心理不健康的人，会认为这种反馈是攻击，是别有用心，是鸡蛋里挑骨头。他们把注意力放在探究别人的动机上面，觉得每一次的批评，都是对自己的否定。如果不在第一时间反击，就会让自己没面子。他们总爱把情绪纠结在个人得失上，觉得负面评价会让自己形象受损颜面尽失。如果不能阻止别人的意见发表，就会忧心忡忡、郁郁寡欢，甚至思忖着以后的报复，种下仇恨。

> **第 23 条　心理健康的人乐意面对促进成长的新经验；反之，则抗拒新经验**

有的人喜欢新鲜事物，有的人却很抗拒，恨不能织成一枚巨大的蚕茧，将自己包裹起来，隔绝外面的风雨，才觉得安全自得。这从短时间内看，似乎真是绝佳的场所，但这个貌似天衣无缝的小安乐窝，其实千疮百孔。因为人总是要成长，事物总是要起变化。世界广阔，山河灿烂，如果拒绝接受新事物，这样的人，活 100 年和活一天，又有何区别？这样的人虽然生理上还活着，但精神已经死亡。

> **第 24 条　心理健康的人愿意冒险和享受挑战；反之，则不愿冒险，害怕失败**

这里所说的冒险，不是坐坐过山车或玩玩室内攀岩那样的刺激性活动，主要是指敢于开创，享受挑战，把生命当成一个不断冲浪的过程，在这个过程中，自在逍遥。这不是一个可以轻易达到的境界。

喜欢这样一句话："如果你不是经常遇到挫败，这只能说明你所做的事情，没有很大的挑战性。"

常常和挑战相伴，这是一种令人神往的状态。

> **第 25 条　心理健康的人是积极和从容自在的；反之，则常常是消极和紧张的**

我们都欣赏安详从容，可是我们常常不知道那种情形是如何缔造和降临的。当我们越想显示出从容不迫的时候，反倒表现出虚张声势和虚伪做作。真正的从容，是一种有所为有所不为的把握，他们知道自己在做什么，所以对一切都满怀好奇。他们知道那唯一的平衡支点在自己的内心，所以他们能够不在意外界的宠辱兴衰。因为无欲，所以无求。因为无求，所以淡然。因为淡然，看起来，就安宁了。历经磨难的安详，有摄人心魄的力量。

别的行为举止，可以通过训练和学习模仿，就算是心里不是那么回事，表面上也能学个七八分像。然而唯有安宁这份泰然，是学习不到的，通往它的小路只有一条，就是明澈的修炼。炼就安详，心就敞亮。因为任何紧张，都是安宁的大敌，只有彻底地放松，才能达到秋水般的清凉明澈。

人们往往以为消极的人是懈怠的，其实不然。消极的人，内心有一种潜藏的紧张。他们不知道自己要往何方去，那种空虚的茫然和无目标的虚妄感，构成了最内在的颤抖。

适应改变，为自己的幸福负责

第 26 条　心理健康的人愿意改变自己；反之，则不愿意改变自己

改变自己，其实挺难的。有一个小小的测验，你不妨一试。有人一听要来测验，就以为可能很烦琐，我向你保证，它极为简单，简单到你在 5 秒钟之内就能完成，然后你就可以体会到改变自己的困难。

你别不信，咱们这就开始。

请两手相握。也许你会问我，是用哪只手握住哪只手啊？

我回答你——随便。

现在，你的两只手握在了一起。请用力握一握，感受一下那种力度和温度。好了，当你把这个动作完成之后，请听我的安排。现在，松开你的手，然后再把两只手握起来。

你可能要说，这有什么不同呢？

哦，忘了提醒你，这一次的两手相握，请把刚才在上面的那只手调到下面，而下面的那只手换到上面来。也就是说，如果你刚才是左手握着右手，现在就用右手握着左手。或者，反之。

请细细体会。这感觉可有什么不同？

我相信，你一定感到了轻微的不适，你可能会觉得那好像不是你的手，有点别扭，甚至是……陌生。

这就是改变带给我们的不适应。

当你面临改变的不安时，请交叉着握握自己的手。这种不安是正常的，只要我们不被它吓倒。你甚至应该感到一种由衷的高兴，因为这种不安的存在，向你证实了改变正在进行中。

当冬天变成春天的时候，冰雪会消隐。当春天变成夏天的时候，百花会凋谢。当夏天变成秋天的时候，绿叶会凋零。当秋天变成冬天的时候，果实会被掩埋，北风会呼啸而起……但是，我们会因为这些变化，而拒绝大自然的轮回吗？生命也同理，变化就意味着生生不息。

第27条　心理健康的人能够恰如其分地表现自己的能力，同时承认个人的限制，在失败中学习；反之，则常常表现得很脆弱和易受伤害，面对失败时亦欠缺理性

能力这个东西，是把双刃剑。如果没有，我觉得亦不必强求。如果有，就一定要把这把剑拔出鞘，不然的话，剑悬挂在那里不用，它会昼夜不宁。借用一句秋瑾的诗，"且来挂壁暂不用，夜夜鸣啸声疑鸮"，你的才能不用，它就会发出猫头鹰的叫声啊。

美国心理学家马斯洛有一段名言："如果你有意地避重就轻，去做比你尽力所能做到的更小的事情，那么我警告你，在你今后的日子里，你将是很不幸的。因为你总是要逃避那些和你的能力相联系的各种机会和可能性。"

这段话很精辟。你逃避你的才能，你的才能就在那里发酵并生

出毒素。比如说，你们部门要提拔一位负责人，如果你尽力争取了，最后由于种种原因你没有入选，一个心理健康的人会坦然面对这种失败，他的内心是平静的。设想一下一个心理不健康的人，会怎么样呢？由于害怕竞争，他只能被动地等待，一言不发，直到别人走上这个岗位。如果他真有才能，他会看出新上任的负责人有很多疏漏之处，他不会主动地帮助他，而会看人家的笑话。当工作真的出现失误的时候，他会做出"三年早知道"的模样，说风凉话。当领导来征询他的意见的时候，他又会摆架子，做出漠然的姿态……你看，如果事情真是这样发展下去，他那未曾施展出来的才能，岂不是加害他了吗？如果你一辈子都在逃避施展自己才能的机会，那么，你会很辛苦。你要和自己捉迷藏，你要不断地说服自己退却，说服自己装傻，说服自己糊涂……即使你千般小心万般韬晦，也免不了有偶尔露峥嵘的时刻，那样人们会觉得你不真诚，见死不救看人笑话，会给你的人品打个低分。怎么样？这样的结果，可是你的初衷？是心理不健康的人始料不及的吧？

第28条 心理健康的人对自己的行为负责；反之，则逃避责任，以无助和自责为借口

我觉得婚礼上有一句常说的话，足够反动。什么话呢？就是新郎常常会满怀深情地对新娘说："我会给你幸福！"新娘呢，就像喝了迷魂汤，满怀痴情地把小手交到新郎的手中，以为从此就踏上了幸福的康庄大道。

为什么说这句话很反动呢？因为按照常识，幸福这件事是要自己负责的，是任何人都不能包办的。你不能相信如此重大和紧要的

事情，能够全权委托他人办理。就算他是好意，他是真情，你也千万不能相信。有的妈妈也很爱说一句反动的话，面对自己的孩子说："宝宝，我会给你幸福！"如果把这当成一句表决心的话，自己对自己说，也就罢了。对孩子说，他就会以为幸福真的可以由别人交给他，是一种外在的可以转让的东西。不！不是这样的！你必须为自己负责，对所有的事负责，包括幸福。只有那些心理不健康的人，才把命运的缰绳交到别人手里。一旦野马脱缰，他们往往大惊失色，怨天尤人，不知道事情在哪一个环节上出了纰漏。其实很简单，从根子上就失误了。是他们自己把生活变成了沾满洋葱汁液的手绢，一深入接触，就泪流满面。

所有抑郁症的产生，
都是人际关系出了问题

第 29 条 心理健康的人能设定适当目标；反之，则多半没有正确坚定的目标

目标这个东西，实在是太重要了。为什么这么说呢？因为这个东西不是大自然里原本就有的东西，不是外人能够提供给我们的，也不是可以自然而然地生长出来的东西。从某种程度上来说，目标是一个不自然的东西，是一个人为的东西，是一个纯粹精神的产品。如果你不去有意识地为自己树立这个东西，并且坚定地按照它指引的方向前进，你就是一个混乱和盲目的集合物，朝哪个方向走都到不了目的地。

如果有人说："我的目标很明确呀，争取今年提个主任科员，明年找对象，后年结婚……我的目标多么脚踏实地，一步一个脚印哪。"我要说："这个不是目标，只是你的短期计划。"目标是什么东西呢？是一种生长在你的价值观上的长远追求，某种程度上，它是不可到达的。举个例子，共产党员为共产主义而奋斗，但是共产主义实现了吗？还没有。可是一代又一代的共产党员满怀理想，毫不气馁，甚至不惜流血牺牲，前赴后继地为着这个理想而献身，这就是目标的伟大能量。

如果没有一种崇高的信念支撑我们的精神体系，那么，我们必将成为无本之木，在风雨中摇曳，可能会在某一个瞬间轰然倒下。

第 30 条　心理健康的人独立自主；反之，则多依赖他人

我不喜欢"小鸟依人"这个词。这世界上真有依人的小鸟吗？那一定是娇弱无比不会自己觅食的笼中之鸟。这样的鸟，是宠物，是寄生虫和附属品。很多人常说，希望有一个坚强的肩头，可以供自己依靠。我觉得互相依傍，这是非常美好的事情，但是若想着一辈子依赖别人，那就是没出息。也许有人说："我甘愿没出息，也愿意依赖，这样多好啊！"可是，你要记得作用力和反作用力，当你依赖别人的时候，那个肩头是否准备了足够的力量，让你可以放心地依赖呢？是否做好了长期奋斗的准备，愿意一辈子承担另外一个人的全部分量呢？这样的蹊跷事，我不敢说普天之下一桩也没有，但我觉得还是不要把希望寄托在那些概率太小的事件上，否则，容易失望，失望积攒多了，就成了绝望。

开心理诊所的时候，时有男性来咨询婚姻关系，其中一个很重要的话题就是：女人的记性怎么就那么好呢？

我说："记性好还不好吗？智商测定里很大一部分，就是测人的记忆力呀。"

愁容满面的男子说："恋爱时的话怎么能当真呢？比如我是说过，我永远是她的避风港，可她也要成为我的避风港才行，不能变成台风！我是说过有一副肩膀可供她依傍，可她不能变成包袱，变成垃圾桶，整天挂在我身上，偶尔也得让我依偎一下。"

不要把恋爱中的话当真！不要永远把自己靠在别人的肩头上！

你看那个"人"字,一撇一捺是相互支撑的。如果只是单一方面的支撑,那是"入"字。如果只是单方面付出,时间长了,就会入不敷出,朝不保夕。没有人喜欢只出不入,那样心理也会破产的。要向葡萄学习,努力凭着自己的发酵,变成透明的红酒,从此不单长寿,并且浓烈馥郁地香醇。自己先醉了,然后可以醉人。

第31条 心理健康的人性格坚毅;反之,则做事容易半途而废,甚至放弃自己的生命

自杀已经成为中国青壮年的首位死因,超过了交通事故和疾病的致死率。生命是不容易的,最大的退却,就是放弃生命。放弃是需要理由的,最大的理由就是心理不健康。因为心理上先夭折了,肉体的生命自然也就戛然而止。

我在海外曾看到过一篇博士论文,研究的题目是一周之内的哪一天比较容易发生自杀。是周一,还是周六,抑或周日?论文的作者收集了大量的资料,得出的结论是每周内的任何一天,发生自杀的概率都是相同的。我后来见到这位博士,问他为什么选择了这样一个研究课题。他说:"如果我们研究出哪一天自杀比较高发,在这一天提高警惕,多做工作,也许就能更有效地减少自杀。"我觉得这个初衷很好,但研究的结果发现每一天都一样,都是自杀者可能选择的日子,那么,也许最好的减少自杀的方法,就是加强我们的心理健康。只要心理健康了,自杀就能最大限度地减少。要知道,让精神毁容的心理硫酸,很多是自己泼上脸的。有些人精神上的专业,就是主观上害别人加上首先害自己。他们不断地制造出层出不穷的心理垃圾,污染环境,生猛恶臭。

第 32 条　心理健康的人满意自己，也能享受与他人的亲密关系；反之，则往往轻视自己，同时也没法享受与他人的亲密关系

关系这个东西，很奇妙。我曾经学习过一派心理治疗师的观点，他们认为所有的抑郁症，都是关系出了毛病。简言之，至今未曾找到的抑郁症发病原因，在这一派心理学家那里，已是迎刃而解。就是当一个人同外界的关系出了问题时，他就会罹患抑郁症。

这个说法，你要细想起来，也很有道理。人活在世上，其实就是活在无所不在的关系里。你呼吸，和空气有关系。你吃饭喝水，就和食品、水有关系。你在旷野行走，就和大自然有关系。你在城市里行走，就和形形色色的人与汽车有关系。你一出生，就和你的家人有关系。你工作，就和职场的老板与同事有关系。你进入了婚姻，就和爱人及爱人的家庭有关系……最后，即使你什么也不干，你也和死亡有关系。总而言之，你无论如何，也逃脱不了关系的天罗地网，如果你没有学会处理好各式各样的关系，你当然会得包括抑郁症在内的所有疾病了。

反之，你如果能够成功地享受亲密关系，那就进入了一个百花盛开的大花园。你可以在种种关系里，分享到人世间最纯真的爱情，最诚挚的友情，最温暖的亲情，包括大自然的无限壮观与绮丽，包括无数死去和活着的人的智慧……那是何等美妙的境界！

是被一切关系所加害，还是被一切关系所滋润，一个极重要的关键就在于你的心理是否健康。对机遇的敏锐捕捉和挖掘，对现实的不倦揭示和考问，善其身济天下，成败在此一举。对于无所不在的关系，你万不可掉以轻心哪！

朝前看，人生从现在开始

> 第33条　心理健康的人相信个人努力能够显著地影响自己的人生；反之，则固执地认为自己一生被环境所控制

一个人的命运到底是掌握在自己手里，还是掌握在别人手里？命运到底是个什么东西呢？"命运"在字典上的解释是"指生死、贫富和一切遭遇"。那么，也可以说，命运就是你生命运行的轨迹。关于这个轨迹，你到底有没有影响它的能量呢？心理健康的人，觉得一定有！因为，他会按照自己的既定目标努力，这个世界上，经过努力却依然一事无成的状况，有没有呢？我不敢说完全没有，但我相信努力和不努力是不一样的，完全一样的情况是少之又少的。即使在结果上是一样的，在过程中你的感受也不一样。不努力，束手就擒，你收获的是悲哀和绝望，还有坐以待毙的恐惧。努力了，你就享受了这个过程中的希望，你就曾经看到过朦胧的光明，你就对命运做出了挑战。所以，即使结果相同，你的感受也是不同的。中国有句俗话，叫作"人活一口气"，我觉得一个活人和一个死人的不同之处，就是前者有自己的主观能动性。

据一位研究临终关怀的医生说，他接触过无数濒临死亡的人，听他们说起自己行将结束的一生。他惊奇地发现，几乎所有的人留

下的遗憾，都是自己还未能尝试某一个理想，就要这样撒手人寰了，为此惆怅。没有一个人是因为自己在完成理想的过程中失败了而懊悔。

说白了，生命是我们每个人所真正拥有的唯一资本。如果你放弃了这份所有权，你还有什么呢？你不就成了行尸走肉嘛！我坚信人类有从困境中反弹重生的韧性，生活通过挫败得到丰富，就算被挫败锯成了粉末，也能在风中快乐地飞舞。

第34条　心理健康的人对生命的看法是"我不错"和"我能掌握生命"；反之，对生命的看法则是"我很差劲"和"我无法控制自己的人生"

这一条和上面一条的内容差不多。人生有两种滚梯。当你展现真我的时候，你就被允许获得所有完美的、全面的、完整的以及对你友好的事物的通行证。当你是真我时，你就能自动地以和谐的思想、语言、行动和行为方式经历幸福，沿着上升的滚梯前进。而如果你放任有毒的思想当家做主，你就自动会以疾病、混乱、怨恨、沮丧、批判甚至贫困的方式，在逃跑的传送带上经历一切不完美。

第35条　心理健康的人，其人生以现在、未来为定向；反之，其人生在过往经验（往往选择负面事件）和未来期望上呈恶性循环

这条就是说你对自己命运的看法，是朝前看呢，还是朝后看？

让光透进来：找回幸福的能力

中国古典小说《封神演义》里有个申公豹，他的脑袋就被安反了，所以看事情总是往后看。你可能要说，在现实中，我们看不到一个脑袋朝后长着的人哪！是的，在现实生活中，大家的头颅都是朝前长的，不过，只要你留心，就会发现有的人只要一说话，就是朝后看。他们总是在悲观丧气地后悔，总是在长吁短叹地发牢骚，在他们那里，没有希望的亮色，只有昏暗的乌鸦在鸣叫。而心理健康的人，以人生的现在和将来为坐标系，朝前看，看到希望，看到光明，看到自己可以努力改变命运的那些可能性。生活智慧并不是少数人的天才之赋，不是某些人秘不传人的口诀，而是通过学习可以掌握的乐天之道。

关于心理健康的鉴定我们已经说了35条，也许有朋友会说，哟，这么多条啊？别嫌多，要知道如果是检查生理健康，列出的条目比这可多多了。还有的朋友可能会说，有些条似乎有重叠的部分，有些差不太多嘛！我觉得能说这话的朋友，就抓到了问题的实质。一个生理不健康的人，检查的时候，也会发现多个指标不正常，比如你有了高血脂，很可能就连带着有高血糖、高血压，也许心脏和血管也出现了问题。人是一个整体，每个指标之间不可能切割得那么精确，常常是一荣俱荣、一损俱损。人的心理更是牵一发而动全身，这一条不正常，和它相关的诸条也跟着异动。

如果以上这35条，你对照检查的结果是大部分都在心理健康的范畴内，那么恭喜你！你也要保持这种健康的态势，让自己的心理健康水平更上一层楼！如果你发现自己有若干条属于心理不健康的范畴，那么，也没什么了不起的。我们常说，发现问题就是解决问题的开端。只要调整心态，放下包袱，也会逐渐建设起一个和谐的心理环境。

第二章　你是自己幸福的第一责任人

那我们这样辛辛苦苦地关注自己的心理健康,到底是为了什么呢?

答案只有一个,就是为了我们的幸福。

第三章

打破枷锁，
幸福不再遥不可及

痛苦也是幸福的一部分。

自卑：幸福的最大敌人

◥ 走出自卑误区，幸福没有配不配得

有一种天然的感觉，伴随我们一生。有人说那是爱，其实不是。爱不是天生就具备的品德，是需要学习的。一个刚刚出生的婴儿，并不懂得爱，但他感到了自卑。哭声就是自卑的旗帜，那是对寒冷（相比母体内的恒温）、对孤独（相比母体内的依傍）的第一声惊恐的告白，也是被迫独立生活的宣言。这个景象挺有象征意义。人在强大的自然规律面前，没有法子不自卑。但是，人又不能被自卑打倒，人就是在同自卑的抗争中成长壮大起来的。

可以说，自卑是幸福的最大敌人。道理很简单，一个人若是时时事事都沉浸在自卑中，那他如何还能享受幸福！

所以，人不要被自卑打垮，而是要超越自卑。咱们先来找找自卑的反义词是什么。我小时候，很喜欢找反义词这类题目，在寻找中，你对原本的那个词有了更深入的了解，就像黑和白站在一起，一定显出黑的更黑，白的更白。只有在黑暗中，你才可能看到所有的光。如果黑和灰站在一起，就容易混淆。

自卑的反义词是自信。自卑和自信，都有一个"自"，就

是"自己"的意思。那么，自己对待自己，有什么不同呢？自卑的人，自己看不起自己。自信的人，自己相信自己。从这里入手，我们就找到了自卑和自信最显著的分水岭，那就是，一事当前，自信的人说："我能做这件事。"自卑的人会说："我办不成这件事。"

面对一生，自信的人会说："我能成为理想中那样的人，我要掌握自己的命运。"

自卑的人会说："我不能成为自己想成为的那样的人，我只能随波逐流，被外力摆布。"

自卑这个词，平日里大家说得很多，但究竟什么是自卑呢？自卑有哪些表现呢？自卑为什么会成为幸福的大敌呢？

简言之，自卑就是有关自我的消极信念，影响了成长。

记得儿时读过《好兵帅克》这部小说，里面有个人物，特别喜欢求本溯源。比如他说到窗户，就要说窗户是木头做的，他马上就会接下来解释，木头是树木，那树木又是从哪里来的呢？它们来自森林……现在我们谈到"自卑"，多少也陷入了这种论证的漫长小径。有点啰唆，请原谅。

自卑的人，充满了对自己的不良观念和不适宜的评价。自卑的要害是"自我否定"。

看看"否"这个字，"口"上面是个"不"字，一个人一张口就吐出"不"来。人是需要说"不"的，不知道说"不"的人，一生太辛劳，完全丧失了自我。但是，如果一个人一辈子说"不"太多，尤其是对自己总是说"不"，那就成了大问题。

最详细地论证了自卑这种情绪的是个体心理学的创始人阿德勒，他发现了自卑情结。

让光透进来：找回幸福的能力

阿德勒是一位奥地利精神病学家，被称为"现代自我心理学之父"。他 1870 年出生于维也纳的一个商人家庭，排行老二。家境富裕，家人都很喜欢音乐，按说这是一个丰衣足食的幸福环境，可是，阿德勒的童年却一点也不快乐。为什么呢？原因来自他的亲哥哥。两人虽是一母所生，但哥哥高大健壮活蹦乱跳，人见人爱，阿德勒却自小体弱多病，还是个驼背。他 5 岁那一年，又生了一场大病，更让他身材矮小面容丑陋。好在阿德勒很聪明，后来他考入大学，毕业后当了医生。由于自身的残疾，1907 年，他发表了有关由身体缺陷引发自卑的论文，从此声名大噪。他不赞成弗洛伊德的性决定论，强调社会文化因素在人格形成和发展中的决定性作用。他的主要观点是：追求卓越是人类动机的核心，而如何追求卓越，则取决于每个人独特的生活风格。追求卓越是一种天生的内驱力，使人力图成为一个没有缺陷的人，一个完善的人。人总是有缺陷的，由于身体或其他原因引发的自卑，能摧毁一个人，使人自甘堕落或发生精神病，另一方面，它还能使人发愤图强，力求振作，以补偿自己的缺点。

比如说，古代希腊的德摩斯梯尼，小时候患有口吃，可他迎着困难上，刻苦锻炼，最后成了著名的演说家。美国的罗斯福总统，患有小儿麻痹症，但他最终成为美国总统。尼采身体羸弱，他就研究权力哲学，成了一代大哲学家。

自卑者主要的误区，在于认为自己不配享有真正的幸福。

既然我们每个人都会自卑，那么，自卑有什么样的表现形式呢？

第三章　打破枷锁，幸福不再遥不可及

1. 大家在一起聚会，或者是在某些会议和公众场合，有一些人常会格外安静或特别喧嚣。

那么，请注意，这就很可能是自卑在发作。格外安静的人觉得自己不配引得别人的注意，他们想尽量隐藏自己。让我们用《红楼梦》中的黛玉来做个例子。先说林黛玉进贾府一节。黛玉因母亲去世，外祖母念及黛玉年幼无人照顾，便派人把黛玉接进贾府。黛玉这个孤苦伶仃的孩子，将长期生活在贾府，仰人鼻息。她将来的命运在很大程度上取决于外祖母、舅母王夫人、琏二嫂子等人是否怜爱她。因为过去常听她母亲说外祖母家与别家不同，今天来了，就"步步留心，时时在意，不肯轻易多说一句话，多行一步路，生恐被人耻笑了去"。黛玉察言观色，先是说自己是读了书的，因为听到外祖母说读书不过是识了两个字，不是睁眼瞎子罢了，再谈到这个话题的时候，就马上改口，说自己也不过是只识了几个字。连吃完饭后是不是马上漱口，也要静观他人的行为举止，虽然这里许多事情不合家中之式，却也不得不随着把以前的习惯一一纠正过来。这一切表现，固然有黛玉的聪敏机智、入境随俗，但其根源是自卑。因为人在矮檐下，不得不低头。尽管有外祖母贾母的关照（这关照后来也打了折扣），但黛玉自知寄人篱下，只得委曲求全。同时，她又经常表现出清高孤傲，这就是黛玉的一种补偿心理。如果她很自信，就不会这样谨小慎微，也不会那样孤僻而十分敏感。因为自卑而导致的这种双重表现，其实不符合黛玉渴望自由、不拘礼数、大胆追求爱情的天性，于是她在贾府的日常生活中，就经常出语犀利不饶人，并抑郁多病。现实的残酷和黛玉骨子里的自卑，联手打造了她的悲剧。

还有特别喧嚣的人，到处都能听到他的声音，给人的印象是飞

扬跋扈。在职场中，有一些人就是爱把功劳都归于自己，把错误都推诿给他人。他们信奉的是"无理也声高"，很不可一世的样子。人们常常以为这些人是自信过了头。其实，自信永远不会过头，他们那种表现还是自卑。唯恐别人看不到自己的成就，唯恐因为有了过失就丧失了威望，所以不择手段地拔高自己、贬损他人。

2. 自卑的人通常采用的姿势是弯腰驼背或趾高气扬。

先要声明一点，这一条，指的是没有先天残疾而且不缺钙的正常人。我们常常看到快速发育中的青少年弯腰驼背，父母会大声训斥孩子："把腰直起来！把胸挺起来！说了你一百遍了，怎么还记不住！"

管不管用呢？当时是管用的，少年人把腰背一挺直，立刻就精神了许多。但是用不了多久，少年人的腰和背就又塌下去了，变成萎靡不振、含胸蓄腹的样子。

这基本上是个老大难问题，于是有聪明的厂家生产出了矫正姿势类产品，用外力训练孩子挺起胸膛，希望塑造出好的体形。我认识一个女孩子，用这一类产品的时候，效果不错，挺胸抬头的。可一旦摘下来，就立刻恢复原状。

这到底是因为什么呢？孩子为什么要低头含胸？后来，我通过和她交谈，才明白她对长大一事心怀恐惧，胸部开始发育了，她觉得这是一件令人羞耻的事情，让她抬不起头来，所以，她就总是向前弓着腰……

自卑的理由千奇百怪，我还碰到一个含胸的女子，她却是因为觉得自己是"太平公主"而心生自卑，生怕挺起胸来，人家一眼就会看出她胸前曲线不明显，索性整天弯着腰，企图打个马虎眼，让别人看不出个所以然来……

至于那些过于趾高气扬的人，多半也是自卑。他们顾虑别人小瞧了自己，就格外地夸张形体，好让人觉得他的能耐更大一些。说实话，凡在公共场合看到这一类人，我就心生悲悯，觉得他适得其反，因为这种体态，恰好暴露了他的不自信。

3. 还有一个识别自卑出没的极好标志，就是一个人的语速过快或过慢。

如果你听到某人说话特别快或者特别慢，那多半是他在成长的过程中，有过特别不自信的阶段。也许那个阶段已经过去了，但就像严重的创伤会留下触目惊心的疤痕，语速也是一种记载。有一位朋友，话说得十分紧促，如狂风骤雨袭来，密不留白。听他说话，简直像被轰炸。我说："你能不能讲得慢一点呢？像现在这样，你说得吃力，听的人也很吃力，大家都辛苦啊！"他思谋道："我讲话的速度是当初当推销员练出来的。你想啊，好不容易敲开了门，我第一个动作是把脚尖别到他家的门轴下方，这样对方要想关门，让我吃个闭门羹，他就会用门扇挤了我的脚。一般人虽然不喜欢上门推销的人，但还不至于恶到碾破我的脚指头的地步，所以，我这第一个回合，就算胜了。第二个回合，就是介绍我要推销的产品。这个时候，语速一定要快，要像机枪连发一样，不给对方以喘息的机会。要是说得慢了，对方一下子打断我的话，说'我们家不需要这个东西，你快走吧'，我就前功尽弃了。但是，只要我能坚持不懈地说下去，不定哪句话就打动了对方，买卖也许就做成了。这个时候，语速就是一切。"

我说："其实你是怕人家赶你走，所以你无法从容。但是今天不

让光透进来：找回幸福的能力

一样了，你可以自由自在地发表自己的看法，让别人也能在轻松中接收你的观点。不然，太快的语速会产生一种压迫感，也暴露了你的慌张。"

我还有一位女性朋友，说话速度极慢。你问她一个问题，她许久不答复你，慢到你以为她对你有意见，根本就不屑于理睬你。当你几乎绝望的时候，她慢条斯理地开了腔，说出几个字。你以为说完了，刚要赞同或反驳她，没想到她又用极慢的语速接着说下去，好像得了语言的便秘。

我说："你不能把话说得快一些吗？急死人了！"

她慢吞吞地说："我就是一个慢性子，从小养成的。"

我说："我看你做事的时候，并不慢。"

她说："做事当然可以不慢，但说话，必须要慢。"

我很奇怪，说："这是为什么呢？真正的慢性子，说话做事都很慢的。"

她说："做事是自己来完成。说话就会让人听见，就会有影响。"

我说："这是当然的。说话，除了自言自语，当然是需要让别人听见了，因为语言是交流的工具嘛！交流就会有影响，这不正是说话的人期望的吗？要是你说了半天的话，却一点反响也没有，岂不令人沮丧？"

她说："可是，如果我说错了，就全完了。我输不起。"

这就话里有话了。后来，通过反复的交谈我才知道，她小的时候，家世很不幸。父母被打成"右派"，被人揪斗，都是因为"说话"惹的祸。她从小就很自卑，觉得自己和别人不一样，低人一等，说话便格外小心，在所有需要发出声音的场合，都瞻前顾后百般思谋。

人对于自己的声音，有一种原始的掩饰欲。这可能因为远古时代，野兽的力量十分强大，如果你发出声响，被旷野中的凶猛动物发觉，那么你的命运就很悲惨。如果你在群体中，发出与别人不同的声音，那么等待你的后果恐怕也是凶多吉少。而单个的人，如果被群体所抛弃，那也就意味着离死亡不远了。

4. 自卑的人还有一个比较显著的标志，那就是他们要么服饰十分夸张，要么不修边幅。

我估计这一条的后半部分可能会惹翻一些人。他们也许说："夸张的服饰我们是没有的，但有的时候，因为忙，因为贫苦，因为某种特殊的理由，我们曾不修边幅，但这并不等于我们就自卑啊。你这样说，是不是太武断了呢？"

请原谅，上面讲的自卑容易出没的场所，都是一些大而化之的说法。如果有充足的理由，那么无论是夸张还是不修边幅，都不在此列。但如果没有任何理由，有些人就是要打扮得与众不同，如果不能以特别的奢华或精致来吸引人的目光，那么，他们就会反其道而行之，干脆以特别的怪异、肮脏、耸人听闻博得众人的目光，那么几乎可以没有疑义地确定，这些人的内心充满了自卑。他们没有法子展现自我的才干，或者说也许根本就在这个方面没有才干，却不甘寂寞。最简单易行的方式，就是标新立异吸引人眼球，以达到让自己不同凡响的目的。

5. 自卑的人看人时，眼光通常不愿意和别人正面接触。

眼睛其实是不发光的，我们平常所说的"眼光"，是指看到了对方瞳孔和角膜的反光。

中国文化中，对"眸"和"眼光"，给予特别的重视。

让光透进来：找回幸福的能力

孟子曰："存乎人者，莫良于眸子。眸子不能掩其恶。胸中正，则眸子瞭焉；胸中不正，则眸子眊焉。听其言也，观其眸子，人焉廋哉？"

这段话是什么意思呢？

大致是说："观察人，最好的办法莫过于观察人的眸子。眸子，不能遮掩人的丑恶。心正则眸子明亮，心不正则眸子昏暗。听他说话，观察他的眸子，人内心深处的正与邪，岂能隐藏呢？"

我们都知道"眼睛是心灵的窗户"这句话，据说这是意大利文艺复兴时期画家达·芬奇从画画的角度来说的。孟子虽然不是画家，但他从如何辨识人的角度，把这个道理说得非常清楚了。美容医生可以修理人的眼眶、眼角、眼梢、眼皮……甚至可以栽上眼睫毛，可没有一个医生能够用技术美化人的眼神。

孟子在和白圭讨论治水问题的时候，直视白圭的眸子，从他闪烁不定的目光里看出隐隐幽幽的狡诈与险恶，便感觉他"胸中不正"。后来的事实证明，白圭真的是个以邻为壑，残害邻国百姓的小人。

人身上的器官无数，为什么独独眼眸负载着这么重要的使命，有这么显著的功能呢？

说白了，眼眸就是黑眼球，眼光，就是指瞳孔开合的大小。眼睛要往哪儿看，眼球就会偏向哪一方。如果一个人的眼球呆滞不动，那么我们通常会认为这个人的脑子比较笨，不灵活。至于瞳孔的大小，更是衡量生命是否存在的极为重要的体征之一。临床医生判定一个人是否死亡，有一个很重要的指征，就是看他的瞳孔是否散大。

那么，决定瞳孔和角膜开合的机关在哪里？它们受到人的两组神经支配，分属于交感神经系统和副交感神经系统。这两组神经系统叫作"植物神经系统"，又称"自主神经系统""不随意神经系统"。

第三章　打破枷锁，幸福不再遥不可及

说到这里，可能有人要奇怪，人明明是动物，怎么在身体里还潜藏着一套植物神经系统？当初我学习军医课程的时候，也对此大为疑惑，专门请教教授。教授说，植物神经系统是人类神经系统非常重要和古老的组成部分，支配内脏器官、血管、心脏、腺体和瞳孔等部位。它主要负责大脑对内脏器官的指令传达工作，但人们平常是感觉不到它的。

请注意其中的两点：一是支配内脏，二是不随意。除了经过特别训练的人，一般的人想让自己的心跳加快或减慢，想让自己的血压升高或降低，想让自己的胃液多分泌或少分泌一点，都是无能为力。也就是说，这一套神经系统，不受意志的支配，它们像自由生长的植物一样，自行决定何时工作何时放松，独立于我们的意识之外。故此命名"自主神经系统"。

现在，你是不是明白了瞳孔的重要性呢？它是诚实的，它不受你的意志支配，它更反映你的本能，代表你的真实想法。从某种意义上说，如果你存心造假说谎，你的瞳孔会出卖你！瞳孔大小的改变，和心理有极大的关系。这就是在中国文化中，我们的老祖宗特别注重眼光的缘由。

瞳孔的变化范围非常大，当极度收缩时，人眼瞳孔的直径可小于 1 mm，而极度扩大时，可大于 9 mm。这对于人体其他的平滑肌或横纹肌而言几乎不可能达到。

所以，自卑的人，他们潜意识里觉得自己万事不如人，没有和别人平等对视的勇气，他们的目光常常是游离和躲闪的。他们怕被别人窥破了心事，就更加不愿意正眼看人。他们以为这样能让自己的不安躲藏得更久一些，殊不知弄巧成拙，欲盖弥彰。

6. 自卑的人多半看起来焦虑不安或麻木不仁。

医学里有一个词，叫作"易激惹"，就是说有的人抵抗外界刺激的阈值特别低，轻微的变故，就会在他那儿引起强烈而短暂的情绪反应，这不仅仅包括易怒，还包括易喜、易悲、易烦躁……人们常常以为这是天生的性格使然，其实，不准确。在这些人的内心深处，常常蛰伏着一个幼稚的孩童。人们总爱说"三月天，孩儿脸"，意思就是只有不成熟的小孩子，才像春天的天气一样，复杂多变。还有一部分自卑的人，恰好反其道而行之，他们面无表情，麻木不仁。也许有人会说："这不是和前面所说矛盾吗？七情上脸，喜怒形于色，你说不对；那泰山崩于前而面不改色，你也说不对，到底怎样才好呢？"

以上所说，只是自卑的人比较常见的表情，并没有绝对的正确与错误之分。如果你觉得自己有这方面的倾向，要不要改变？如果你说"我不改变"，那么，也完全是你的自由。谨以此为希望有所改变的朋友们，提供小小的参考。适时适度的表情，就是一个人成熟的标志之一。

7. 自卑的人多半很少发表自己的意见，或者爱轻而易举地承诺。

这一条的前半部分比较容易让人想通。因为自卑，觉得自己无足轻重，故缄口不言。因为怕说出来的话和众人的意见不同，被人嫌恶，所以能免则免，不开口。更有甚者，觉得自己人微言轻，说和不说一个样，索性在嘴巴上贴了封条，时间长了，基本丧失了在公共场合说话的能力和勇气，这也可理解。可是，为什么有一些自卑的人，会轻而易举地许诺呢？

记得多年以前的春晚，有郭冬临等人出演的一个小品，名字叫

第三章　打破枷锁，幸福不再遥不可及

《有事您说话》，说的就是有这样一个小人物，特别爱对别人说"有事您说话"，意思就是你有了为难的地方，需要帮助的时候，就告诉我一声。那潜台词就是："我会尽力帮忙，我是你的救星。"帮忙本是一件好事，但所有的帮忙，都要量力而行。如果超出了自己的能力范围，张口就许诺，骨子里就是逢迎和讨好，让自己苦恼和吃力。小品中的这个人物，为了显得自己有门路，答应给别人买火车票。他自带大衣半夜三更地到售票处打地铺排队，还故意少报购票款，以显得自己手眼通天，可以买到便宜票。结果是自己吃了很多苦头，闹了很多误会，家庭不和，委屈做人……这个在艺术家笔下典型化的人物，好似给自卑做了一个注脚。

　　他为什么要自讨苦吃呢？就是想在别人面前表现自己很能干，让人能高看自己一眼。说到底，我们平日里的很多忙碌，多半是因为轻易地答应了别人自己难以完成的承诺。刚说完了就后悔，可是又不想被人扣上"吹牛""不诚信"的帽子，只得打落牙齿吞进肚子里，勉力为之，苦不堪言。

　　也许曾经下过决心，下次一定不能这样轻诺，可事到临头就又忘了。有人觉得这是自己记性不好，其实根子在于自卑。

　　如果你同某人聊天，在谈话中，他会很快就装作无意地提到自家有地位的亲属，或强调自己经历中最光彩的篇章，那么你基本上可以断定——碰上了一个自卑的人。

　　咱们中国有句古话，叫作"好汉不提当年勇"。为什么好汉不提呢？因为倘若是真的好汉，他还会不断创建出新的勇敢的功绩，所以用不着搬弄当年的勇敢事迹来为自己脸上贴金。那么，什么人爱提当年勇呢？我们的俗语中没有说，让我们试着把这句话补充完整——"赖汉好提当年勇"。什么人是赖汉呢？我觉得就是对自己不

自信的人，他不相信自己还有再创丰功伟绩的机会，又怕人家小瞧了他，只好把往事一遍遍地重复。

我认识一个人，几十年前我和她聊天，10分钟之内，她必然会装作有意无意地提到她家一位显赫的亲属。当然，她会说得很谦虚，很节制，但她一定会提到。这位亲属，已经成了她胸前悬挂的勋章。几十年过去了，我们重逢，在前10分钟内，她没有提到这位亲属。我想，她终于从那位光芒四射的亲属的影子中走了出来。然而，在第11分钟，她又提起了他……我并不是因为自己没有这样显赫的亲属而心生妒意，也不是对她所讲的亲属内幕没有一丁点兴趣，但我还是坚持认为，在涉及该亲属的时候，当然可以提及，但如果那话题和此人没有关系还要生拉硬拽地把老人家从坟墓中唤醒，就是一种自卑的特殊表现形式了。

8. 自卑的人会夸大自己的成绩，贬低别人的作用。

这一条很好理解，就不再赘述了。

9. 自卑的人经常为自己辩解，辩解通常多变而苍白。

因为他们并没有一定之规，没有坚定的信念，所以语气常常是犹豫不决的，决定常常会在压力下更改。他们通常活力不足而显得疲惫困倦，叫苦连天更是家常便饭。

自卑的人，难以对不符合自己意愿的人说"不"。说"不"这个能力，说难很难。有的人一辈子也说不出来，他们的一生，就是不独立自主的一生，选择被形形色色的潮流所左右，行为被七嘴八舌的人所控制，时间被莫名其妙的事所分割，连感情也是禁锢混乱的。这样的人，到了临死的那一天，也许才会猝然发现，他们的头脑，不过是他人思维的跑马场；他们的手脚，不过是别人意志的复印机。他们一生都在讨好别人，都希望能够得到承认和肯定，却不知这世上并没有一个机构，负责评判我们的生命。他们不知道自己的真正需求是什么，除了迎合别人，就是表现出什么都不需要的麻木状态，远在生理的生命消亡之前，心理的生命已经被扼杀。

10. 自卑的人也很容易走向另外一个极端，那就是成为一个严苛的完美主义者。

他们会觉得只要有一点不完美，人就是没有价值的，就应受到批评或责罚。为了避免这种让人难堪的结果出现，他们不断地鞭策自己，精益求精到了违背常识的地步，过分希望取悦他人，对批评过于敏感。一旦出了一丁点过错，情绪就会长久地沉浸在悲伤、焦虑、内疚、害羞、挫败感和愤懑当中，难以排解……这种人如果当了领导，就会大权独揽，奉行一言堂，对别人无法信任，更难以采纳他人意见，总想成为聚会的中心人物，当不被人瞩目时，就手足无措、百无聊赖，甚至到了自造新闻，语不惊人死不休的地步。

11. 自卑的人还很可能避免参加比赛。

他们用种种冠冕堂皇的理由为自己辩解，其实不过是因为害怕失败，害怕自己不被众人承认而提前选择了逃避。

12. 自卑的人多半不会很好地照料自己。

他们无视自己的身体健康，不能善待身体，觉得身体不过是完成任务的工具，不会倾听身体的声音。他们生病时，多半不去主动就医。因为他们认为生病是一件表示自己虚弱的事情，不可告人，就咬牙挺住，以致常常到了疾病的晚期才就医，酿成难以挽回的悲剧。

13. 自卑的人易麻醉自己。

他们常常过量饮酒，把这种由于酒精引起的兴奋状态，当作排解压力的最好手段。也有的人沉迷网络，甚至吸毒……因为在平凡的世界和人群中，他们无法找到自己的幸福，于是企求麻醉和沉沦。

原谅我零零碎碎地举出了这么多自卑的表现，其实还可以举出更多，咱们暂且打住。自卑的人最主要的误区，在于他们认为自己不配也不可能享有真正的幸福。

这是一个悲惨的自我预言，尤为悲惨的是，如果你真的这样预言自己的人生，它就可能真的变成现实。我们不是常常说心想事成吗？想好事，不一定真的成，因为还须有天时、地利、人和诸多因素配合，但一个倒霉的预言却常常应验。因为要想把事情弄糟，只要人这一个因素，就足够了。

以上说了这么多自卑的表现，也可能你会看得心中不安起来，说："哎呀，我有好几项都沾着边呢，这可如何是好？"

先别着急，我们只说了自卑的一个方面，自卑还有另外几个方面，等都看完之后你就可以安心了。

❦ 找准自卑原因，你不必讨所有人喜欢

先说这自卑并不可怕的理由——人人都有，就像死亡，人人都要经历，所以从根本上来说，就不必害怕。

第三章　打破枷锁，幸福不再遥不可及

为什么人人都会自卑呢？

咱们先从大的方面说，第一是人类相对于宇宙或自然界的渺小。面对苍茫玄妙的寂寥星空，你太渺小了；面对拔地而起的万丈山岳，你太渺小了；面对浩渺无际的汹涌海洋，你太渺小了；面对铺天盖地的葱郁植物，你太渺小了。记得我母亲在世的时候，一天我们和朋友在森林中漫步，看到一棵几人合抱不过来的大树，我们纷纷猜测这树的年龄。虽然众说不一，但大家都同意树龄最少有几百年了。母亲在密林中对我说，人是活不过一棵树的。后来，母亲去世的当日，我回到家中，透过泪眼看到母亲养在花瓶里的一丛水竹依然郁郁葱葱，心中哀痛万分地想，人岂止活不过树，连一捧草也活不过的，顿时泪水奔涌而出。所以，面对大自然，人生出自卑之感，是有道理的。

自卑的第二个原因，来自人类童年时期的幼小和无助。这一点，不言而喻。据科学家研究，因为人类脑容量的不断增大，使得人类的胎儿不可能在母腹中发育到完全成熟才分娩而出，所以人类的婴儿几乎是半成品，就独自面对这个世界了。他不能走，连爬也要等待几个月之后才能慢慢练习而成，完全不像马或者鹿的幼崽，几个小时之后就能蹒跚地跟在母亲身后行走了。人类婴儿不能寻找食物，除了等待妈妈的乳汁，他们没有丝毫谋生的本领。人类婴儿更没有抵抗天敌的能力，谁想置他于死地，都易如反掌。因此人类婴儿有一个漫长的童年期，除了仰人鼻息，没有法子独立。这个孱弱的阶段，谁都躲不过。

自卑的第三个原因，来自我们每个人成长经验中的创伤性记忆和理念。

如果说前两个原因还是人人有份的话，这第三个原因，有一点

个体差异。但完全不曾遭遇创伤的人，也是没有的。

什么能造成我们的精神创伤呢？让我举几个例子。

第一种心理创伤是有关性别的。普遍来讲，多是因封建残余的重男轻女观念，中国女孩比较容易在这一处留下创伤，形成死穴。就算家里不忽视女孩，当她走到社会上时，也还是会受到无所不在的性别文化的影响，歧视犹如空气，弥漫在很多地方的上空，令人无法逃遁。而且，有的男孩也不喜欢自己的性别。我就曾经听到一个男孩说，因为在他之前，叔叔啦，伯父啦，还有自己父母这个小家，整个大家庭里生的都是男孩，于是无论祖父母还是父母，都希望这最后一个孩子是个女孩。那时候还允许提前用超声波鉴定胎儿性别，不知道医生是不是大意了，告知人们将要出生的是个女孩，全家期盼。没想到却是个小伙子出世了，一片哗然。妈妈懊丧地说："我希望能来件小棉袄，不想还是一把小茶壶。"于是，这个小伙子很为自己的性别苦闷，长久地不开心。

第二种常见的心理创伤，就是对自己的外形不满意。比如嫌自己的个子不够高，肤色不够白，头发不够漆黑油亮，眼睛不是双眼皮，腿不够修长，手的形状不良，嗓音不美，鼻子塌陷，等等。

对自己的长相不满意，这应该是很有历史传统的自卑理由。尤其是对女子，咱们的古话中说的"郎才女貌"，简直把女子的相貌提到了繁衍学的原则高度。这个倾向，在现代社会越演越烈。为什么会发生这种变化呢？很大一个原因，是影视艺术的普及。过去我们形容一个人的长相，只能靠语言。用语言这个东西形容外貌，留给人很大的想象空间，好赖其实是没有定论的。过去人们称赞一个人好看还是不好看，涉及的地理范畴，基本上就是在一个村子内打转转，说某某相貌好，就会说"这是村子里最漂亮的姑娘"。一个村子

第三章　打破枷锁，幸福不再遥不可及

里有多少人呢？也就几百人吧。大一点的村子上千人，也就到头了。选美基础最广泛的佳人，大概要数"倾国倾城"范围，那时候的国和城，也不能和今日相比，不过方圆几千几万平方公里的面积。

再加上封建余孽——长期以来，美貌女子都被男人用来向外界展示地位和财富。在金钱的陪衬下，再丑的男人也变得闪闪发光。

今天就大不同了。因为电视媒体和网络媒体的发展，由于整容术和化妆术的协同作战，银幕和屏幕纷纷把包装极端完美的佳丽展示给大众，形成了一种视觉上的压迫，几乎让所有人都认为自己长相上有瑕疵，从而自惭形秽。

如此普遍地制造形体上的自卑，是现代文明带给我们的副产品之一。如果不加以有意识的对抗、消解和升华，就会批量生产出众多自卑的女子，当然，也包括男子。

这个世界上，是不是有人就天生丽质，长得特别好看呢？我想，一定是有的。这个概率是不是很高呢？我觉得不高。我始终认为，人不要把自己的希望放在小概率事件上，不要总是期望成为"一小撮"，还是立足于当大多数吧。什么叫"平常心"，就是认定自己普通，认定自己是芸芸众生当中的一员，在这个基础上，来设计自己的一生。这有点像打扑克，有没有抓到一把好牌的时候呢？当然有，红桃是主，你全是红桃，大小王也都在手……我相信这种可能性不是零。但是，如果你打扑克把自己的输赢建构在这样的遥想之上，你就根本不能算会打扑克。

很多人嫌自己的个子不够高。有一位男性朋友，几个月不见，他突然长高了半头。我说："你30多岁了，还能长个子，可喜可贺啊。"他苦笑着说："这不是提经理了吗，我的手下都比我个子高，闹得我觉得自己要总是那么矮小，就没有权威感，于是定做了一双增

高鞋。咱们是老朋友,谁有多高还不知道吗?别拿我开玩笑啊。"

我说:"不是开玩笑。高跟鞋的滋味不好受。我以前写过一篇小文章,听到某些人讲高跟鞋有多少好处,我从一个医生的角度就想不通。要是高脚跟有好处,人类早就在进化的过程中把脚后跟增厚了。还有,要是真有这么多好处,干吗男人不穿高跟鞋呢?我基本上想不出在这个世界上有好处的事,是男人不抢着做的。现在谢谢你告诉我,方知道男人也开始进军这个领域了。"

他继续苦笑说:"您这话还真说对了,穿高跟鞋实在是不舒服。不过男人的高跟鞋和女人的有所不同,它基本上是整体加高,就是底厚,累得慌,估计让脚趾骨畸形的可能性还稍小点。"

我说:"你想过为什么男子汉都崇尚高大吗?"

他搔搔脑瓜顶说:"这还真没认真想过,可能是约定俗成吧。"

我说:"其实,每一种约定俗成后面,都有蜿蜒曲折的心理痕迹。"

他说:"愿听其详。"

我说:"古代的时候,人们没有工具。要和野兽作战,当然得身大力不亏呀,这样活下来的概率就比较大。打得赢就打,打不赢就跑,腿长的人当然在搏杀中更占便宜。一来二去的,人们就认为身材高大的人比较有安全感,女子们也愿意和这样的人结成伴侣,高个子基因遗传的比例也更大些。再有,远古时代,人们眺望远方,高的人看得就更远些,便于早些发现食物和威胁。人们抬起头,看到的日月星辰都在高处。地球上的高山,也让人肃然起敬。所以,我们的文化,不单因为高大提供了更多生存的便利,而且它也被赋予了精神的意义。比如,说一个人的品质好,就形容他'高风亮节';敬佩一个人,就说'高山仰止';德行好,被称为'高尚'……像这样的例子还有很多，我就不一一列举了。反过来，当我们说某个人某种行为不良时，就多用'低下''卑微''低贱''渺小'这一类的词。潜移默化的力量是很大的，所以当你提升了职务时，你会想到要使自己的形象看起来更魁梧一些，这也是人之常情。只不过，真正的领导才能，和个头大小没有太大的关系呀。"

关于外貌，容我再多说两句。

过去咱们中国人讲的是"路遥知马力，日久见人心""人不可貌相，海水不可斗量"，比较注重的是心灵美。大家都在一个村庄住着，谁是个什么人，彼此心里都有数。生活节奏慢，冷水泡茶，慢慢了解。现在节奏这样快，大量的人员流动，很多人我们只见一面，就永不相逢。找工作面试讲究的就是第一印象，哪里还等得你"日久见人心"？所以，外貌在择业、交友及机遇等方面，就有了更大的分值。

面对这种严酷的情况，我觉得也不必气馁。毕竟，人的一生是一条河流，而不是一场阵雨。要找到真正称心如意的工作，靠的是你和这份工作的高度契合；要找到携手变老的伴侣，靠的是彼此价值观的稳定和性格的和谐；要找到同甘共苦的朋友，靠的是诚信和不离不弃的友谊。所以，千变万化，看起来眼花缭乱，但最根本的东西是不会变的，你不必慌。

有的人嫌自己的头发不好，十分苦恼。对于头发，我觉得它更像是一份随身携带的健康档案。为什么这样说呢？因为中医的理论认为：肾为先天之本，藏精，主发育与生殖，主水液代谢，主纳气，主骨，生髓，充脑，开窍于耳，司二便，其华在发。

请注意"其华在发"这一句。肾是人的先天之本，主要承担发育和生殖的担子。过去的人找对象，当然要注重对方的身体是否健康。可是那时并没有现如今这样全面的婚检制度，如何了解对方的身体状况呢？这就要求对方（主要是女子）留头发。未婚的女子以长发为标志。在古代，是留一条油光光的大辫子。在那首有名的上山下乡知青歌曲《小芳》中，也唱到"辫子粗又长"。人们都喜欢头发黑亮的女子，归根结底就是看中了这姑娘的健康状况良好。为什么古时候结婚，新娘子要在婚礼当天把头发绾成发髻？就是表示"我的档案已经交到单位了，无干人等就不要查看了"的意思。随着社会的进步，现在已经不留长辫子了，但变成了马尾辫。更有风情的表达，是干脆披肩发。这也就是为什么洗发水广告里，刘德华会说："我的梦中情人，她一定需要有一头亮丽乌黑的长发……"

顺便说一句，飞机上的空姐，多是美丽的女孩子。她们也留长发，但会用丝网把头发紧紧地盘起来。我觉得那传达了一个很明确的信息："是的，我很美丽，我在周到地为您服务。但是，我不让您看到我的头发的全貌。因为这是我的工作要求，并没有其他的意味，请您珍重，不要遐想……"

第三种常见的心理创伤，是觉得自己不够聪明。

聪明这件事，以前是太局限了，主要用记忆力的好坏来做判断。记忆力好，就一好遮百丑。咱们前面已经讲过了，人的能力有很多种，东方不亮西方亮，黑了南方有北方。我相信每一种存在都有它的理由，每一颗种子里都有乾坤。

我国有很多职业都是随着时代的变化发展新出现的，如皮革护理员、调味品品评师、机动车驾驶教练员、混凝土泵工等。

我想，如果你的味觉特别发达，恐怕将来应考调味品品评师应该是个不错的方向吧，英雄就有了用武之地。

第四种常见的心理创伤，是自卑的人认定自己是不讨人喜欢的。

第三章　　打破枷锁，幸福不再遥不可及

关于这一点，我觉得首先要更正的前提是：我们的生命，不是因为讨别人喜欢而存在的，我们是自在之物，我们不必讨任何人的喜欢，就可以欢天喜地地背负大地，面朝青天。只要你认定了这一点，枷锁就被打开，你就可以自由地呼吸了。

承认自卑，是改变的第一步

自卑的人最爱说的一句话就是，"我的运气不好，总是碰上倒霉的事情"，同时伴以悲切哀苦的表情。

天底下有没有倒霉的事情呢？一定是有的。会不会只落在你一个人头上呢？一定不是的。万不要发出这样的抱怨，这简直就是对厄运寄出了邀请函，还是特快专递。人的期望也是一种能量，美好的能量会召唤来天使，邪恶的能量会诱惑来地魔。就算你不信我这种说法，也请你放弃认定自己是倒霉蛋的想法。这真是让亲者痛仇者快的语言。假如你不是自虐狂，就要离这种消极晦气的想法远一点！再远一点！

天地间，能够展开旗帜的风，其实经常刮起。如果你手中没有旗，没有幡，甚至连手绢都没有一块，又怎能看到希望中的招展呢？

自卑的人常常会想："我不重要，必定低人一等。"

这个想法是错误的。它错在哪里了呢？第一错，是把人分成了三六九等。有人说："你看看周围，平等吗？不平等到处可见哪！"我说你看到的我也看到了，我也知道这个世界是不平等的，但我们是不是要为一个比较平等的社会而奋斗呢？如果你愿意参加这样一场战斗，那么，你就不要把自己列入不平等的行列。至于说到谁重要谁不重要，我曾经写过一篇《我很重要》的文章，就是说我们每

让光透进来：找回幸福的能力

个人都很重要。多年以来，我收到过若干封读者来信，说他们曾经挣扎在死亡的边缘，因为看到了我这篇文章，才发现自己并非像草芥一样无足轻重，其实自己也很重要……我始终认为，一篇文章能够起到的作用，是极为渺小的。这些人最终从死亡的旋涡飞腾而起，是因为在他们的内心深处，残存着希望的火种，他们知道自己的价值，他们知道自己是重要的。

人生只有一次，如飞而逝，为什么不把它千姿百态地度过？为什么不在最短的时间内，向这个世界发出最嘹亮动人的表达？分享你的才华，表演你的天赋，帮助更多的人，体验到人生原来可以这样度过。

人得病的时候，往往是自卑的，因为健康受损了。

人的生命就是一个向上的抛物线，当我们的体力到达顶峰之后，就会逐渐衰弱下去，直到最后一蹶不振，回归泥土。

早年我当实习军医的时候，有一位垂死的老者对我说："人为什么要变得一点力量也没有呢？为什么再也听不见鸟叫了呢？为什么尝不到年轻时吃过的好味道了呢？为什么看不清窗外的景色了呢？为什么原来能做的事情，现在一点也做不成了呢？为什么我连大小便都自己完不成了呢？人为什么要在这种情况下死去？"

那时我年轻，我第一次目睹死亡在我面前慢慢地降临，第一次知道老者也有这么多的为什么。在那之前，我以为死亡是一瞬间的事情，比如被子弹击中，比如发生车祸的刹那，我以为人老了自然就会把一切想通看开。直到在这位老人面前，我知道了正常的死亡就是缓慢地枯萎和凋零，我知道了人对于病痛和死亡有那么多义愤填膺的不甘。

如果是今天，我也许会用别的语言和这位老者交谈。可惜，那时候的我太年轻。我和他没心没肺地探讨："那么，您认为如果人不是老了才死，该是什么阶段死亡比较相宜？"

老者很认真地思考我的这个问题，说："还是童年的时候死吧，那时他还不知道死亡是什么东西。"

我刚从小儿科实习完，就很不服地说："他们那么小，还不知生命是怎么回事就死了，好像不合适。"

老者想想说："那就年轻时死掉好了，省得老年时这般无力。"

那时我20岁出头，正属于老者认为该死的年龄，立刻大叫起来，说："我们意气风发血气方刚的，为什么要死呢？再说，青壮年都死了，人类社会怎么发展呢？"

老者不理我，按照自己的思绪说下去："要不，就正当年的时候死吧。该看的，都看到了；该吃的，都尝过了；该干的活，也干得差不多了，就死吧。"

我说："都活到这会儿了，炉火正红，干吗不精神抖擞地活下去呢？生硬地把一棵参天大树伐倒，那是不道德的。"

老人听完了我的话，望着窗外坠落的夕阳，半晌没有说话，突然就张开没牙的嘴绽开了微笑。他说："好吧，还是把死亡留到人老的时候吧。虽然一天天枯竭，心里很不是滋味，但已经如此有滋有味地走过了一辈子，也会接受这个结尾……"

疾病是死亡吹拂而来的阵风。如果你能接受生命的灿烂，也请接受死亡这匹深蓝色的幕布。它们本是一体，就像经线和纬线，在经纬交织之处，缀着疾病的碎花。不要因为疾病而害怕和自卑，它们原本就是生命的正常组成部分，泥沙俱下。

对死亡思索的能量之大，足以改变任何一个人对世界的看法。从此你的人生才能进入真正意义上的独立自主，进入没有参照系的探寻与建造。

更有甚者，认为思考死亡，能让人快乐。这可不是我心血来潮信口开河。美国《心理学》月刊发布的一项研究报告指出，当人们思考死亡并不得不面对生死抉择的时候，往往会变得更快乐。这是一种心理免疫反应，大脑会下意识地搜寻并触发体内的快感。

提出这一结论的是肯塔基大学心理学家德沃尔和佛罗里达州立大学的罗伊·鲍梅斯特。他们在432名志愿者中进行了一场测试。其中有一半人被告知，你可能马上就要死了，请简短地写出将要发生什么。另一半人被要求写出牙痛的感觉。结果表明，前一组学生写出的词汇更积极、更乐观。科学家们认为，当人们想到死亡的时候，可能有一些害怕，但人们最终会恢复过来，并意识到现实生活带来的快乐。

哈佛大学的心理学教授丹尼尔·吉尔伯特也证实了这一观点。他说，人和其他动物的不同之处，在于能意识到自己随时都可能离世，而如果将这种意识贯穿到日常生活中，就可能形成心理免疫反应，反而变得更加坚强起来。这种心理反应是心理健康的标志之一，科学家们没有指出这种思考的根据是什么，只是提到了一句"大脑会下意识地搜寻并触发体内的快感"。我冒昧地揣测，很可能是内啡肽参与了其中的意识转折。

有的人觉得自己的自卑很有理由，因为他生而残疾。残疾不是自卑的同义词，也不是它的反义词。在精神的领域里，它是一个中性的存在。如果你残疾，只是表明你将遭受更多的磨难，并不代表着你的意志必然被压倒，不代表着你自卑是常态。你依然可以颜面亲和，用语喜人，微笑着面对厄运。

以上所列出的这些偏见，仅仅是偏见的很小一部分。偏见是个巨大的仓库，几乎世上所有的事物都可以被偏见涂抹成自卑的理由。下面，让我们试着来反驳这些偏见。

1. 关于性别

早年间，有一位女子昂然宣布她是一位女权主义者。人们对女权主义者总是有一个先入为主的印象，觉得她们大多穿着中性服装，横眉立目，言谈举止之间，咄咄逼人。但眼前的这一位完全不是人们想象中的样子，她温文尔雅，十分谦和。

我说："你好像不像女权主义者啊。"

她莞尔一笑道："你以为女权主义者都会随时从口袋里抽出一支枪吗？"

我说："究竟怎样才算是一个女权主义者呢？"

她若有所思道："有很多定义。我喜欢最简单的一种。"

我说："我也喜欢简单。你说的是哪一种呢？"

她说："如果你认为这个世界上目前还存在着男女不平等的现象，如果你觉得这个现象是不公平的，你愿意通过你的努力，让它变得比较公平，那么，你就是一个女权主义者了。"

我不知道这是不是女权主义者的经典定义。但我坚定地认为，男性和女性在生命的价值上是完全平等的，因此，无论是男子还是女子，都不必因为自己的性别而自卑。

2. 关于外貌

以前，我觉得这不是一个太重要的问题，也许因为当医生的经历，让我觉得健康比美观更重要。也许是因为我年轻的时候，在西藏阿里当兵，那时候那地方男女比例高度失调，无论我多么其貌不扬，也还是有人追求，所以不拿长相太当回事。不过这几年当心理医生，我知道有太多的年轻人对此耿耿于怀，甚至到了锱铢必较的地步。

一个人的外貌不能选择，很多并不美丽的人也依然成功和快乐。世界上长得十全十美的人非常稀少，甚至可说是没有的。而且人们对于外貌美丽的看法和评价标准，常常改变。经历饥荒和战乱的年代之后，人们就以胖为美，比如唐代的大美女杨玉环，按照今天的观点，就有所缺憾了。单是从健康的角度，也值得商榷。她就算算不上肥胖，超重是一准的。如果她不在马嵬坡归天，安然活到老年，糖尿病啊，高血压呀，估计也是逃不掉的。但在物质供应比较丰富的时代，就多以瘦削为美。在一个艾滋病没有得到有效控制的国度里，又回到了以胖为美。当地艾滋病的发病率很高，大家都知道艾滋病发病后，人很容易消瘦，所以大家觉得这个人挺胖，就说明他目前可能还未感染艾滋病，这个标准很滑稽。

按照"不美貌就自卑"的逻辑，所有的人都要陷入自卑的泥坑，永远不能自拔。

3. 关于"我不够聪明"

我们在前面讲过，聪明只是人的众多才能当中的一种，并不能概括所有的智慧。况且聪明人也往往办傻事，聪明反被聪明误。刘备没有诸葛亮聪明，可他是诸葛亮的领导。林黛玉聪明，可她并不幸福。

4. 关于"我不讨人喜欢"

我们的价值不是因为别人喜欢不喜欢而存在的，别人如何看待你，是他的自由。你是不是要全盘接受一个不喜欢你的人的看法，

第三章　打破枷锁，幸福不再遥不可及

并且把它变成自己的行动准则呢？

5. 关于"我的运气不好，总是碰上倒霉事情"

这就像说"我的运气很好，总是碰上幸运的事情"，都是禁不起推敲的，这不是普遍规律。如果有人说，只要我出手，事情一定会办好，我们都会笑话他太幼稚了，反之也是一样的。当然了，把事情办好不容易，如果你打定主意，要把事情办坏，那失败的概率就真的可能很高了。但是，请注意，我们说的是"你打定主意要把事情办坏"，如果不是别有用心，有谁会这样办事情呢？当然了，这也从反面证明了，如果你自卑，总是对自己进行消极的暗示，你的状况真的会江河日下，那你更要改变自己的自卑心理，让自己早日走出阴影。

6. 关于一个人到底重要还是不重要

你可以去看看大自然。在一处名胜古迹，有一株古树，据说周朝时就栽在那里了。古树生机盎然，沧桑古朴。我想它有几千年的历史，这真是值得骄傲的一棵树哇。但是，我一低头，看到古树下的小草，嫩绿纤细，一阵微风吹来，它就摇晃不停，要好半天才能稳定下来。我想，在一个有着几千年历史的老爷爷面前（从西周算起，3000多年了），这棵小草，实在是应该非常自卑的，简直就不应该活着了。可是，大自然不是这样的，你看不到一棵草因为羞惭而不努力生长。为什么我们成了万物之灵长，反倒连这个简单朴素的道理都忘记了？

所有的人都很重要，因为你是一个独特的生命，没有人能替代你的感觉，代替你生命的过程。不是只有伟大的人才重要，每一个

生命都宝贵而重要。如果每一个人都是不重要的，那么我们整体也就不重要了。

如果你从根本上怀疑自己存在的必要，那就真是无可救药了。

7. 关于得病，健康受损

我觉得可以反过来看。如果你觉得只有健康的人才能享有自尊，那么你实际上就否定了很多人的生命过程，也否定了自己。你在和新陈代谢这样一个伟大的规律风车作战，你比堂吉诃德的助手桑丘还可笑，失败就在所难免了。

健康包括三个方面，生理的、心理的和社会适应性的完好状态。一方面的欠缺并不等于满盘皆输，我们可以举出很多例子，说明身体的残疾反倒更加鼓舞了一些人的斗志，变成了动力而非阻力。况且，就算身体不健康了又怎样？太阳照常升起，鲜花照样盛开。

承认自己自卑，就是改变它的第一步。

追本溯源，自卑不是不可逾越

中国有句俗话，叫作"冤有头，债有主"。导致每个人自卑的源头是不一样的。空洞地说"我不自卑""我是世界上最棒的"，很可能事倍功半，还有可能一点功也没有，适得其反。

有一些号称能够克服自卑的训练班，让大家像上了发条的小熊，根本不管对方的反应，就唾沫横飞地自说自话，这是本末倒置。表面上看起来你好像敢在公共场合毫无顾忌地发言，似乎翻天覆地地改变了，其实是把人训练得麻木了，丧失了审时度势的能力，一厢

第三章　打破枷锁，幸福不再遥不可及

情愿地以自我为中心。这不是消除自卑，而是让人更自卑了。

一旦脱离了老师传授的这套八股，学员们就不知道该如何处理复杂的情境，人的主观能动性，就这样被这种催眠式的野蛮训练所扼杀。其实自卑并不可怕，只要找到了自卑的根源，把以前的观念来个更新，思想改变了，行动自然而然就跟着改变了，自卑并不是不可逾越的拦路虎。

找到你自卑根源的这个功课，谁来做呢？只有你自己来做，你的观念里有雷区，你要自我排查。

刚开始这样做的时候，一定很不习惯甚至是痛苦的。可你要坚持，要从源头出发。很多想法固化在脑海中，已经形成了条件反射，好像有一个按钮，一触即发。

有时候，你自己根本就没有觉察到情绪的红按钮已经按下，行为的导弹就射出去了。开弓没有回头箭，你已被情绪所绑架。

比如，你觉得自己长相丑陋，并因此而自卑。你的心理源头是什么呢？就是人们只喜欢、只重视长相漂亮的人，只有那些人才是重要的，才能取得成功……这个想法潜伏在你的思维的海底，好像一个铁锚，固定着你这艘船。那么凡是人多的地方，你就会躲避，你觉得不要让更多的人看到你不美观的相貌，那样会招致别人的冷淡以致蔑视，你对大家解释的理由是："我这个人嘛，性格内向，好静不好动。"接下来，凡是需要表达意见的场合，你都会三缄其口，因为你觉得不要引人注意，自己是不值得大家重视的，最好的方式就是像鼹鼠一样，躲在阴影中还不算最安全，干脆潜藏在地底下。理由嘛，更是冠冕堂皇：多听听别人的意见，稳重老练，后发制人。人家给你介绍了一个各方面情况很好的对象，你很可能找各种理由拖延着不肯见面，总怕一见面会被人拒绝，那样等于自取

/ 让 光 透 进 来： 找 回 幸 福 的 能 力 /

其辱……

凡此种种，还可以举出很多表现形式。表面上看，每一件事都会有具体的理由，不但站得住脚还很有说服力的理由，其实呢？在种种千变万化的表现背后，都是自卑的心结在作怪。

不要小看了自卑，它也很有自己的一套逻辑呢。

自卑的人长期处在一种潜在的焦虑当中。你不喜欢自己的身体，厌恶自己的身体，还要让它做这做那的。它做得好，你觉得这只是偶然的运气，而你是不配得到这个好结果的；它做得不好，你就更奠定消极的概念，觉得自己自卑得有理有据。

消极的预期形成恶性循环。比如你觉得自己一定会在见到某个人的时候紧张，结果真的惊慌失措，举止大失水准。这种不愉快的记忆，给你留下了深刻的烙印，下次出现类似情境的时候，噩梦重演。结果呢？悲惨的圆圈就画出了关键的一笔。

之后，启动自我保护的程序。

逃避一切可能让自己感觉到有挑战性的场合和工作，缩小自己的人际交往圈子，把自己封闭起来。丧失探索精神，没有开拓的勇气……

自卑的人，偶尔也会成功。你不要以为成功一定会让人抖擞精神，自卑情结严重的人，成功也无法使他们振作。他们会忽视自我成功的价值，无法充分理解成功的喜悦和感知成功的意义。只觉得这一次是天上掉馅饼，碰巧了，很快就会过去了，新的轮回开始，好运却不会再来。新的挑战会让自卑的人重新被焦虑胀满。自卑的人很可能一生就在不停的担忧中度过，不曾充分地享受过生活。

只是单纯地告知人们你正在遭受自卑之害，通常不但没有什么正确积极的作用，还会让你陷入更深的自卑之中。

自卑是一种慢性病，它会常常复发。所以，我们每个人和自卑的战斗，也是任重道远。下面，我就举几种自卑出没的时刻。

1．看到光彩照人的成功人士

我们这一辈子，总是要看到很多比我们自己优秀得多的人。如果你看到的总是比你差劲的人，那你就要反思一下自己的生活状态是不是在不断地沉沦。如果你在前进的过程中，经常遭遇到让你难以望其项背的人，那么，恭喜你，你正在不断进步。你会自卑，不过这种自卑是可以化成动力的。

2．看到美丽的人

这个世界上，有很多美丽的人，就像有很多美丽的风景。你看到美丽的风景，会不会很愉快？这是大自然的鬼斧神工，能得亲眼相见，是福气呀。我看到美丽的人，就会由衷地欣赏他们。不要时时用自己来和美人比较，那不但是自卑的发源地，闹得心情沮丧，而且暴殄天物，蹉跎了一段心旷神怡的好时光。

3．看到豪华的房子、名车等

女人们对房子特别敏感，究其原因，可能和特别需要安全感有关。男人们对速度和力量情有独钟，于是对汽车尤其是好车简直有天生的崇拜。在看到好房子和好车的时候，我们不由自主地想到自己的寒酸，格外容易滋生自卑的感觉。应对的方式，就是明白这是一种自远古遗传下来的人之常情，情有可原。不过，在解决了最基本的住房以外，不必在这个问题上花费太大的精力。所谓房子，就是你日常活动的范围。我看电视里的动物节目，说狮虎一类的大型猛兽，每一只需要几十平方公里的活动领地，这是因为它们需要觅食。城市里的现代人食物基本上都是现成的，家就是睡觉和日常活动的场所，因此家不需要太大。

北京曾经抓住一个小偷，专门去别墅偷东西，还在人家家里睡觉，主人都不曾发现。因为这家别墅太大了，主人巡视不过来。可见房间太大了，就丧失了实际的使用效果，只不过是雇用更多的人来服侍自己，讲更大的排场而已。而一个人自力更生，自己照顾自己，是生命的起码道德。如果一个人连日常生活都须仰仗他人，若不是极度年老体衰，就是患有重病。除此以外，我以为是不相宜的。

4. 面对自己从未见过的山珍海味

就餐场所非常奢华，这种时刻容易使人气馁。从一个人的吃相，很容易就判断出他幼年时生存的状态。除非经过特别的训练，否则你的吃相，就是你儿时的照片簿。

不过，就算你不会某种吃饭的礼仪，也不是你的过错，你不必自惭形秽。如果需要，学习一下就可以应对了，然后就是熟能生巧，没什么大不了的。而且，我总觉得吃的方式不必太精细，烹调的工序不必太复杂，食材不必太稀奇古怪。吃得太怪异，违背了人的消化系统的进化法则，违背了大自然的循环之术。

如果谁借着吃什么和怎么吃，借着住在哪里和住的地方有多么奢靡，来炫耀自己的等级和价值，哈！那他就是还没有彻底远离动物的生存方式，骨子里也还是自卑。你若在食物和住所上心生畏葸，这可以理解，但不必被这种感觉压倒。你无须立下一个誓言，决定以后要比他吃得还好，住的地方还要更大……

如果是这样，你就必定永远在这种物质的挑战面前败北。想通了这一切，你就可以在从来没有领略过的一切稀奇和炫目的物质面前安然。你可以欣赏和惊奇，你可以感叹和陶醉，但你不会跪倒。

5. 面对珠宝店和名表店等

它们出现的时候，强烈地压榨我们的自尊心。因为所标价位数字后面的零太多了，好像一串放倒了的糖葫芦。我的对策是通常不去看，即使看的时候，我也不会畏缩。我知道自己买不起它们，但我不会被它们烁目的光芒晃花了双眼。钟表的本质就是标明时间，从这个意义上来说，一块 10 元的电子表和一块天价的名表，使用价值是一样的。

我这样说，一定有人大不以为然。他们会说："你是狐狸，你吃不到葡萄。"我不是狐狸，我吃不到葡萄，可我知道再怎样甜的葡萄，也仍旧是葡萄，而不是香梨。

每逢报道哪里造出了天价的手机、天价的电脑、天价的马桶、天价的钢笔……我都会很好奇地追究一下它们究竟凭什么"天价"呢？仔细找来材料一研究，结果挺乏味的，不过是大面积地镶满了钻石。当然，马桶上镶钻石不大靠谱，于是就改成了黄金。总之，这些器物并不是在功能上有何等过人之处，只是把我们大家知道的贵金属或宝石附加在上面。万变不离其宗，就是为了表明身份。

珠宝的历史长于人类。地球诞生之后不久，钻石就已经在地球上结晶。从这一点上来说，人类是要向钻石致敬的。一块最年轻的钻石，年龄也有 10 亿年。

与人类脆弱的生死轮回不同，钻石一旦形成，便是永生。这种特性，让它具有了阶级性，成为地位和财富的象征。它使需要仔细

/ 让 光 透 进 来： 找 回 幸 福 的 能 力 /

鉴别的贵贱高低，一目了然。其实，没人能真正拥有珠宝，不过是暂时保存。好比一个银行职员，虽然过手大量金钱，但那和他又有多少关系呢？下了班，他还是要回自己的家，过自己的日子。

据说在地质学家的办公室里贴有一条标语："钻石不过是因为压力而改良的煤块，而且是缺氧的煤块。"可谓一语中的。

所以，不必在珠宝面前气馁。说起来，现在要想表明身份，比古代难一些。那时候的酋长，无非是在头顶上插高耸的羽毛。到了皇帝那会儿，就要穿绣着特定图案的龙袍，出门的时候，要黄土撒街清水泼道。官至几品，穿戴上有一定的规定，不得僭越。所有这些外在的标志，无非是让等级一目了然。

现代社会提倡人人平等，但无所不在的歧视依然顽固地存在，它们乔装打扮，用新的形式演绎着古老的命题。过去有钱人穿绫罗绸缎，现在形形色色廉价的化学纤维可以仿出逼真的绸缎效果，于是人们只好创出了名牌这种东西。它们制作精良，但再精良，也不值那么昂贵的价格。于是美其名曰品牌的附加值。

什么叫"附加值"呢？说穿了，就是穿这种衣服的人多是有钱人，表明一种身份。这种口碑一旦形成，这些物品的使用价值就退居二线了，站在最前列的作用是标明拥有者的身份。过去的人靠顶戴花翎显示地位，现代的人不能在自己的脑门上贴上字条，说我拥有多少财产、拥有多高的地位，其中的某些人，就靠名牌来衬托身份。这就是需要名牌的心理学诉求。

名牌成了虚荣的人们表示财富和地位的翎毛。把这些想通了，你就有了底气，不会在奢华面前膝盖发软。或者也可以稍微软一软，但之后就坚定起来，昂然向前走自己的路。

6. 面对自己买不起的衣物

人不必穿得太华贵、太绚烂、太匪夷所思,这违背了服装的初衷。总会有自己买不起的东西,我的方法是悄然走过,连头也不转过去。也不给自己列出时间表,决定在某某时间之前挣到一笔钱,把这件衣服买下。人不能成为任何人的奴隶,当然更不能成为一件衣服的奴隶了。

7. 在大中小学的同学聚会的场所

中国人珍视同学间的友谊,同学有个特殊的称谓,叫作"同窗"。很喜欢这个词,觉得有一种旷远和依偎之感。窗不会很大,一个窗口,只能容下一两个脑袋凭窗远眺。彼此能感觉到体温,目光一起射向云端。中国人恋旧,特别是大家成年之后,先是各自打拼,有一段时间似乎淡漠了,彼此不通音信。突然,大家就像雨后的蘑菇似的从地下钻了出来,一传十十传百的,就都会合起来。这时各自的经济状况、社会地位、婚姻等,就有了不同的分野。原本都是一起批量印刷出来的书,此刻有的成了精装书,有的被翻皱了书页,有的夹着精美的书签,有的被人折了角撕了页,有的被人拿在手里朗诵,有的几乎被卖到了废品收购站……

这种场合,来的多是踌躇意满者,缺席的多是穷困潦倒者。民间有个形容,出门的年轻人跺着脚说:"我要不混出个样来,就不回来见父老乡亲……"其实细想起来,这话不在理。聚会,念的是友谊,不是名利场的大比武。所以就算你只是平头百姓,也可雄赳赳气昂昂地走进聚会的场所。

我在小说《女工》当中,就写了这样一个女子。电视剧中有这样的镜头:当年她是班上的中队长,后来当了工人,之后又下了岗。

同学们到老师家聚会，她帮老师打扫卫生，在厨房忙活。大家来的时候，她去开门，同学们居然没有认出她来，以为她是老师家请来的保姆。面对那种难堪，她从容应对，同学们一点都没有小看她，反倒说要向当年的中队长学习。

我不知道这算不算是理想主义的描写。我衷心希望同学们聚会的场所，充满了温馨和平等的友善。

岁月是流淌在血液里面的经历，是藏在心灵树洞里的故事。然而它也会轻易地从你的生活姿态里流露出来，并获得回应。只要你不再自卑，万物为之静好。

8. 在国外

到国外的时候，看到人家整齐的街道，干净的广场，高大的建筑物，清澈的河流，葱茏的山野，晴朗的蓝天……往往容易让人生出羡慕之情。羡慕过了头，有的人就变得自卑，这可以理解。我觉得羡慕是可以的，但人家的土地不会让给你居住，所以，还是直接把羡慕转化成奋斗的动力，把自己国家的事情办好。要知道，你若不爱自己的国家，别的国家也不会爱你。你变成一个没有国家的人，你就丧失了归属感。归属感，是人类极为重要的感觉，没有了这种感觉，真是连丧家犬都不如了。

9. 被别人嗔责

没有人喜欢被人批评。可同时也没有人能避免被人批评。若是被批评的时候，都生出自卑感，那我们几乎每天都要在自卑的阴影下讨生活了。如果你从根本上承认自己不是一个十全十美的人，并且承认十全十美是一种不可能的状态，那么你就承认了被别人批评，也是一种常态了。接受批评，不要把批评泛化。在这个问题上，我特别赞成"就事论事"。

长久以来，"就事论事"好像是个贬义词，好像避重就轻，不肯深挖思想根源。其实，大多数的事情，就事论事就好了，尤其不要把一件事的不成功，扩展成一个人的不成功，把一时的不成功，当成一辈子的不成功。批评只是别人对你的评价，且不说这评价是否公允，就算是无懈可击的评价，也只代表那个人的看法，他不能代表世界。就算整个世界都否认你（这几乎是不可能的），只要你自己对自己有信心，事情就可能有变化。

10. 被别人拒绝，特别是失恋了

被人拒绝的滋味不好受哇！这一点相信大家都有体会。当我们向别人提出要求的时候，都有一个美好的设想在后面紧紧跟随。被人拒绝，不仅让我们的设想破灭，而且会诱发我们很多不愉快的联想。我们会认为拒绝我们的这个人，是不是不喜欢我们？是不是认为我们不重要？是不是否定我们的整个计划？是不是从此对我们印象恶劣？是不是……

我相信只要你信马由缰地沿着这条负面的小道走下去，你一定会想出千百种让你自馁的解释，你的悲观情绪就会连绵不断，自卑的沼泽就在那里冒出冰冷的气泡了。最好的应对方式，就是承认别人有拒绝的权利，对拒绝抱有平常心。不管对方是出于什么原因拒绝了你的要求，你另谋出路就是。不要把别人的拒绝变成自己的拒绝。

这里要特别说一说失恋。如果说别的拒绝，我们还能就事论事的话，失恋这件事，那可真是直指你这个人了。

让光透进来：找回幸福的能力

失恋大体上可分为两方。一方是主动拒绝者，也就是说，你主动选择了"失去"对方。这种失去，由于是你经过慎重斟酌之后做出的决定，相比之下，接受起来比较轻松些。最难办的是被人拒绝的一方，很多人简直就像陷入了灭顶之灾。他们茶饭不思，体重锐减。当然个别的人，也可能因此暴饮暴食，反倒体重骤升。

中国人闹情绪的传统，一般是食欲不振，蒙头大睡，不思饮食。男生双颊凹陷，须根尽现。女生骨瘦如柴，面容枯槁。国外有些人遇到这种时刻，胃口会变得出奇地好，牛排、汉堡胡吃海塞，好像到了世界末日。近年来，咱们国人在闹情绪的时候，这类大吃大喝的数量也有所增加。所以，在抑郁症的诊断标准中，将食欲的突然改变——无论是减少还是增加——都列在异常的范畴中。

失恋是一种强烈而惨痛的被拒绝。人在回忆的烧烤架上煎熬自己，直到滴出痛苦的骨髓。不过，请你牢记，拒绝你的只是一个男人或是女人，而不是所有的男人或是女人。你失去的是恋人，而不是自我。那些最悲怆的失恋者，所体验到的不是没有人爱的这种可能性，而是深刻的"丧失"。他或她觉得自己丧失了生活的动力，丧失了别人的认可，丧失了全世界的温暖，丧失了自我肯定的能力……

把以上这些感觉一一列出，失恋的人可能就会反驳说："哈！也没有这样严重啊！"

如果你能这样讲，那就太好了。丧失的确很可怕，但所有的丧失都没有心中的火焰熄灭可怕。只要你相信自己，所有的丧失，就都会褪掉可怕的魔衣，显露出不堪一击的本色。眼泪溃堤而出之后，也许奇迹将翩然而至。

11. 出现突如其来的不自在感

你有没有不自在感突然发作的时候？手足无措，目光的焦点不知道聚在哪里才合适。立刻发现自己有那么多不美好的地方，裤子太短了，衣服有皱褶，领带的颜色不对头，手指甲太长了，说话的时候喷出了一个唾沫星子，原本可以回答出来的问题，一下子全忘了……凡此种种不可理喻之处，其实都很有可能是深层的自卑情结，因为一个小小导火索而引发，扰乱了你整个情绪的罗盘，让你惊慌失措，发挥不出应有的水平。

12. 认为自己要对别人的烦恼负责任

当这种感觉泛滥的时候，我们常常陷入深深的自责。自责什么呢？有时候好像也并不明确，很多时候，我们完全是无辜的。但就算你在理智上明白你对他人的烦恼并不负有责任，可你仍然不能释怀。你觉得自己一定有什么地方做错了，因为你尚未察觉，所以这错误就更加不可饶恕，这种感觉很折磨人。有一位朋友告诉我，哪怕是在与众人素不相识的公共汽车上，哪怕她坐在第一排，最后一排座位上有人吵架，她也觉得一定是自己做错了什么，要不然，为什么会有人不开心？

我真的万分痛惜她。她从小生活在一个充满争吵的家庭里，父母每当爆发激烈的冲突之后，都会指着她的鼻子说："如果没有你，我们早就离婚了。这一切，都是因为你！"

后来，父母终于离婚了，她被判给了母亲。母亲的口头禅就是："如果没有你，我早就嫁给我所喜欢的人了。""如果没有你，我哪里会老得这样快……""如果没有你，我的身体哪会得病……"

这些类似诅咒的话，深深地刺伤了她幼小的心灵。久而久之，朋友觉得自己是全天下的罪人，自卑极了。任何响动都会惊吓到她。尽管她学习优异，待人友善，但她还是觉得自己是个多余的人，讨人厌。

请记住，每个人都要为自己的情绪负责，这不单是说给自己听的，也是说给那些让别人为自己负责的人听的。特别是做父母的，你在办公室受了委屈，请不要把怒火撒向无辜的孩子。你不仅欺负了一个弱者，而且把一颗自卑的种子送给了孩子。

13. 其他

指任何你不相信自己，感觉很差的时候。这最后一条，简直像一只大笸箩，无所不包。似乎无的放矢，不过你记住这句话：当你实在找不到烦恼的理由，却又萎靡不振、垂头丧气、百无聊赖、消极低落的时候，不要以为那是无迹可寻的偶然事件，这很可能有一个潜伏很深的自卑情结，在灵魂里红肿热痛地发炎了。自卑有时也像心上的一颗肿瘤，大多数时间安静地存在着，不用痛打扰你，但它会慢慢地不动声色地长大，突然有一天，癌变，置你于死地。

接纳自卑，也许会有意外收获

承认自卑是人人都曾有的一种"正常"心理反应，会让你感觉不那么差。这里所说的正常，并不是说听之任之，而是知道自己并不孤独，并不是异类，你不过是有一道人人都有的伤口，遭遇到了一个人人都曾陷落的洼地。现在，就看你如何应对。

我常常收到很多人发来的信件，诉说因为种种理由而自卑。比如个子矮小，家庭贫困，父母双亡或是单亲，受教育的程度太低，

第三章　打破枷锁，幸福不再遥不可及

不知道某个常识被人耻笑，开运动会买不起新的运动鞋，嗓子太粗不能像夜莺般美妙歌唱，头太大了，被别人起外号，说话带有明显的乡下口音，口吃，夜里尿床，职位提升得太慢，薪水太少，得了癌症……如果说这些理由，因为在一般人眼中还算是弱项，它们成为自卑起因还让人比较容易理解的话，那么我还听到过有人因为自己太美丽而自卑。那姑娘讲，她付出努力所取得的一切成就，都被人归结为美貌带来的幸运，甚至还有人话里话外地敲打她是不是运用了某种潜规则。

这个清丽的女生满怀幽怨地说："我为我的相貌而深深自卑。我很想去整容，把自己整丑陋一些，这样就可以挺起头来做人，人们就会认识到我是一个有内在价值的人。不骗你，我真的到整形医院去了，可整形师说从来没有接收过这样的病例，他想不出如何操作。"

对于人人都自卑这件事，我是百分百相信。你若是不信，可以抽空看看名人的传记，几乎没有一个名人不谈到自己是自卑的。让我举一个例子，咱们先听听她的自述。

我不如别人，我自卑，所以我不停地努力。当年从郑州到国家队的时候，没有一个人肯定我，他们全说一米五的我打球不会打得如何。为了证明给他们看，我快发了疯，每天都比别人刻苦，我知道我的个子不如别人，别人允许有失败的机会，我没有。我只能赢，所以我打球凶狠，那是逼出来的。后来我成功了，别人又说我没有大脑，只会打球，于是我发疯地学习，英语从不认识字母到熟练地和外国人对话。我不比别人聪明，我还自卑，但一旦设定了目标，就绝不轻言放弃。什么都不用解释，用胜利说明一切！

让光透进来：找回幸福的能力

临近退役时，我便开始设计自己将来的路，有人认为运动员只能在自己熟悉的运动项目中继续工作，而我就是要证明：运动员不仅能够打好比赛，同时也能做好其他事情。哪天我不当运动员了，我的新起点也就开始了。

1996年底，我被萨老提名为国际奥委会运动委员会委员。我明白，这既是国际奥委会的重用和信任，也是一次严峻的挑战。奥委会的办公语言是英语和法语。然而，当时我的英语基础几乎是零，法语也是一窍不通。面对如此重要的工作岗位和自己外语水平的反差，我心里急得火上房。

（1996年亚特兰大奥运会结束后）怀着兴奋而又忐忑的心情迈进清华大学。老师想看看我的水平——你写出26个英文字母看看。我费了一阵心思总算写了出来，看着一会儿大写、一会儿小写的字母，我有些不好意思——老师，就这个样子了，但请放心，我一定努力！

上英语课时老师的讲述对我而言无异于天书，我只能尽力一字不漏地听着、记着，回到宿舍，再一点点翻字典，一点点硬啃硬记。我给自己制订了学习计划：一切从零开始，坚持三个第一——从课本第一页学起，从第一个字母、第一个单词背起。一天必须保证14个小时的学习时间，每天5点准时起床，读音标、背单词、练听力，直到正式上课。晚上整理讲义，温习功课，直到深夜12点。

看到这里，你一定猜出了这个人是谁。对，她就是获得过18个世界冠军，得过4枚奥运金牌的邓亚萍。

由于全身心地投入学习，邓亚萍几乎完全取消了与朋友的聚会及无关紧要的社会活动，就连给父母打电话的次数也大大减少。为

第三章　打破枷锁，幸福不再遥不可及

了提高自己的听力和会话能力，她除了定期光顾语音室，还买来多功能复读机。由于总是一边听磁带，一边跟着读，同学们总是跟她开玩笑："亚萍，你成天读个不停，当心嘴唇磨出茧子呀！"她说："我相信：没有超人的付出，就不会有超人的成绩。这也是我多年闯荡赛场的切身体验。"

学习是紧张的，每天的课程都排得满满的。除学习之外，邓亚萍每周还要三次往返几十里路到国家队训练基地进行训练，疲劳程度可想而知。

每天清晨起床时，我都会发现枕头上有许多头发，梳头的时候也会有不少头发脱落下来。对此我并不太在意，倒是教练和队友见到我十分惊讶："小邓，你怎么了？"我说："没什么，可能是学习的用脑和打球的用脑不一样吧。"

虽然都是一个"苦"字，但此时的我却有不一样的感受：以前当运动员，训练累得实在动不了，只要一听到加油声，一咬牙，挺过来了；遇到了难题、关坎，教练一点拨，通了；比赛遇到困难，观众一阵吼声，劲头上来了，转危为安。但读书呢，常常要一个人孤零零面壁苦思，那种清苦、孤独是另一种折磨，没意志、没恒心是坚持不下去的。

她终于获得了英国剑桥大学的经济学博士学位。

就是姚明，小时候也很自卑呢，因为他和别人长得不一样。别的孩子上公交车还不用买票的时候，他就得买票。他吃饭比别人多，个子长得快。他刚上一年级的时候，老师就吓了一跳，说："班上这个小朋友，怎么和老师一样高哇！"

让光透进来：找回幸福的能力

因为出演了《色·戒》而再次获奖的影帝梁朝伟，也说自己一直是个非常自卑的人。

不要把自卑看得那么可怕，因为渺小的人类对于浩瀚的宇宙来说是自卑的；因为羸弱的婴孩对于伟壮的成人来说是自卑的；因为短暂的生命对于无涯时空来说是自卑的；因为我们的种种欠缺和无奈对于光明的期望和理想来说是自卑的。

刚才说了许多自卑的合理性，并非要大家对自卑安之若素。其实，你接纳了自卑，你把自卑当成一个朋友，它就会以意料不到的方式来帮助你。

为了战胜自卑，我们就会更加努力。因为自卑的持续存在，我们或许会比较少骄横。因为自卑，我们记得渺小和尊崇，这何尝不是因祸得福呢？

关注自己的优点，不做完美主义者

阿尔弗雷德·阿德勒认为，人从一出生就伴随着自卑感，之后需要用一生的时间，去提高自己的技能、优越感和对别人的重要性。

卑微也是我们的朋友，卑微里也有不容小觑的力量。

应对自卑有一个好方法，就是不要把目光总停留在缺憾处，应转而注意自己的优点。具体步骤就是：写下自己的优点。

不要以为优点都是惊天动地的。我看过一个人写下的优点就是"爱睡觉"，我觉得这很可爱。因为失眠是非常痛苦而且顽固的毛病，对我们的健康干扰很大，一个人爱睡觉并且睡得着，这难道不是大大的优点吗？

有一次，我去参加一个孩子们的聚会，当让大家写出优点的时候，相当一部分人交了白卷，没有交白卷的，也在上面画了个大大的圆圈，意思就是"优点为零"。

这样的孩子，就是自卑的后备军。

诚实果敢，智慧助人，勤劳朴实，守时互信，任劳任怨，一不怕苦二不怕死，善解人意，享受在后……这些都是优点。

早睡早起，拾金不昧，歌声悠扬，舞姿柔曼，这些也都是优点。

字写得好，衣服洗得干净，会修理电器，能爬山，会开汽车，这也都是优点哪。

吃饭不掉米粒，指甲总是剪得短短的没有污垢，牙齿刷得很洁白，脸上常带笑容，睡觉不打呼噜……

不作践自己的身体，不染黑自己的语言，不屈膝以把自己调成讨好众人的姿态，不让自己因为懒惰而装扮成散淡的人……

这些也都是优点！

多看自己的优点，不是让你骄傲，是让你树立起信心，也学会懂得欣赏别人。

记得啊，不要做一个完美主义者。

世界本来就是不完美的，太阳有黑子，月亮有阴晴圆缺。10个手指头伸出来长短不齐，伟人还说自己是三七开呢，我们能做到5.1比4.9，也就不错了。

在决定不做一个完美主义者之后，你就要宽容自己。出了差错，找到了原因，制定了避免的措施，适当地自责之后，就向前看。旧的一页翻过去了，新的篇章开始了。不在写满了字迹的纸张上画新的图画。

/ 让 光 透 进 来 ： 找 回 幸 福 的 能 力 /

回顾自己的成就，如果你愿意，就把自己已经取得的成绩，写在一个精美的小本子上，自卑发作的时候，不妨拿出来看看。你有过怎样的胜利？从赢得一场比赛的冠军，到气喘吁吁地爬到了山顶。

你成功地面对过怎样的挑战？从一个不可能完成的任务，到学会了一项本领。

你有什么技能？从一门手艺一个秘诀到炒得一手好菜。

他人对你有过什么正面评价？从领导说这个人很有潜力到街坊老奶奶说你有孝心。

估计这个法子很多人觉得陌生。咱们耳熟能详的话是"不要躺在功劳簿上"，好像功劳簿是个让人丧失斗志的朽坏的榻榻米。也许，对于少许狂妄自大的人来说，功劳簿是有害的，躺在上面更是退步的温床。对于一般人来说，功劳簿是可以有的，甚至是必需的。只是你不必躺在上面，你看看，想想自己也曾成功和胜利，当自卑的情绪悄然隐退之后，你就把功劳簿从容地收起来，然后斗志昂扬地重新出发。

你要不断地鼓励自己。注意啊，鼓励和表扬是有不同的，表扬更多是看结果，而鼓励是看过程。主要是自己是否已经尽力？我们习惯于别人鼓励我们，但是，不要把鼓励看成别人的专利，要大力提倡鼓励和自我鼓励相结合。对别人，我们要多多鼓励：做父母的，要鼓励孩子；做丈夫妻子的，要鼓励爱人；做领导的，要鼓励下属；做朋友的，要鼓励朋友。最重要的，是要学会自我鼓励。要知道，我们身体里百千亿个细胞、漫长的血管和搏动不停的心脏，都在期待着鼓励。我们的胸膛、大脑、眼睛和四肢百骸，都需要清晰的明确的充满温情的鼓励。清晨你醒来，鼓励自己这是新的一天，太阳再次升起，烦恼留在黑夜，一切重新开始。夜晚你入睡，鼓励自己无论是成功还是失败，你都在学习中成长。

◤ 调整思考模式，做个感觉良好的人

前面我们提到过内心深处的不良规则模式，你先是要找到它，然后就使用"覆盖"的功能，用新的模式代替它。

例如你以前是这样想的：我小时候受到过侵害，我要把自己封闭和保护起来，这样我就不会受到侵害了。

新的模式：我已经长大了，我有能力来保护自己。只要我是坚强的，就没有人能真正伤害到我。所以，我可以在平等的条件下，和更多的人接触。

再比如：

旧模式：如果有人批评我，这就意味着我失败了。为了避免失败，我要尽量躲避那些富有挑战性的工作和场合。如果有人批评我，我就要在第一时间把他顶回去，不然更多的人知道了并同意他批评我的说法，那我就更失败了。

新的模式：谁都有可能失败。这不是耻辱，甚至可以说是成功的奠基石。失败并没有什么可怕，下一次我会做得完善。批评的人，不管他是出于什么动机，只要他说得对，我就可以接受。如果他是恶意攻击我，那么，暴露的只是他的狭隘，对我并没有伤害。我相信大多数人，是可以信任并且明辨是非的。就算是在一个短暂的时间范围内，不能正确地评价我，这并不会妨碍我努力。

旧模式：失恋了，这非常痛苦。因为我被人抛弃了，她（或者他），为什么不选择我呢？这说明我不可爱。我是一个失败的人，在对方眼里一无是处。

让光透进来：找回幸福的能力

新的模式：我并不因为另外一个人的评价变化而随之改变。我还是我，我的价值来自自我的尊严，别人无法剥夺。我不是因为别人的可爱而存在。姻缘这个事情，有很多因素，并不是因为你好或是不好就能够决定的。做出这个决定的是对方，并不是我，我不必为此负责。事情最坏能发展到什么地步呢？地球不会停止转动，我也不会因此死掉。我可以悲伤一段时间，但不必沉溺于此。设想一下，如果我的好朋友失恋了，我就觉得他没有价值了吗？当然不是这样的。好了，既然答案很明确，我就忍耐这一段日子的伤感，相信时间会让我慢慢复原。

你不必是一个伟大的人，只要是个感觉良好的人就行了。

我们常常是从别人的眼里来判断自己的。但其实评价这个东西，有时候是很靠不住的。

比如：滴滴涕（DDT）是第一种被人们大量使用的有机合成杀虫剂。早在1874年，人们已发现用氯苯和三氯乙醛可以反应生成DDT。1939年，瑞士化学家保罗·米勒发现这种物质能迅速杀死蚊子、虱子和庄稼地里的害虫，给它命名为滴滴涕。保罗·米勒因为这个发现，得到1948年的诺贝尔奖，并为之申请了专利。滴滴涕在1943年正式投入生产，在20世纪40年代广为使用。说起来，这个滴滴涕实在是厉害，对昆虫有极强的触杀和胃毒作用，用于防治庄稼、果蔬的害虫都有极好的效果，用途非常广泛。在之后的30年里，滴滴涕一直是最重要的杀虫剂。正当人们为滴滴涕的神效而欢欣鼓舞的时候，滴滴涕强大的副作用暴露了出来。它不易被生物分解，会在土壤和水源中残留下来，造成持久的环境污染，于是，人们纷纷反戈一击，封杀滴滴涕。自1971年之后，许多国家对之实行禁用。

第三章　打破枷锁，幸福不再遥不可及

　　同样一个滴滴涕，当年喜获诺贝尔奖光彩夺目，如今几乎成了人民公敌销声匿迹。由此可见，人们的评价有时候完全靠不住。

　　再比如咱们都熟知的一句话："路遥知马力，日久见人心。"说的也是评价这个事情，受时间、地点、情势的影响很大。如果你总是按照外界的评论来修正自我的认知，很遗憾，你的头脑就成了被复印的 A4 纸。

　　再者众口难调。好比吃饭，有的人不喜欢川菜，嫌太辣，这并不能说明川菜不好。有的人嫌粤菜太清淡，这也不能说明粤菜不好，只能说明人们的评价体系是多元的。如果你跟风，特别是在如何看待自己这个要害问题上人云亦云，那就是对自己高度不负责任。世界上的事情千奇百怪、千变万化，你永远会听到截然不同的多种声音。

　　你想取悦所有的人，不仅是不可能的，而且是有害的。你无法让所有的人对你都有好评，这就注定了你是一个失败者。再者，就算你让大多数的人都说你的好话，你对自己的看法仍然是沙上建塔。因为你为了维持这种局面，就会谨小慎微地讨好所有的人，丧失了个性和主动性，成了舆论小心翼翼的婢女。

　　自卑的形成不是一朝一夕之功，那么要消除自卑的观念，也是不可能一蹴而就的，这是一个长期的功课。正因为需要长久的努力才会有效果，我们就更要从现在做起。

　　自卑并不可怕，它是我们每个人在一生当中都会与之相伴的朋友。如果你学会了和自卑友好相处，不让它左右你的心境，又能不断地利用自卑对你的激励和升华作用，那么你就会变成一个超越了自卑而生机勃勃的人。那时候，你对自己将有一个良好而恰当的评价，既不狂妄，也不气馁，对于自己的期望值恰如其分；对自己多

鼓励，少批评；当自己犯错误的时候，能够清醒地接受自己的限制，找到自己的成长方向，日新月异地进步；能恰当地照顾自己，喜欢自己的身体，善待自己的身体；能够清醒地认识自己的优缺点，有条不紊地工作、学习、生活，享受生活中的美好时光。

悲伤：不可避免的生命体验

悲伤的实质是"丧失"

说起悲伤来，大家都不陌生。我相信，每一个人一生当中，都会经历刻骨铭心的悲伤。在悲伤的时候，我们是无法享受幸福的。那么，悲伤究竟是一种怎样的心理反应呢？我们如何应对悲伤？有的人，长久地沉浸在悲伤之中，无法自拔。有的人，却可以比较快地复原，重新感知生活的快乐和美好。其中有些怎样的规律？我们能否在平日就积聚起力量，以防在突如其来的变故中，被悲伤窒息？今天我们就来探讨这个问题。

悲伤在《心理学大辞典》上的定义是：

> 人类的原始情绪之一。因自己喜欢、热爱的对象遗失，或期望的东西幻灭而引起的一种伤心、难过的情绪体验。……常伴有哭泣、失眠、难过、抑郁、焦虑、食欲减退等心身反应。

汉语有个形容词"伤心"，悲伤的时候，最先伤害的就是"心"。一个伤心的人，是无法充分地享受幸福的。

"物是人非事事休，欲语泪先流。"这是才女李清照的悲伤。太

让光透进来：找回幸福的能力

阳升得老高了，她方才起床。好不容易起来了，又没心情梳头发。要知道，早上打不起精神起不来床，正是抑郁症的一个突出表现。当然我不是根据这一点就说李清照得了抑郁症，只是说通过这个细节，传达出了作者在国痛家恨的环境压力下那种难以排遣的凄惨心境。环顾四周，丈夫遗物犹在，睹物思人，念及北国故乡。"物是人非"，悲从中来。万事皆休，无穷落寞，只得用"事事休"三字来概括。还没来得及说话，眼泪早已扑簌而下，"欲语泪先流"，让人感到心境和眼睛之间有一个快捷通道，悲情喷涌而出。

"问君能有几多愁，恰似一江春水向东流。"这是李煜由衷的伤国之痛。这首《虞美人》词大约作于李煜归宋后的第三年，据说词中流露的刻骨铭心的故国之思，成了促使宋太宗下毒手处死李煜的重要原因。悲伤弥漫长天，这首词约等于李煜的绝命词了。

人在悲伤的时候，是有很多问号的。李煜由问天、问人而到自问，却始终没有找到答案。美好的春花秋月，李煜却希望它们早日"了"却；"东风""明月"也都成了忧愁哀伤的酵母，发酵了"不堪回首"的一大团过往的华丽面粉，膨胀起来，囚居异邦的无限苦闷化作滔滔江水。

"十年生死两茫茫，不思量，自难忘。千里孤坟，无处话凄凉。"这是苏轼悼念亡妻之作。妻子过世已经10年，但丧妻之痛依然滚烫灼人。阴阳相隔，重逢只能期许于梦中。生离死别，形影相吊。

如果说，上面所引的都是古人的哀思，那让我们看看巴金老人的《回忆萧珊》和《再忆萧珊》：

> 她不仅分担了我的痛苦，还给了我不少的安慰和鼓励……我进了门看到她的面容，满脑子的乌云都消散了。我有什么委屈、牢骚，

第三章　打破枷锁，幸福不再遥不可及

都可以向她尽情倾吐……她不断地给我安慰，对我表示信任，替我感到不平……今天回想当时的情景，她那张满是泪痕的脸还在我的眼前。我多么愿意让她的泪痕消失，笑容在她憔悴的脸上重现，即使减少我几年的生命来换取我们家庭生活中一个宁静的夜晚，我也心甘情愿！

她离开我十二年了。十二年，多么长的日日夜夜！每次我回到家门口，眼前就出现一张笑脸，一个亲切的声音向我迎来，可是走过院子，却只见一些高高矮矮的、没有花的绿树。上了台阶，我环顾四周，她最后一次离家的情景还历历在目……

我仿佛还站在台阶上等待着车子的驶近，等待着一个人回来。这样长的等待！十二年了！甚至在梦里我也听不见她那清脆的笑声。我记得的只是孩子们捧着她的骨灰盒回家的情景。这骨灰盒起初给放在楼下我的寝室内、床前五斗橱上……

李清照是丧失了丈夫，也丧失了家园。

李煜是丧失了往日锦衣玉食雕栏玉砌的帝王生涯，丧失了国土和臣民。

苏轼是丧失了相濡以沫的妻子，巴老也是失去了最好的朋友和伴侣。

这些诗词文章是何时写的呢？苏轼的词中说的是丧失爱妻10年，巴老的文中说的是萧珊死去12年……几千个日日夜夜，那持续不断的哀伤仍然像刚采下的蔬菜，新鲜得滴下水来。

失却亲人，是生命中不可避免和无法分割的一部分。

提起悲伤，大家最先想到的是死亡。毫无疑问，这是非常沉重

的打击和伤痛。中国每年的死亡人口大约是多少呢？据我查到的资料，2006年，我国人口是13.1亿，死亡率是0.681%，两者相乘得出的数字是892.11万。2007年，中国人口总数是13.2亿，死亡率是0.693%，两者相乘得出死亡人数是914.76万。（以上数字见《中国统计年鉴》）

如果取13.1亿人口总数，取0.68%死亡率这样一个粗略数据计算，那么，中国每年的死亡人口都已接近900万。如果以一位死者有亲属5人来计算，那么每年就会有4500万以上的中国人口，沉浸在近一年内失去亲人的崭新痛苦之中。而且，失去亲人的悲痛，并不是在短短一年内就能平复的。如果以传统的守孝3年计算，那么每年就有约1.35亿的人，在悲痛中煎熬挣扎。如果按照苏轼和巴金老人悼亡诗文的年限来计算，10年内，死亡人数接近1个亿，涉及的人群大约有5亿，整个国家超过1/3的人都被死亡的哀伤所笼罩，尚未彻底走出。

生命中的许多转变所引起的损失与悲痛感，也同样强烈。

悲伤，既是一个瞬间发生的状态，又是一个绵延已久的过程。

它是任何人在失去所爱或所依附的对象时，所面临的特殊情况。悲伤的实质是"丧失"，是"丧失"以后人的情绪反应。可以想见，一个人在出生以后和死亡之前，要经历不断的失去和破灭，如果每一次都以哀伤应对，并且哀伤的时间旷日持久，久久不能自拔，那么，整个人生必然黯淡。

丧失的事物多种多样。可以是人，可以是动物，可以是没有任何生命但被人赋予了意义、灌注了情感的东西。

可以大到国家，例如李煜的亡国之痛；可以是一只小小的宠物；可以是一个梦想，例如上大学；可以是一个机会，例如提升和调动；

第三章　打破枷锁，幸福不再遥不可及

可以是一个名分，例如学位和职称；可以是一所建筑，例如老房子；可以是一个角色，例如法定的身份；也可以是一份工作，例如失业……

弄清自己正在经历哪一种悲伤

丧失的范畴，简直是天罗地网、无所不包，分类也是千奇百怪。不管怎么难，咱们还是大致分分类，这样比较容易讨论。

第一类，成长性的损失。

这种损失，是任何人都几乎要经历的，你注定逃不掉。

首先，就是你呱呱落地，失去母腹中的温暖安逸，开始吸入冷空气，开始号啕大哭，然后自食其力地吸入乳汁。

然后，是弟妹降生，失去父母的高度关注，并且不再是唯一的关爱对象。从长远来看，这种变化，对于一个人一生的影响是很大的。

随着时间推移，我们慢慢长大，就要上学了。为什么平日里会看到那么多回忆无忧无虑的童年生活的文章？就是因为在上学之前，孩子基本上是不需要承担什么义务和责任的，那是一生当中最放松的时刻，除了玩耍，没有其他必须要办的事情。上学就不同了，旧时读书第一天被称为"开蒙"，就是说你以前是在混沌的蒙昧中，只有开始读书，才渐渐开启了对世界的了解。

你继续长大，就不可避免地进入了青春期。从此，童年就一去不复返了。

到了青春期，强大的激素开始汹涌澎湃地流入血液，让年轻人变得格外敏感好斗，对异性充满了好奇和好感，这是生殖繁衍的本

能,也是个体获得社会认知的发轫之时。如果在这个时间段遭到失学、失恋等打击,或者是没有结果的单恋、暗恋,都会给年轻人造成相当惨痛的哀伤之感和长久的负面记忆。我觉得这一阶段是人生中非常脆弱和危险的时刻,因为年轻的心特别纤细易感,但经验又比较缺乏。在我们的教育里,常常说青春是多么可爱啊,多么美丽啊,很少有人说这个阶段是多么苦痛啊,多么危险啊!歌德所写《少年维特之烦恼》就是明证。少年维特为了失恋这件事,不单烦恼,最后还自杀了。要是中老年维特,估计结局就平和很多,没有这般惨烈了。很多人怀念童年,就是在抵制长大。证据之一,就是胡子拉碴的男子或是皱纹遮脸的女子,还在勉为其难地自称是"我们男孩子""我们女孩子"。某次在电视里听到一位39岁的女士说自己是"女孩子",有点为她害臊。不过,我愿意理解她,因为她在怀念当孩子的时光,心智尚未完全成熟。

之后,开始工作了。大学毕业了,大多数人从此不再上学,告别了学生时代。上学这件事,我一向认为是世上诸事中较单纯的一件事。你不必自己开拓,跟在老师屁股后面走,走的都是别人踩出来的康庄大道,同学间也没有根本的利害冲突。如果说人一生当中一定要找出个伊甸园,我觉得学校基本上符合标准。可惜,你不可能总是上学,就像亚当与夏娃被上帝从伊甸园赶出一样,读书的人们也一定会失去长着苹果树的学校,被抛入错综复杂、险象环生的社会。

谈恋爱成功了,你就会结婚。结婚就失去了独身的自由。你加入了一个互助组,从此不得再我行我素地单干了。别以为结婚以后是幸福,幸福这张保险单,要在漫长的岁月里逐段存入,然后才能得到实惠。但丧失自由这件事,顷刻就会发生。

丧失还远远没完呢。生了孩子,就失去了二人世界的单纯和轻

第三章　打破枷锁，幸福不再遥不可及

松，从此抚育一个生命的重担，义不容辞地放在了你还没有彻底准备好的双肩之上。你丧失了随心所欲和单打独斗的权力。从此，在你的很多闲暇时刻，你不能再说"我"，而只能说"我们"。

如果说以上我讲的主要是外在的丧失，那么随着你不可抑制地进入中年和老年，你将丧失最好的身体状态，你面临着自身机能退化和日复一日的衰老。这种丧失的察觉，是令人心碎的。电视广告里说可以用科技对抗衰老，可以让时光倒流……广告商之所以要这么说，是在诱惑你。这是绝对不可能的，他只不过是要骗你掏腰包。衰老的大趋势不可扭转。

哈！我想你对丧失感到心惊肉跳了吧。且慢，还有更严峻的事态等着你呢。你要退休，失去工作。

丧失工作的悲伤，不仅仅是减少了一部分收入，其实由于现阶段各种商业保险的介入，退休造成生活水准下降，让人经济上有强烈丧失之痛的，毕竟是少数。退休造成的丧失，是你被社会主流所甩出，你丧失了单位，丧失了身份，丧失了一种价值感。

丧失还会不请自到。你将得到疾病，在得到疾病的同时，你在健康这条防线上，被逐一攻克堡垒要塞，直到全线失守。

之后，一个巨大的永恒的丧失，摆到了你面前。你将死亡，失去生命。

还有一种丧失，非常严重，但我拿不准把它归入哪一个年龄段比较相宜。这就是失去双亲。它可以在你很小的时候发生，甚至在你还没有出生的时候就发生了。也可能在你很老的时候发生。但无论这种丧失发生于什么时刻，它对你的影响，带给你的撕心裂肺的丧失感，都不会减轻。我亲眼看到一位遗腹子，在60岁的时候，提到自己从未见过一面的父亲，是怎样涕泪滂沱。他觉得自己一生都

没有从丧父的阴影中走出来,那个没有见过面的父亲,主宰了他的一生……

以上所说的丧失,是每个人都几乎要经历的,你逃不掉的。假如你不想经历丧失双亲之痛,那只有一个法子,就是比你的双亲更早辞世,让父母经历一场"老年丧子"白发人送黑发人的悲剧。我相信,相较之下,我们还是自己来承担丧失比较好一点吧。

第二类,称为"创伤性损失"。

这类丧失,不是每一个人都必定要经历的,但也绝不像想象中那样少。这类损失的时间表,覆盖了所有人的生命过程。特点是突发和不可预测性,这样就更带来了某种不公平感。正如古话所说:"不患寡而患不均。"对于财富、幸运等好事,很多人持这种观点,对于丧失,我相信更多的人也持这种观点。所以,这种丧失一旦发生在自己身上,就更难以接纳,会让你在与他人的比较当中,更多地感受到不公平,也就更生痛楚。

比如天灾人祸。战争、车祸、火灾、水患、地震、遗弃、强奸、夫妻分居、离婚、流产、残疾婴孩、白发人送黑发人……

除以上两类外,还有第三类,就是预期性损失。

换句通俗的话讲,就是"未雨绸缪"的损失。

有一些损失尚未发生,有些人已经把它预期在内了,这就是预期性损失,会给人带来预期性的悲伤反应。

例如,得知亲人身患重病,虽然死亡的威胁并非迫在眉睫,但足以让他产生深深的丧失恐惧。2009年经济危机席卷全球,虽然自己的企业还没有裁员的计划,但某些人感到了丧失的威胁,已经寝食无安了。有一个女子怀孕后,天天害怕生一个畸形的怪胎,结果是忧虑过度,提前生产,孩子倒是没有异常,但体质极弱。这就是

第三章　打破枷锁，幸福不再遥不可及

预期性的丧失带来的恶果。

悲伤不可避免，但生活不只悲伤一面

悲伤是一个人生命中积聚了压力与危机的凶险时刻。如何应对，对于一个人的幸福感至关重要。

听了悲伤这么多的危害，你也许会想，要是有一个法子，能让我们预防丧失，就不会引发悲伤，这可能是应对悲伤最好的法子。凡事预防为主嘛！

那么，丧失能不能预防呢？

丧失如影随形，无法预防。丧失广泛存在，不可避免。由丧失引发的悲伤，也是处处皆在、不可避免的。

在人的一生中，每个人都会经历种种悲伤时刻，特别是童年时未经处理的悲伤，记忆会储存在我们身体的各个角落，如果一直得不到正面的宣泄或表达，那么，它们会累积成心理和情绪上的沉重包袱，影响我们的成长。如果能够得到良好的处理，将悲伤升华，就会促进我们的成长，更好地感知幸福。

让我讲个司马迁的故事，他的丧失和升华，可谓旷古难寻。

元封三年（公元前108年），司马迁正式做了太史令，有机会阅览汉朝宫廷所藏的所有图书、档案等，真是得天独厚。他一边整理史料，一边参加改历。到了太初元年，也就是公元前104年，司马迁参与的我国第一部历书《太初历》宣告完成。之后，司马迁开始动手编写《史记》。

天汉二年，就是公元前99年，汉武帝先是派贰师将军李广利带兵3万，攻打匈奴，结果李广利吃了大败仗，几乎全军覆没，只剩李广利逃了回来。之后，李广的孙子李陵担任骑都尉，带着5000名步兵跟匈奴作战。单于亲自率领3万骑兵把李陵的步兵团团围困住。李陵的箭法十分好，兵士也英勇杀敌，5000名步兵杀了6000名匈奴骑兵。单于调拨更多的兵力，仍然无力与李陵抗衡。就在单于准备退军之时，李陵手下有一名士兵叛变，将内部军情告发，说李陵后面没援兵，并教匈奴部下制作连发弓箭。单于继续与李陵作战，李陵寡不敌众，被匈奴逮住，李陵投降了。

消息传来，朝廷的大臣们都谴责李陵不该贪生怕死，降于匈奴。汉武帝对太史令司马迁说："谈谈你的意见。"

司马迁不喜欢落井下石，而且觉得情况还没有调查清楚，就说："李陵带去的步兵不过5000人，他深入敌人腹地，打击了几万敌人。虽然打了败仗，可是杀了这么多的敌人，也可以向天下人交代了。李陵不肯马上去死，准有他的主意。他一定还想将功赎罪来报答皇上。"

汉武帝听了，认为司马迁这样为李陵辩护，是有意贬低李广利（李广利是汉武帝宠妃的哥哥），勃然大怒，说："你这样替投降敌人的人强辩，不是存心反对朝廷吗？"就把司马迁下了监狱，交给廷尉审问。司马迁被关进监狱后，案子落到了酷吏杜周手中，杜周严刑审讯司马迁，司马迁忍受了各种肉体和精神上的残酷折磨，面对酷吏，始终不屈服，也不认罪。司马迁在狱中反复不停地问自己："这是我的罪吗？一个做臣子的，就不能发表点意见了吗?！"他觉得自己没有错。后来，有传闻说李陵曾带匈奴军队攻打汉朝，汉武帝信以为真，干脆处死了李陵的母亲、妻子和儿子，并判司马迁死刑。第二年汉武帝又改处司马迁以宫刑。

什么叫宫刑呢？就是用刑罚，使受刑者丧失性能力，从而断子绝孙。在十分重视子嗣和后世香火的封建社会，传承着原始初民对生殖器的崇拜，生殖器的价值仅次于头颅。这是非常严酷的刑罚，从五刑的排列来看，宫刑是肉刑中最重的，仅次于大辟（死刑）。宫刑又称腐刑、阴刑和椓刑，这些不同的名称都反映出这一刑罚的残酷。受宫刑所居之狱室又称蚕室，据唐人颜师古的解释："凡养蚕者欲其温早成，故为蚕室，畜火以置之。而新腐刑亦有中风之患，须入密室，乃得以全，因呼为蚕室耳。"这就是说，一般人在受宫刑以后，因创口极易感染中风，若要保全性命，必须在受刑之后，拖入像养蚕宝宝一般的密室中（也许是最早的无菌室），在不见风不见阳光的环境里蹲上百日，创口才能愈合。

宫刑为什么又叫腐刑呢？这是因为对于受害者来说，不但肉体痛苦，再无生殖繁衍之机会，而且心灵受辱，从此像一段腐朽之木。宫刑在摧残受刑者身体的同时，还强烈地阉割了受刑者的精神。受刑人觉得终生受辱，生不如死。不单自己受侮辱，还污及先人，见笑亲友。司马迁在狱中，备受凌辱，"今交手足，受木索，暴肌肤，受榜箠（棰），幽于圜墙之中。当此之时，见狱吏则头枪地，视徒隶则心惕息"（司马迁《报任安书》），几乎断送了性命。

司马迁的意志不可谓不顽强，可是他每当想起自己受宫刑这一耻辱镜头时，都要发汗沾背，想"引决自裁"，不想再活下去了。

如果不接受宫刑，司马迁只有寻死。我相信司马迁一定进行了极为激烈的思想斗争。在当时那种情况下，选择"死节"是一种解脱，活着要承受的痛苦实在太多太多，活着比死去更需要勇气。司马迁想到自己多年来搜集资料，胸怀写宏大史书的夙愿，为了完成《史记》，他不能死。

于是司马迁放弃了死亡，选择了隐忍苟活。他说："人固有一死。死有重于泰山，或轻于鸿毛，用之所趋异也。"为了"究天人之际，通古今之变，成一家之言"，他宁愿忍受所有的嘲笑、侮辱，坚韧地活在冰冷人间。

司马迁丧失了"官职、地位、安全、健康、名誉、仅次于性命的生殖机能"，但留下了一部千古绝唱——《史记》。

司马迁是"丧失"之集大成者，却没有沉浸在哀伤中。他把哀伤变成了伟大的力量。

从更宏观的角度来看"丧失"，中国有句古话"塞翁失马，焉知非福"，说的是对所有的灾难，都有另外的阐释意义，都可以把它当作硬币的这一面，硬币必定还有另外一面。不过，在灾难初期，悲伤初期，当事人是没有能力看到这一点的。因此，不能苛求。好在，我们还有"时间"这位极有耐心的评论家。

适度悲伤，建立新的生活秩序

那么，如何处理悲伤呢？

最关键的是，我们要区分正常的哀伤和过度的哀伤。

既然承认了哀伤的不可避免性，那么，在合理的范围内，我们就要接纳哀伤。但是如果哀伤过分了，强烈地影响了生活的质量，我们就要求助他人，还有医疗手段。就像小伤小病可以挺过去，但严重的疾病，就一定要去看医生了。

下面，咱们讨论一下如何区分正常的悲伤和过度的悲伤。

正常的悲伤，通常分为三个阶段。

第一阶段，我们的理智和情感都无法相信这件事真的发生了，通常见到的反应是"否认"。

第三章　打破枷锁，幸福不再遥不可及

"这不是真的！"

"你骗我吧？"

"开玩笑吧？请你再说一遍！"

这个时候，作为周围的人，要理解当事人的反应。你不要觉得这个人怎么不通情理，怎么能把这么大的事说成开玩笑，这种事，谁敢骗你呀！当事人只是因为无法承受这种突如其来的丧失，希望它不曾发生。

第二阶段的哀伤反应是震惊。

当事人知道事情是无法否认的了，他会说：怎么会这样！怎么能这样！这是不可能的！天哪！怎么能出这样的事！

第三阶段的反应是麻木迟钝。

当事人失去了对事物的理解力，和现实有一种脱节感。你问他话，他不回答，或所答非所问。当事人沉浸在自己的孤独世界里，拒绝与人交流。我们常常听到某人在听到噩耗的当时，立刻就昏过去了，这就是麻木状态最严重的表现了。悲伤的人越过了否认和震惊的阶段，直接进入了没有反应的状态。因为刺激太强烈了，身体难以做出响应，无法接受和处理这个信息，干脆就封闭了一切知觉。就是苏醒过来，也是思维迟缓，出现梦幻般的感觉。

面对过度的悲伤，很多人通常采取的方式，第一阶段就是逃避。当事人会说："你不要和我讲这件事情。我不听。我什么也不想知道。"

处在这个阶段的人，很容易进入失控的状态，甚至不能照料自己，无法完成最基本的生活责任。要不就歇斯底里大发作，把自己全然封闭起来，不和所有的人通信息，谁的话也听不进去……我们有时会在失恋的人身上，看到这个阶段很漫长，当事人久久沉浸其

中，不修边幅，神情恍惚，精神萎靡，茶不思饭不想，严重的甚至一命呜呼。比如《牡丹亭》里的杜丽娘，失却了梦中情人干脆就了断性命。

以上这些阶段，视每个人的情况不同和丧失的严重性不同，可能会持续数小时、数日、数周到数月不等。

身体上出现的相应症状有麻木、瘫痪、呼吸急促、心跳加快、肌肉紧张、出汗、口干、失眠、对声音非常敏感等。

比如贾宝玉听到林黛玉的死讯，先是放声痛哭，紧接着就昏厥过去，神游幻境。

当一切幻想都在现实面前碰得粉碎，当不得不面对现实的时候，很多人纠缠在一个痛苦的旋涡中：为什么倒霉的偏偏是我？为什么祸事恰恰轮到我头上？

还有的人表现出孤苦无依的退缩。世界渐行渐远，整个世界都似乎与自己为敌。就算没有为敌，也是死寂的忘却。当事人觉得自己没有朋友，得不到帮助，自叹命苦，孤苦无依，恨不能变成一粒灰尘，逃遁现实。

应对过度悲伤还有一种常见并且猛烈的情感（也是第二阶段），就是愤怒。一定要找出对这些祸事负责任的人。把愤怒指向有关者，比如上级、国家、医护人员、做出该决定者、亲友，或自己。

例如，失业者认为是上司砸了自己的饭碗，或者是被同事陷害。

遭遇天灾的人认为老天不公。

有亲人逝世，家属认为是医务人员没有尽到责任，无能误诊，抢救不及时。

发生房倒屋塌、质量事故、矿井安全事故等，有人认为是国家制度不严密和领导渎职（这些情况有时是存在的）。

亲人病逝，活着的人会陷入强烈的自我谴责中，觉得自己如果能早些发现病情，有更多的防范措施，也许就会避免最终的丧失。他们把怒火烧向自己，恨不能同归于尽。

焦虑是过度悲伤时第三阶段出现的负面情绪。哀伤者会不断地追忆以往，希望时间能够倒流，一切都可弥补，进而出现失眠、食欲丧失、心口痛、眩晕、胃肠不适等生理反应。

忧伤与思念更是必不可少的哀伤环节。他们的记忆会不断地闪回，细致地回顾往事的所有细节。哀伤者会一遍又一遍地述说，直到所有的人都厌烦，自己却全然不知。或者走向另外一个极端，缄口不语，什么话也不说，僵硬孤僻。要不就是注意力分散，固着在这一件事上，思考不清晰或欠缺连贯性，难以集中精神，记忆力严重衰退。

看了以上描述，我估计大家一定会想起一个人，就是祥林嫂。

在鲁迅的小说《祝福》中，刚开始出现在我们面前的寡妇祥林嫂，二十六七岁的年龄，模样周正，手脚壮大，顺着眼，是一个安分耐劳的青年女子。帮了一阵子工后，口角边渐渐有了笑影，脸上也白胖了。后来她被抢亲嫁进深山。丈夫得病死了，孩子又被狼吃了，再次来帮工，祥林嫂的改变非常大。上工之后的两三天，主人就觉得她手脚已没先前灵活，记性也坏得多，死尸似的脸上又整日没有笑影，东家的口气上，已颇有些不满了。四叔暗暗地告诫四婶说，这种人虽然似乎很可怜，但是败坏风俗的，用她帮忙还可以，祭祀的时候可用不着她沾手，否则，不干不净，祖宗是不吃的。

四叔家里最重大的事件是祭祀，祥林嫂先前最忙的时候也就是祭祀，这回她却清闲了。桌子放在堂中央，系上桌帏，她还记得照旧去分配酒杯和筷子。人家却都不让她做，转了几个圆圈，她可做

让光透进来：找回幸福的能力

的事不过是坐在灶下烧火。

镇上的人们也仍然叫她祥林嫂，但音调和先前很不同；也还和她讲话，但笑容却冷冷的了。她全不理会那些事，只是直着眼睛，和大家讲她自己日夜不忘的故事：

"我真傻，真的，"祥林嫂抬起她没有神采的眼睛来，接着说。"我单知道下雪的时候野兽在山墺里没有食吃，会到村里来；我不知道春天也会有。我一清早起来就开了门，拿小篮盛了一篮豆，叫我们的阿毛坐在门槛上剥豆去。他是很听话的，我的话句句听；他出去了。我就在屋后劈柴，淘米，米下了锅，要蒸豆。我叫阿毛，没有应，出去一看，只见豆撒得一地，没有我们的阿毛了。他是不到别家去玩的；各处去一问，果然没有。我急了，央人出去寻。直到下半天，寻来寻去寻到山墺里，看见刺柴上挂着一只他的小鞋。大家都说，糟了，怕是遭了狼了。再进去；他果然躺在草窠里，肚里的五脏已经都给吃空了，手上还紧紧的捏着那只小篮呢。……"她接着但是呜咽，说不出成句的话来。

鲁迅以满腔的同情，用白描的手法，不动声色地勾勒出了一个极度哀痛的女人的所言所行。

过度哀伤并没有到此为止。之后当事人还会面临的阶段是精神瓦解与绝望的情绪——强烈的孤单无助、彷徨和不安全感；失去自我，丧失自我肯定；铺天盖地的绝望黑水将人彻底淹没。

看到这里，有的朋友会说："天哪，这样下去，还有完没完啊？哀伤什么时候停下脚步呢？我们还有没有希望呢？"别着急，转机会在这一阶段的末期出现。因为当事人不得不承认丧失已经不可更改这个现实。

要知道这一阶段的身体反应会比第一阶段更为严重，毫无食欲，强行进食味同嚼蜡。体重减轻，人失去活力。疲倦，有一种时刻被压迫被禁锢的感觉，胃肠道不适，不堪一击的虚弱感。甚至为了逃避苦难，会出现自杀的念头。潜意识里会模仿逝者生前的动作，或者也出现类似的症状。噩梦不断，幻视幻听，仿佛逝者还活着。

这一阶段的时间很难界定，一般为数月到两年。

代表这一阶段终了的显著标志，是生者在感情和理性上，都已经明确地接受了丧失这个现实，开始意识到自己要有力量建立起新的生活秩序。

悲伤就像疾病，要慢慢缝合破碎的心

如果过分哀痛者能顺利地走过前两个阶段，就会缓慢地开始接纳现实，重整新的篇章。

什么叫"接纳"呢？就是承认这一冷冰冰的现实，不再生活在幻想中。不再幻想某一天逝去的人还会走过来，不再怨天尤人。注意力由内在的伤痛，渐渐地转移到外部生龙活虎的世界。接纳这些不可逆转的改变，从新的生活中找到新的力量。

"重整"，即重新建立起新的自信、自尊和愿望；重新感受到生活的美好和自由；终于能够从容地和过去说再见，积极投入生活和工作的圈子，建立新的关系，开始计划未来。

身体方面的表现为睡眠和饮食渐渐恢复正常，受压迫的窒息症状渐渐减轻，幻觉消失。也许会把逝者的期望当作新的理想来奋斗。

让咱们再回到祥林嫂的例子上。

让光透进来：找回幸福的能力

　　快够一年，她才从四婶手里支取了历来积存的工钱，换算了十二元鹰洋，请假到镇的西头去。但不到一顿饭时候，她便回来，神气很舒畅，眼光也分外有神，高兴似的对四婶说，自己已经在土地庙捐了门槛了。

　　冬至的祭祖时节，她做得更出力，看四婶装好祭品，和阿牛将桌子抬到堂屋中央，她便坦然的去拿酒杯和筷子。

　　"你放着罢，祥林嫂！"四婶慌忙大声说。

　　她像是受了炮烙似的缩手，脸色同时变作灰黑，也不再去取烛台，只是失神的站着。直到四叔上香的时候，教她走开，她才走开。这一回她的变化非常大，第二天，不但眼睛窈陷下去，连精神也更不济了。而且很胆怯，不独怕暗夜，怕黑影，即使看见人，虽是自己的主人，也总惴惴的，有如在白天出穴游行的小鼠；否则呆坐着，直是一个木偶人。不半年，头发也花白起来了，记性尤其坏，甚而至于常常忘却了去淘米。

　　这一段的前半部分，鲁迅写出了祥林嫂终于在庙宇中找到了新的寄托，她从丧夫和丧子的哀痛中慢慢地走出。但是，吃人的封建礼教，并不能给这个社会最底层的妇女以丝毫真正的救赎，她彻底丧失了希望，被一股黑暗的合力所扼杀。

　　这一阶段的时间也因人而异，可以是数年甚至一生之久。其间还会有多次的反复，会倒退到前面说过的那些阶段。特别是在一些特殊的日子，比如周年纪念日，或是相同的季节、某个突如其来的相似情境出现，看到了寄托感情的旧物件或某处风景……

　　这种倒退几乎是必然的，不必惊慌，也不必害怕再次陷入悲伤之中无法自拔。人是有感情的动物，这种痛彻心扉的疼痛，正是我们的生命蓬勃存在的标志，正是我们情感深重的具体体现。如果我们彻底将逝者遗忘，那也许正说明他不值得我们永久地惦念。所有的"旧病复发"，你都不必紧张。只要不是一直停滞不前，就可以理解为是自然和正常的。

这一阶段会不会彻底结束呢？我觉得不必苛求。它已经融入我们的生活，成为我们经历的宝贵部分。对于有些人来说，"哀悼永远不会结束，只是随着逝去的岁月减轻"。

也许有人会说，那么什么时候才能证明悲伤告一段落了呢？

有一个明确的指标，那就是当事人又有能力重新热爱生活了。

在这里，我想转赠给朋友们一首小诗。它被我记在本子上，却忘记记下作者的名字。

唯有逃避爱的人，
才能逃避悲伤。
可贵的是从悲伤中学习，
并抱有因爱而脆弱的心。

看了以上所写，可能有人要问，为什么悲伤处理这么重要呢？

就拿父母去世这件事来说，在中国古代，称为"丁忧"。"丁忧"这个词是谁首创的，史书上没有明确的记载。作为一个词，"丁忧"曾见于《宋史·礼志》："咸平元年，诏任三司、馆阁职事者丁忧，并令持服。"

我们的古人为什么把居丧守制称为"丁忧"？"丁"是何意？"忧"又是什么意思呢？

有人照着字面的意思解释说，"丁"指"人丁"，是人口的意思。

让光透进来：找回幸福的能力

"忧"指"忧伤"，指伤心事。"丁"和"忧"一连起来，顾名思义，就是指人丁忧伤。这种解释，看起来很合理。父母过世了，做儿女的哪有不忧伤的呢？不过，"丁忧"所包含的意思，比这些还要更复杂一些。

古代的"丁"和"忧"，其解释不同于现代的"丁"和"忧"。据《尔雅·释诂》："丁，当也。"丁是遭逢、遇到的意思。据《尚书·说命上》："忧，居丧也。"所以，古代的"丁忧"，就是遭逢居丧的意思。

遭逢居丧，做儿女的会忧伤，要遵循一定的民俗和规定"守制"。那么，这个时间是多久呢？丁忧期限三年，停止一切娱乐活动，不做官，不嫁娶，不赴宴，不应考。西汉时规定在朝廷供职人员丁忧（离职）三年，至东汉时，丁忧制度已盛行。此后历代均有规定官员需丁忧守制，若匿而不报，一经查出，将受到惩处。但朝廷根据需要，不允许在职官员丁忧守制，或有的守制未满，而应朝廷之召出来应职者，称"夺情"。武将丁忧不解除官职，而是给假百日，大祥、小祥、卒哭等忌日另给假日。

我觉得"夺情"这个词用得很妙。如果没有守孝期满，就硬被要求出来工作，那在情感上，就是一种严重的剥夺。

为什么要守孝三年呢？我想，除了给失去了父母的子女一个情感上的恢复期，一个缓冲的机会，一个悼念的空间，也是为了工作需要。试想一个神魂颠倒、茶饭不思、精神恍惚的悲伤之人，要处理繁杂的公务，要经历人生百态，那是何等煎熬！从民生计，当官的人须日理万机。那种脑力劳动的强度，精神壮硕的人都须抖擞起来全力以赴方能应对，守丧的人是某种程度的暂时的"精神残疾"，勉力为之，易出纰漏。如此一来当然是安抚为上，规避为好。这对哀子是关怀，对民生是体恤。

第三章　打破枷锁，幸福不再遥不可及

至于以后演化成三年之内，要吃、住、睡在父母坟前，不喝酒、不洗澡、不剃头、不更衣，就有点过分了。不知道是不是用这种类似体罚的法子，让再虔诚的孝子，也对这种生活感到厌倦，最后生出脱离这种氛围的私念。假如想用这种方法让人摆脱哀伤，也算是以毒攻毒了。

孔子的学生宰我曾跟孔子讨论过三年之丧的问题，孔夫子说如果心安就可以不守三年之孝。我觉得这里提出了一个很重要的标准，就是"心安"。什么叫"心安"呢？我的理解就是接受失去父母这样一个事实。你想啊，时刻看着父母的坟头，你无法再否认这个事实。最后你必然要接受这个事实，承认这是一个普遍规律。这样，你就有了恢复的基础。

"丁忧"作为一种古老的习俗，一种强有力的伦理通则，一种制度和一种文化符号，在中国存在和沿袭了数千年。它自有其中的道理，不可小觑。

在现今急速变化的时代里，人们所面临的失落，其实远比以往的社会要复杂得多，也没有更从容的时间来处理悲伤。

比如我们破除了"丁忧"，现在的丧假只有三天。从三年缩减到三天，这是不是也太少了？现在我们的劳动力过剩，是不是可以将这个丧假的时间适当延长，给丧失父母的子女以更多休养生息的时间呢？不然的话，很多人根本来不及处理这类极大的创伤，就必须要回到灯红酒绿的紧张节奏中，会感觉非常孤独。他们没有法子融入他人的快乐中，郁郁寡欢。联想到上面所说的中国每年的死亡人口总数，你就会理解为什么那么多人借酒解愁或者是患了抑郁症。我相信未经彻底宣泄的哀伤，是非常重要的原因之一。而且，除了丧失父母之痛，还有其他的丧失亲人之痛，比如丧夫、丧妻、丧子、

/ 让 光 透 进 来： 找 回 幸 福 的 能 力 /

丧祖父母、丧外祖父母、丧兄、丧弟、丧姐、丧妹、丧友之痛……都须得到更多的抚慰。

我相信在很多人心里，都埋藏着一些未被处理的悲伤。有时候，单一的哀伤或许还可以排解和抵挡，但是，哀伤是可以累积的。只要没有被彻底清除的哀伤，就是一块埋藏的弹片。累积起来的悲伤，互相感染和纠结，最后，也许在一个猝不及防的瞬间，一个小小的丧失，就成为压倒骆驼的最后一根稻草。再加上潜伏在个人性格和家庭事业中的困扰，一旦爆发，就会引发严重的精神心理障碍。

悲伤和忧郁有什么不同呢？

悲伤的人和忧郁的人，常常有类似的情感行为表现。但有一点是不同的。对于悲伤的人来说，变得空虚和贫乏的是外在的世界，觉得自己游离于世界之外。对于忧郁的人来说，变得空虚的是内在的自我，他们认为自己是多余的人。

通常，悲伤的人并不自卑，但是忧郁的人会倾向于自我贬低。

时间不能解决所有问题，要有意识地缝合受伤的心。

以上我们描述了悲伤的正常表现。既然有正常，就有非正常。那么，异常的悲伤表现都有哪些方面呢？

第一条是有罪咎感，觉得自己是引发这一切的罪人。

第二条是产生了自杀的念头。

第三条是觉得自己一无是处。

第四条是出现严重的身体反应，比如背痛、胸口痛、皮肤病等。

第五条是出现强烈的幻觉。

如果说上面五条的异常表现，大家还比较认可的话，那么，第六条异常表现，可能会有些不同意见。这就是长期不合理地保存旧物，甚至一点都不改变逝者的房间陈设，不愿意处理遗物。中国人

第三章 打破枷锁，幸福不再遥不可及

是念旧的，适当地保留旧物，是人之常情。但如果根本就不准任何人对逝者的房间或遗物做任何改变，那也是一种病态。

第七条是当事人久久不能恢复正常的工作和社交，把自己封闭在悲伤的壳子里，甚至觉得只有独享这种哀伤，才是对死者最好的悼念。

还有一种刻意伪装过的悲伤，也要高度注意。那就是当事人看不出一点哀伤的表情，反而充满了高涨的情绪，反常地活跃，企图用马不停蹄地工作来掩盖悲伤，让自己无暇顾及悲伤。在地震中失去了亲人的一些干部，就是用这种方式处理自己的哀伤，结果是精神不堪重负，最后崩溃。

对于那些从不在人前谈及悲伤的人，其实更要引起高度的注意。那种掩藏起来的悲伤会不动声色地蔓延，变成一种更隐蔽更内在的损伤。

有人在悲伤的时候，会轻率地做出重大的决定。比如我的一个朋友，母亲病逝之前，很想见到她出嫁。她就随便找了一个男朋友。可惜紧赶慢赶，也还是没有在母亲过世之前正式确立两人的关系。母亲逝去后，她觉得这是自己最对不起母亲的地方，让母亲死不瞑目，带着满腔的遗憾走了，她就仓促地和那个男人结了婚。我们都劝她不可这样草率，她却铁了心执意要办，说这是她能做到的对母亲的最好报答。后果当然是不幸福，很快就离了婚。

至于酗酒或滥用药物，甚至吸食毒品，很多人也是在巨大的伤感之时，陷入茫然无措的低潮，听一些损友的教唆，走入歧途，把自己推入了更大的困境。

现代的悲伤，较之古时的悲伤，更复杂和多样化了。而生活节奏的加快，反倒让消化吸收悲伤的时间变得更短了，以致很多悲伤

完全没有得到释放，就被强行压入意识的底层，新的悲伤覆盖在上面，层层积压，酿成巨大张力。

农耕时代的悲伤，比较集中在天灾和生老病死方面，现代的悲伤，在以往传统的悲伤范畴之外，又有了新的形式。

比如：

1. 股市的低落和金融风暴，造成财富大幅度缩水。

2. 购买楼房的时候价格高涨，现在楼价下降，引起怨天尤人的懊悔。

3. 以往读书就有出路，书中自有黄金屋，自有千钟粟，自有颜如玉，现在这些都没了。大学毕业，等待你的也许是失业。

4. 以前是封建主义包办婚姻，一旦结了婚，就很难离婚。虽然品尝不到真正的爱情，但还是比较稳定的。现在，离婚率不断攀升，失恋更是家常便饭。

5. 竞争上岗，绩效工资，等等。时刻有可能下岗，被炒了鱿鱼，或者自己丧失了某个重要职务……这种职业生涯中的顿挫，几乎我们每个人都有可能经历。

6. 自然规律不可抗拒，到了年龄必须要退休，丧失了工作。而在农耕社会里，都是自己家的田地，老农是宝，只要你自己干得动，就没有离开岗位这一说。

7. 子女随着父母调动而频频转学，丧失小伙伴。

我开心理诊所的时候，曾经遇到过一位年龄很小的咨询者，他说自己的问题就是想要把妈妈杀掉。我吓了一大跳，看他白白净净营养良好的模样，不像是受了什么虐待，不知道他为什么如此恨自己的母亲。他说出的理由很简单，就是妈妈特别爱搬家。每一次搬家，都是妈妈的主意。不是嫌房子太小了，就是嫌周围环境不够好，

第三章　打破枷锁，幸福不再遥不可及

最后是买别墅……反正爸爸拗不过妈妈，每一回都遵从了妈妈的意见。房子是越来越好了，小男孩也有了自己的卧房、游戏室，还有专门的书房……

可这个清秀的小男孩说："每一次搬家，我都要转学。我根本就没有朋友，因为还没等到交上朋友，我就又搬走了。妈妈搬家，从来没有征求过我的意见。在妈妈的眼里，我就不是人，就没有自己的想法。我不想要大房子，不想要书房和游戏室，我只想要我的朋友。现在妈妈又筹划着搬家了，能阻止搬家的唯一方法，就是杀掉妈妈……"

你说吓人不？

8. 在外地工作，没有见到父母最后一面。

这是很多人的哀痛。特别是那些忙于工作，总以为自己还有漫长的时间可以从容尽孝的人，一旦父母离世，心中的痛悔，无以言表。他们特别希望时光能够倒流，让自己再给父亲捶捶背，再给母亲洗洗脚。可这些，都永远没有机会了。这种痛苦像一条巨大的青蚕，噬咬着儿女桑叶般的心。我建议，只要工作不是特别繁忙，只要你不是不可或缺的首领人物，一旦父母或家人有病，就要亲身伺候。我始终觉得，这个世界上非你莫属的事情，其实就是对待自己的家人。公众的事情，很多时候是可以找到替代的。连伟人都说，不要以为离了你，地球就不转了。公事上事必躬亲，其实也是不相信群众的表现。这样，加上现代交通工具发达，我们就可以最大限度地把见不到父母最后一面这样的人生惨痛经验，降到最低点。

可以这样说，人类已经有过几千年的悲伤历史，但是从来没有像今天这样，复杂多变而又匆忙掩盖。在追求幸福的道路上，要做一个有心人，要有意识地处理悲伤。悲伤就像疾病，破碎的心需要

缝合。我们常常会说，等待时间吧，时间可以愈合一切。但时间并不能解决所有的问题，没有处理过的悲伤，就像用冰雪掩埋的尸体，一旦表面的冰雪被风暴吹走或消融，尸体就会重新栩栩如生地显现，打我们一个措手不及。

悲伤并不是人类的专利，达尔文曾经描绘过动物界关于丧失的行为。他说："母灰鹅在其伴侣消失后的第一个反应，就是焦虑地试图寻找，它夜以继日不眠不休，寻觅任何可能之处，时时发出三节音的呼唤，冒险搜索的范围不断增大，完全不顾自己可能走失并发生意外……"

我曾在电视里看到一个有关动物的专题片，一个母猩猩发现孩子的尸体后，开始拒绝吃东西，把死去的孩子一直抱在怀里，最后自己也抑郁而死。

精神医生干脆认为：人因为失去所爱所形成的心理创伤，其严重程度，相当于一个烧伤的人所承受的创痛。

不必强求悲伤消失，你也可以放声痛哭

以上我们讲了这么多丧失给人带来的伤痛，那么，一个沉浸在丧失痛苦中的人，应该采取怎样的方法，才能更快地从这种特殊的"烧伤"中走出来，重享幸福的甘露呢？

有这么几个方法，可以试一试。

1. 首先是放下幻想，接受现实，不再有不合实际的幻想，不再自欺欺人。

关于这一点，我们前面已经提到过多次。老生常谈，是因为它

太重要了，是一切康复的基础。如果这一点做不到，任何复原之路都很渺茫。要切切实实地认识到：死去就是永远也见不到了，一去不复返。不要总觉得逝者只是出远门了，还有一天会回来。同理，失业了，就不要再寄托期盼，觉得某一天还会被召唤，还会回到原单位上班；失恋了，就学会放下，不要做梦都想着回到从前；离婚了，就明确地告诉自己，旧的生活结束了，不可能破镜重圆。

在不得不面对现实的决心下定之后，你一定会品尝痛苦。大家都知道痛苦的滋味不好受，因为惧怕，我们干脆就蒙住自己的双眼，否定现实，以期避免痛苦。可是，逃避不是出路，只是让痛苦在阴暗处，像毒蘑菇一样长得更加肥大和夺目。

不要畏惧痛苦，然后给自己时间，体验这种丧失的痛苦。这是必不可少的环节。任何希图不去感觉、断绝感觉、逃避痛苦的想法，都只是拖延了感受痛苦的时间，让痛苦变得更加鲜明和尖锐，而让自己更加虚弱和被动。

记住，你可以在任何时候任何地点放声痛哭。可以把这种痛苦用文字表述出来，可以向最好的朋友倾诉。

有人担心自己在公开场合或者当着别人的面哭泣，是一种不体面的行为，会成为别人的负担，会显得不够坚强，甚至丧失男子汉的尊严。这些想法，都是不尊重自己的表现。

2．我们要破除几个不恰当的观念。

比如，男子汉不能哭泣。我们在路上常常可以看到这样的情形，一个小男孩摔倒了，嘴角咧着刚想哭，妈妈走过来说："勇敢点，不要哭！你是个小小的男子汉呢！"小男孩就抽噎着，把眼泪憋在眼眶里了。

让光透进来：找回幸福的能力

咱中国人有"男儿有泪不轻弹"的说法，其实它也包含着男儿也是可以有泪的，可以哭泣的意思，只是要有充分的理由。一个人遭受重大的丧失，这就是理由。就算在别人眼里这理由不重大，但只要你觉得有必要，就可以哭泣。有一句话，叫作"走自己的路，让别人说去吧"，我们在这里稍稍改动一下，叫作"流自己的泪，让别人说去吧"。

同时，也要尊重眼泪。不要从小就不让孩子哭，把哭泣和软弱画上等号。你可以一边哭，一边坚强。哭泣是人类的正常情感表达的一部分，值得尊重，值得发扬。当然了，并不是号召大家遇到什么事想不开就哭天抹泪，而是针对"哭"是不体面不刚强的谬误，来一个拨乱反正。

咱们前面提过祥林嫂。在如何对待悲痛这个话题上，祥林嫂似乎成了一个贬义词，反复述说苦难，被打上了苦命人和惹人厌烦的烙印。

其实，倾诉是非常重要的。独自哭泣和沉思固然在哀伤中必不可少，而当着他人落泪和述说，对释放心灵的重压，有着异乎寻常的疗效。其中的道理，科学家们到现在也没有完全阐释清楚，也许又和神秘的内啡肽有着千丝万缕的联系。总之，你要学会倾诉。不过也要注意，仅有眼泪是不够的，还要有升华。要明白这些眼泪的意义，要在述说中不断有所解脱和提高。比如祥林嫂的述说中，就有对自我的谴责，因为她总以为只有冬天下雪的时候才有狼，不知道春天狼也会出来；有对孩子的怀念，因为阿毛非常乖；还有对那个悲惨场景的回忆，因为草丛中，阿毛的五脏都被掏空了……

正是在这样一幕又一幕的回忆中，祥林嫂才艰难地挣扎着活了下来，这是值得鼓励的方式。最后杀死了祥林嫂的是万恶的封建礼教，是她捐了门槛也赎不清罪恶的可怕舆论。

要鼓励祥林嫂式的表达方式。只是不能随便找个人就倾诉，要讲究方式方法，当然也要注重地点场合。倾倒苦水，如果对方不理解，来个冷面相对，也许会让原本就滴血的心受到更深的鞭笞。这就要建设起自己的支持系统。

莎士比亚在他的著名悲剧《麦克白》之中，借麦克白之口，说出这样的话："说出你的悲伤吧！没说出来的悲伤将摧毁你那过度疲惫的心，令它破碎！"不管我们如何评价麦克白，这话实在是鞭辟入里。

3. 悲伤的表达，毫无疑问是必要的。

不过事情总是两方面的，有人要倾诉，有人就要倾听。在我们的一生中，表达的时候很可能没有倾听的时候多。那么，作为一个好的倾听者，有什么需要注意的地方呢？

大家普遍的一个想法是：你哀伤，可以找我倾诉。谢谢你的信任，我很愿陪伴你走过沼泽。不过，你的表达要适可而止，不能太激烈。要不然，我也受不了。

这个想法，有商榷的必要。没有什么固定的模式和规定的时间，来约束人们表达悲伤。就像我们不能规定人一天之内微笑多少次是相宜的，我们也无法规定丧失的悲伤应该怎样表达才是适当的。只有透彻地表达了丧失之痛，如同发麻疹，疹子出透了，才能比较有效地排解悲伤，比较快地复原。在这种时候，任何不恰当的比较，都会干扰悲伤的过程。作为一个倾听者，有些话是不合适的。让我举几个例子。

比如，不要说："你看人家××，比你还惨呢，现在不是好好的吗?"因为哀伤是不能比较的。

再比如,不要对丧失了孩子的父母说:"你还年轻,还可以再生一个孩子嘛。"因为每一个孩子都是唯一的,是不能替代的。你这样说了,本意是好的,甚至将来这对夫妇正是依靠这个方法走出悲哀,正视自己的责任。但在悲痛宣泄的过程中,你不能这样说。

面对因失恋而痛不欲生的人,我们最常用的开导之词就是:"嘻!你吹了的那个对象有什么了不起的?!我们早就看出她(或他)不怎么样了!不要这么无精打采的,这事就包在我们身上了。咱发动群众,一定给你介绍一个新的更好的,保险比这个人强!"

要知道,那些为失恋而垂头丧气、耿耿于怀的人,其实绝大多数并不是怀疑自己找不到对象了,而是陷入了强烈的疑惑和自卑中。他们会觉得这是人生的一次失败,是自己不够完美,是冥冥之中受到了命运的捉弄……上面列举的那种劝解,简直就是给感冒头疼的病人开了止泻的药,完全不对路子。

面对失业的人,你不要说:"这份工作丢了就丢了,咱们再找更好的。反正你也不会马上饿死,不值得这么痛苦。塞翁失马,焉知非福?旧的不去,新的不来嘛!"当事人的闷闷不乐,并不只是局限在金钱和生活方面,而是觉得失业有损于尊严。

当悲伤没有宣泄的时候,这些话于事无补,有的时候还适得其反。

在走过了面对真实和宣泄情绪之后,我们就向新生迈进了。你除了要适应变化了的环境,学会在新的环境里生存下来之外,还要为悲伤在自己心里找到一个安放的位置,并向它友好地就此道别。

前面已经提到过,不要在悲伤没有处理完的时候,做出任何改变生活状态的重大决定。这一点,在相当长的时间内,都要提醒自己。有的人刚刚从一次失败的婚姻中走出，因为害怕孤独，就匆匆走进另一场婚姻，以悲剧开始，又以悲剧结束。失业了，因为害怕那种被主流社会抛弃的感觉，就立刻找到另外一份工作贸然投入，之后才发现根本不适合自己。不要以为反正到了人生谷底，往哪里走都是上坡。无论何时，这一类的决定都要从容做出，不可慌张。

4. 注意不要让悲伤变成"慢性化"，也不要让它以伪装的形式出现。

这一点说起来有点难以捉摸，其实都是有线索可寻的。悲伤慢性化，可能有以下的表现：

在以后的生活中，看似无关的小事情，却可引发强烈的悲伤反应。在这方面，人也像狗一样，会不自觉地去舔自己的伤口。

每当触及类似的话题，就赶快躲避，害怕触景伤情。

生活中开始出现很多的禁忌，只要不小心碰触了，就会长久地陷入回忆中，难以自拔，等等。

不要把悲伤的骨骸永远存放在记忆的衣橱里，一打开柜门就散落一地，发出荧荧的光。要把它打包，放在记忆的深处。心里的安静，也要渐次完成，不必急的。哀伤不必强求消失，它只是成了我们历史的一部分。

焦虑：无处不在的时代病症

◣ 适当焦虑可以保持清醒与活力

社会支持，是指一个人信任并与之关系密切的人的支持，如同事、家人、朋友。一个人的社会支持程度越强大，越不容易陷入持续的焦虑之中。反之，当人们发生严重的生活事件和生活在危机当中的时候，就比较危险。有一个良好的社会支持网络，有值得信赖的人，能有力地抗击焦虑和危机。

适当的焦虑，让你保持清醒与活力。

我们已经讨论了幸福，讨论了在通往幸福之路上你可以选择的方式，讨论了幸福的两个敌人——自卑和哀伤。那么在处理好了和这两位同路人的关系之后，我们是否可以走上一马平川的幸福之路了呢？且慢，幸福之路蜿蜒曲折，还有一个不速之客，埋伏在路旁，伺机破坏我们的好心境，蚀伤我们的快乐。这个不速之客就是焦虑。

焦虑是什么意思呢？大家可能对此都不陌生，比如说一个小孩子突然找不到妈妈了，大声哭喊和四处寻觅，这就是焦虑；比如说明天就要考试了，可是你还有一个很重要的问题没有搞明白，那种忐忑不安、六神无主的状态，就是焦虑；马上要到千人舞台上去演唱，下面坐着你心爱的姑娘，那种呼吸急促、心里像揣了只小兔子

第三章　打破枷锁，幸福不再遥不可及

似的窒息感，也是焦虑。

如果更具体地给焦虑下一个定义，该如何描述我们这个老朋友？

字典上是这样说的：

焦，物体受热后失去水分，呈现黄黑色并发硬、发脆。

虑，指思虑、忧虑、顾虑等。

这两个字连在一起组成的词，就是一种没有生机，没有弹性，没有水分，没有品相，没有质量的情绪状态。

在《心理学大辞典》上是这样定义焦虑的：

个人预料会有某种不良后果或模糊性威胁将出现时产生的一种不愉快的情绪。特点是紧张不安、忧虑、烦恼、害怕和恐惧，可能伴随出汗、颤抖、心跳加快等生理症状。

焦虑和恐惧，有什么分别呢？一般认为，引起焦虑的原因是比较模糊的，而引起恐惧的原因比较明确。

害怕密林里有野兽，如惊弓之鸟般东张西望，这是焦虑。看到眼前出现了一只大老虎，拔腿就跑，这是恐惧。金融风暴来袭，你害怕被企业裁员，心神不定，这是焦虑。主管说："今天下午到我的办公室来谈一谈。"你估计要进行最后的摊牌了，失业迫在眉睫，心慌气短，这是恐惧。

先讲焦虑的好处。

你可能要生气说："谁喜欢焦虑啊？我才不要焦虑呢！焦虑能有什么好处呢？焦虑是个坏东西，让人很不舒服，而且焦虑会让我们原来能想起来的事，一股脑全忘了，大脑一片空白。原来能办好的

/ 让 光 透 进 来： 找 回 幸 福 的 能 力 /

事，手足无措漏洞百出，结果也给办砸了。原来能给人留下个好印象，因为焦虑不安，闹出了笑话。长久的焦虑，还会引发失眠健忘、记忆力下降、身体亚健康……"诸如此类焦虑的坏处可以说出一大箩筐，哪里还有什么好处呢？要是有可能，我一辈子一点也不焦虑才好呢！

这些话都可以理解。不过，如同世界上的所有事物都是一分为二的，对焦虑，也要用两分法。适当的焦虑，会让我们保持清醒和活力。

为什么这么说呢？因为，我们原本就生活在一个危机四伏的世界里，到处都充满了诱惑和挑战。你想完全避免焦虑，那是不可能的。不过焦虑要适度，要让它处于恰到好处的状态中。所以，咱们现在把焦虑分为适当的和不适当的两部分。什么叫适当的焦虑呢？比如你横穿马路时，车辆川流不息，恰好又逢夜晚，灯光昏暗，很可能有人吃完了饭，喝了点酒，处于醉酒驾车的状态里。这种时候，你就要有高度的警觉。你除了要选择人行横道过马路之外，还要眼观六路，耳听八方，最好选在百米之内都没有车辆将要驶过的时分再开步走。也不要过分相信红绿灯，有些无良的司机会闯红灯。固然，如果出了事故，他们要负全责，但你付出的将是鲜血和生命的代价，惨重的损失将无法挽回。试想一下，如果你在这种状态中，没有适当的焦虑感，大大咧咧松弛懈怠，是不是会很危险呢？那么，平安过了马路之后，回到家里，就要放松。如果你在家里也像过马路那样紧张，没有办法轻松得像一团丝绵，蓬松轻快，直到躺在枕头上，还不断思考过马路的策略，竖着耳朵警觉万分，那么长久下来，你不但没有法子享受生活的乐趣，身心都会出毛病。

担忧、害怕和焦虑，是人类在进化中收获的礼物。它能激励

第三章　打破枷锁，幸福不再遥不可及

我们做好应对野兽和暴风雨等灾害的准备。甚至可以这样说，从远古而来，那些完全无忧无虑的人，都被淘汰了，因为他们没有法子在严酷的自然环境和人际关系中生存，我们都是那些懂得忧患的人的后代。

在咱们中国的俗话里，关于焦虑的词句有很多，比如：

人无远虑，必有近忧。（照这个说法，咱们谁也逃不脱忧虑的掌心了。）

人生不满百，常怀千岁忧。（不单要忧自己的时代，还要忧子孙万代。）

忧国忧民。（除了忧虑自身，还要忧虑国家和人民。品格高矣！）

智者千虑，必有一失。（就算你智商情商都高超，你也会栽入忧虑的范畴，因为有千分之一的概率等着你呢！）

忧心忡忡。（不得了，忧还不算，还要忡忡。忡的意思是"忧愁的样子"。）

生于忧患，死于安乐。（总算碰到了一个说忧患好话的词，不过要是所有的时间都用来忧患的话，生命质量也够差的啦！）

还有很多，恕我就不一一列举了。

其实古代的忧虑比较简单，无非是生存。野兽来了，战斗还是逃跑？丰年的时候，储存一点粮食，灾年来了，苦挨还是迁徙？现代的忧虑已经升级，品种就更多种多样了。

比如交通阻塞，你马上就要迟到了，会焦躁不安。你是继续等公交车，还是赶快拦一辆出租车？因为堵车，你马上就要赶不上飞机了，延误了重要的会议或合同，公司会受到重大损失，你也很可能饭碗不保，怎么办呢？过去是包办婚姻，男女双方就是不合意，基本上也都是隐忍着，凑合着过呗。现在，一方提出离婚，另一方不同意，就会调查是否有出轨，财产是不是有转移，婚前的财产要公证，婚后财产分割时要上法院……过去的孩子，要么没钱读书，一辈子当睁眼瞎，要么上学进私塾，比较简单。现在从上幼儿园起，就要争取好的机会，后面还有上重点小学、重点中学，直到高考。如何选择？如何报志愿？买房子，选择什么时机？什么地段？什么格局？采用什么方式付款？更不用说股票、黄金的投资等，简直就是瞬息万变，差之毫厘，谬以千里。这都是我们的老祖宗没有遭遇过的焦虑之源。

利用"应激"机制化解焦虑

从上文所述，你可以想见，咱们每日遭逢的焦虑多种多样，通常并不单一，有的瞬息而过，有的持续存在。焦虑一旦出现，就等于向肌体下了一道战书。肌体为了处理这个局面，马上进入了一种特殊的状态，在医学上，就叫作"应激"。

什么叫作"应激"呢？从字面上讲，就是应对刺激。举个通俗点的例子，某个地方着火了，大家赶紧打"119"，消防车拉着响笛一路呼啸着赶过来了，这就是应激。

可能你要说了，那应激不是很好吗？要是消防车不来，那娄子不就大了吗？说得对。但是，如果消防车来得太多了，把路都给堵死了，一辆消防车都到不了现场，都无法去灭火，那么，这么多的消防车乱成一团，就适得其反了。

如果火已经熄灭了，消防车还不走，还在那里一个劲地喷水，这也不成啊。还有更可怕也更可笑的事，如果从此以后，不管有没有火警，消防车都每天不分时不分晌地在街上到处跑，让别的车都不能正常行驶了，耳朵里传来的都是刺耳的警笛声，那么，毫无疑问，好事变成了坏事。

适当的应激状态，好比运动员在比赛就要开始的时候，那种箭在弦上跃跃欲试的情景，对出成绩，是极好的态势。要是一点都不激动，散淡平静，那么他超常发挥破纪录夺冠的可能性，似乎也不会很大。

应激的时候，动物会全身血液沸腾，心脏强而有力地跳动，瞳孔放大，毛发立起，呼吸急促，全身肌肉绷紧。

你看，这就是原始人遇到野兽时的必然反应。血液沸腾，流动速度加快，这表明携带氧气的红细胞们被从心脏驱赶了出来，涌流到四肢百骸，如果需要征战和奔跑，就会提供更多的氧气。心脏怦怦直跳，比平时更加蓬勃有力，这说明心肌的工作能力急剧加强，预备好了提供更多的动力，以供身体的需要。毛发竖起来，这对野兽而言，是一种使自身体积扩大的表现，好让自己看起来更雄壮和有力量，威风凛凛。胆小的对手，一看自己在体形上不是个儿，就会望风而逃。当然了，这一点对于人类而言不是那么显著了，虽然我们有一个成语叫作"怒发冲冠"，或者说到卑劣罪行时，会讲"令人发指"，但实际上，人类的头发已经不会自己立起来了。不过，这一原始本能也还有所残存，"吓得汗毛都竖起来了"，还是常常有人这样形容自己受到惊吓。手指会攥紧，这样利于积聚力量。眼睛会睁大，这样会使更多的光线进入视网膜，好让自己对即将发生的恶战看得更清楚。

总的看来，应激反应在短时间内所引起的肌体变化，对我们是有利的，它能为人们应对危机提供更多的资源、更强的力量，让你可以集中注意力解决困难，变得更敏捷，胜算更高。

一般说来，肌体在应激过程中会经历以下三个阶段。

第一个阶段：战斗或逃跑。在这个阶段中，人的肌体觉察到潜在的危险，全身总动员，产生强大的能量，要么选择搏斗，击退威胁，要么撒丫子就跑，逃离危险。

第二个阶段：抵抗期。战斗或逃跑的决定一旦做出来之后，马上要实施。肌体进入更持久的紧张状态。搏斗要英勇善战，力求取得胜利，逃跑要审时度势，跑得快逃得远。这个阶段神经系统会分泌多种激素，有如快马加鞭，敦促肌体迸发出高昂的热情和超常的体能。像力拔千钧急中生智以及常说的"当时也不知道从哪里来了那么大的一股劲"等等，说的都是这种极端状态下身体亢奋产生超出常态的能量。

第三个阶段：衰竭期。肌体在成功地完成了前两个阶段后，将会进入第三个阶段，即衰竭期。在这个阶段，犹如气球撒了气，整个身体进入疲惫状态，精神放松，呼吸减缓，肌肉舒张，心跳复原，肌体缓缓自行修复。

在古代，以上三个阶段可以自行完成。一旦危机消除，野兽被打翻在地或摆脱了野兽的追赶，涉及身体的上述一系列改变，就渐渐消失，其时和风细雨、鸟语花香、莽莽苍苍、郁郁葱葱，在大自然的安抚下，过一会儿人就会渐渐恢复正常。

▲ A型性格是紧张焦虑的高发分子

现代人的焦虑，比古代人的繁杂得多且出现的频率高。日程紧张、交通堵塞、财务问题、复杂的人际关系、情感亮起红灯、失业、升迁、家人重病等，都可能使很多人长期处于焦虑状态。

如果应激反应总是不消除，变成了一种常态，那么，就会引发强烈持久的危害。

比如，长期心跳加快，就会演变成心脏和血管系统的疾病；长期呼吸急促，就会带来呼吸系统的疾病；肌肉紧张会引起颈部酸痛、腰背酸痛、腿部酸痛；等等。紧张的时候，胃肠道是被忽略的对象，大量的血液被从那里挤压出去，以供那些更急需的部位迎战，如果长期紧张得不到缓解，胃肠失养，就会滋生胃肠系统的病患。肾上腺素可以在短时间内促进机体产生动力，但长此以往，就会导致心脏衰弱。肌体在紧张中分泌的皮质醇和抗利尿激素会使血压及血糖含量升高，短时间增加了能量，但长期维持这种状态，就会导致病态，并增加血小板数量，使血管壁变窄，引起血压升高、头晕、视力模糊、耳鸣、脑血管病变等。

身体上的这些不良反应，会导致人们更加焦虑，认为形势越来越严重了，不单外界有压力，自己的身体也开始造反了，这不是内外交困吗？！此时人们很容易开始消极思考，觉得事情在向坏的方面转化，于是恶性循环就开始了。人变得易怒、沮丧、无能为力，事情就越发变得没有光明方向了。

为了逃避焦虑，有的人沉迷于喝酒、吸烟，甚至吸毒，得过且过，在外力的诱导下，放松一时也是好的呀，于是不计后果，陷入混乱。

现代人面临的巨大难题是：我们在不由自主中学会了紧张，可放松却不是那么容易水到渠成的。既然紧张不可避免，既然应激不可避免，那么，谁来负责教会我们如何放松呢？在长期焦虑的情况下，肌体几乎没有时间自行修复，只好停留在上述的前两个阶段中，迟迟进入不了第三个阶段，没有时间休息，影响睡眠周期，造成身体疲劳，无法完全复原。

要应对焦虑，就要首先了解压力过度的症状。这包括精疲力竭、睡眠障碍、紧张性头痛、长期焦虑、黑眼圈、胃肠功能紊乱、免疫功能下降、易怒或暴躁、注意力不集中等。

咱们再来讨论一下什么人最容易紧张焦虑。

的确，人群不是铁板一块。就算外界的刺激是一样的，人们应对的方式也是千差万别各有招数的。有一些人，就风雨不动安如山，有些人，就草木皆兵风声鹤唳。好比"甲流"袭来，有的人轻易中招高烧不退卧床不起，甚至还演为重症，有生命之虞；有的人就云淡风轻，咳嗽几声化险为夷。防控措施里不断提示说要把那些可能成为重症的病人，及早识别出来，加以特别的保护和救治。那么，我们在应对焦虑的时候，不妨也学学这招，为那些特别容易发生焦虑的人，早早打上预防针。

咱们看看什么人是紧张焦虑的高发分子。

先来说说性格类型。

什么叫作性格类型呢？它是心理学家按照一定的原则对性格所做的分类。性格是人格的重要组成部分。个体在一定社会条件下表现出来的习惯化了的行为反应与情感，形成相对稳定的心理特征，就叫作性格类型。

性格和疾病有密切的关系。

就拿现代人最常见的心脏病来说吧，医学界到处寻找它的原因。因为只有找到了致病因子，才能有效地预防这个残酷的杀手。医生们起初认为诱发心脏病的原因是高血压、血清胆固醇高、吸烟、酗酒等，但查来查去，由于这些因素患上心脏病的人，还不到心脏病患者的半数。也就是说，还有更重要的原因，没有被检查出来。

20世纪60年代，美国心脏病专家迈耶·弗雷德曼博士在自己的诊所里发现了一个奇怪的情况，那就是在候诊区的地面上，有一些奇怪的凹陷。它们成双成对地出现，彼此间相隔的距离大约和椅子等宽。这些凹陷是怎么形成的呢？经过仔细观察，弗雷德曼博士发现原来是来就诊的冠心病患者制造了这些地面上的凹陷。他们所坐的椅子后腿，就在那些凹陷之上。

大批身患冠心病的患者，慕名到弗雷德曼博士的诊所看病。因为来的人多，就需要等候。患者们心情都很急躁，不停地抱怨候诊的时间太长，往往把椅子两条前腿翘起来，以椅子后腿作为支撑，并把自己的双腿交叉起来，不断地摇动或转动着椅子，直到护士叫到其名字为止。就这样，日复一日年复一年，许多冠心病人急躁摇晃的结果，就是地面形成了凹陷。

在观察研究了大量这类行为之后，弗雷德曼博士和他的伙伴罗森曼在1987年用4个单词来概括其特性：易恼火（aggravation）、激动（irritation）、发怒（anger）和急躁（impatience）。这4个单词中有两个都以字母A开头，于是"A型性格"这一概念从此出现。具有这种性格的人，雄心很大，有进取心，时间观念特别强，整天闲不住，但易急躁，对人不信任，人际关系不融洽。

弗雷德曼等人经过长达20年的观察研究，发现A型性格的人患冠心病的概率是B型性格的1.7～4.5倍。后来，医学研究有统计表明，85%的心血管疾病与A型性格有关。A型性格的人同时也更容易得偏头痛、溃疡和结肠综合征。A型性格的人，常常为自己制定过高的要求和目标，一旦他们不能达到这些高目标时，会因出错而责怪自己，可能导致粗心甚至自毁行为的发生。这还不算，A型性格的男性，出现事故的概率比 B 型性格的男性多 3.5 倍，甚至更易于骨折和离婚。

A 型性格的主要表现为：

1. 运动、走路和吃饭的节奏很快。
2. 对很多事情的进展速度常常感到不耐烦。
3. 总是试图同时做两件以上的事情。
4. 无法安然享受休闲时光。
5. 着迷于数字，他们的成功是以每件事情中自己获益多少来衡量的。

A 型性格的两个最大的特点是：

具有较强的竞争性。如果是平衡有度的竞争并没有什么坏处，但是具有 A 型性格的人却失去了平衡。

他们有高度的竞争感，对胜利感到喜悦，对失败感到厌恶。在工作上、游戏中、家庭里，甚至对自己的身体，他们都抱有竞争的态度。自己得了病，也会很懊恼，觉得身体背叛了他，太不争气了。

如果你在一个具有 A 型性格的老板手下工作，那么，他会不断用无形的鞭子驱赶着你，让你没有喘气的机会。一个目标刚刚达成，他马上就提出了更高的目标，永无止境。（偷偷说一句，A 型性格的人，是很容易成为老板的！）

缺乏耐性。任何拖延或中断都将使之发怒，他却完全不顾及"己所不欲，勿施于人"的原则，很爱打断别人，告诉别人一个更好、更快的做事方法。他会抢别人未说完的话，说"我来补充一点"，其实十点八点也说不定。他会一次又一次地按电梯按钮，其实他也知道这样并不能让它走快一点。他会不断地看手表、看时钟以注意时间。

（那些在自己的办公室甚至是卫生间里都挂上钟表的人，有 A 型性格的高度嫌疑呀！）

他不仅把自己的行程排得满满的，而且也想让普天下的人都照着做。他的大脑似乎有几套系统在同时运作，经常能在同一段时间内做许多不同的事情。比如他一边看电脑，一边听广播，居然还与别人通电话，并同时向进入办公室的人点头打招呼。他们对于自己的大脑记忆、睡眠时间，甚至消化功能都有极端的要求。我曾经认识一位女子，她如果某顿饭吃多了，就要求自己的胃和肠道不吸收，命令它们腹泻。如果胃肠道不配合，她没有出现腹泻，就会很生气，马上吃大量的泻药，强迫身体出现腹泻……那一刻，我毛骨悚然。我觉得她在如何对待身体上，可以说是一个暴君。

A 型性格的人通常非常好斗，如果受到挑战，会立刻产生敌对情绪，希望在较短的时间内，取得更大的成就。因此，他们常常会得到社会的表扬和物质的回报，对工作过分投入。

他们喜欢竞争，获胜高于一切，是万物之首。

他们说话是简略的，言简意赅，就像惜墨如金的打电报式。爱发出紧张短促的笑声。

他们巴不得学会世界上所有的事情。

他们的幽默感常常建立在损伤别人的利益基础上。

他们说话的时候，以自我为中心，会使用大量的"我的""我以为"等字样。

别人的迟钝和犹豫不决，会使他们极端不高兴，如果别人说话太慢，他们会帮着别人把话说完。会使劲冲着别的司机按喇叭，却不喜欢别人这样做。

他们常常会乐意参加一些压力很大的活动，并热衷于增加周围环境的压力。

他们没有耐心,做什么事情都很快,比如吃饭、走路。他们否认疲劳,认为睡眠是一种浪费。

B、D 型性格的心理特征与自我调节

在总结完 A 型性格的特点之后,弗雷德曼和罗森曼一不做,二不休,又把与其相反的性格归为 B 型性格。

典型 B 型性格的特征是:容易相处、不易激动,社会适应性较好,遇事想得开,不耿耿于怀。对自我价值有一种确切的坚实感觉,对生活采取随和态度。B 型性格的男性能更好地进行自我调节,脾气多半很平和,而且能在事业和个人生活中取得成功。

举个咱们都熟悉的人做例子,来说明 B 型性格。有资料上说,《红楼梦》里的贾母,就算一个 B 型性格的人。比如第二十九回,贾母一干人去清虚观,一个十二三岁的小道士避让时慌忙中撞上了王熙凤。王熙凤"一扬手,照脸一下,把那小孩子打了一个筋斗"(王熙凤大约是 A 型性格),众婆娘媳妇都喝声叫打。贾母听了,忙嘱咐"别唬着他",并派人带到跟前,叫小道士别怕,给他钱买果子吃。贾母性格宽厚,遇事随和。小说中,贾母平时少病少灾,享年 83 岁,这在"人逢七十古来稀"的时代,应该算是难得的高寿了。近年,国内一些研究部门对上海长寿老人(大于或等于 90 岁)做了一系列性格调查,发现长寿老人 B 型性格倾向为主的占 83%,A 型倾向为主的占 14%,而 C 型性格则与长寿无缘。

B 型性格的特点:

他们更平静,更容易相处,认识不到任何时间紧迫的事。他们

参加比赛是为了获得快乐，并不一定要获胜。他们说话速度慢，语调比较单一。他们爱聊天，善于闲谈，可以很容易被大家理解。他们态度温和，不会提高他们的声音，有发自内心的笑声。

他们不会同时做几件事情。

他们懂得自嘲。

他们的目标是做值得做的事情，而不是为了占有。

他们比较有耐心。

他们珍惜闲暇的时间，会有效地利用这段时间。

他们通常效率更高，善于授权给别人。

他们同样能取得成功。

B型性格之后，咱们再来谈谈D型性格。

1998年，比利时心理学家德诺列特首先报道了D型性格的特征，并发现具有D型性格的人易患心脏病和肿瘤。德诺列特对319例心脏病例进行5年的跟踪观察后发现，具有D型性格的人反复发生心绞痛或心肌梗死的概率为52%，而同年龄组非D型性格的人的发生率仅12%，因此确定D型性格是使心脏病反复发作的一个危险因素。此外，他根据对其他246例具有D型性格的人观察6～10年的结果，发现D型性格的人发生癌症的概率也有明显的增加。

2005年，荷兰的研究人员对刚接受过心脏支架手术的近900名冠心病人进行调查后发现，D型性格的病人，在接受手术后的6～9个月内，心脏病再次发作或因发作导致死亡的人数，是其他人的4倍。

D型性格的人是孤僻型，往往沉默寡言，待人冷淡；缺乏自信心，有不安全感；爱独处，不合群；情感消极，忧伤，容易烦躁不安。

　　心理学家们对人的性格分型十分热衷。他们继续寻找，又提出一种 E 型性格。这类型人大多感情丰富、善于思索、很少有攻击性，他们很少找别人的麻烦，情绪较为消极，自我评价偏于悲观。此类性格好发神经官能症。生活中点滴小事就可引起这类人的焦虑，一有焦虑就产生一系列生理功能紊乱，例如心悸、头晕、头痛、失眠等症状。这种焦虑症带有一种波动性和不稳定性，故名之为神经质型焦虑症。

▎针对不同性格类型的有效对策

　　好了，关于人的性格分型，咱们就暂时讨论到这里。也许心理学家们还会矢志不渝地寻找下去，关于性格类型的名单，会越来越长。咱们先就上面这几型寻找对策。

　　先来说说 A 型性格吧。我们已经把这一类型定义为紧张、高度紧绷的同义词。随着社会节奏的加快，具有 A 型性格的人越来越多。据说在科技高度发达的美国，几乎 75% 的美国男性带有 A 型性格特征，它在帮助人们取得更多更快的成功的同时，也日益严重地蚕食着人们的健康。

　　我看到过一个报道，说是近 10 年来，世界上走路时迈步频率增幅最快的国家，是中国。

　　也许，随着步幅的增快，中国的 A 型性格人数也会飞快地增加。人们大多把这种性格的种种表现，作为一种赞语，一种勇于承担困难任务的干劲、雄心和意愿的美好表达，还没有认识到它的危害性。比如我们经常听到人们这样说：

第三章　打破枷锁，幸福不再遥不可及

我这个人就是性子急，眼里容不得活。

我从来不让今天应该做完的事，留到明天。我巴不得在昨天就把它做完。

我是个完美主义者。所以，我才能取得今天的成就。

我永不停歇。在我的词典里，没有"完不成"这个词，只有不断进取。

我的人生格言就是：人可以被打倒100次，但第101次你要站起来！

怎么样？这些话，有点耳熟吧？有的话，简直就是激励我们前进的号角。

原谅我，这都是A型人的典型性格。

当然啦，A型人有很大的优点，往往少年时就崭露头角。这就更加使得他们以为自己的生活方式无懈可击，在我们这个崇尚强者的时代里，他们更成了很多年轻人的楷模。在正面肯定A型性格的进取和成就的同时，我们也希望A型性格的人能够注意调整身心，让自己的性格更有弹性，以减少患病危险。要调适期望，实事求是估量自己，切勿好高骛远。学会尊重别人，多听别人意见，加强团队协作。注意劳逸结合，防备疲劳过度；善与人相处，少挑剔，戒急躁，多关心别人，建立良好的人际关系。

发现了A型性格的迈耶·弗雷德曼医生说："A型性格是一种病。A型性格的男人抵达目标只有一种方式：全速前进。这种方式会对健康产生严重影响。这类人应该寻求帮助。"

那我们就按照治病的原则，为A型性格的上述言论，开一些有针对性的方子。

让光透进来：找回幸福的能力

我这个人就是性子急，眼里容不得活。

哈！性子不必那么急。人生就是一趟单向的旅行，你走得太快了，就会更快地到达终点。活就像灰尘，干不完的。有的时候，不妨放慢脚步，看看风景。

我从来不让今天应该做完的事，留到明天。我巴不得在昨天就把它做完。

今天有今天的事，明天有明天的事。如果实在做不完，就给自己一点宽容，休息一下，醒来后，可能做得更好。

我是个完美主义者。所以，我才能取得今天的成就。

人可以要求完美，但要适可而止，不要变成一个"主义"，不要成为完美的奴隶。一个人能够取得成就应该是多方面的因素，如果把所有的成果都归功于"完美主义"恐怕不能成立，它也不足以成为唯一的理由。这样下结论，对自己不客观，对别人可能造成误导。

我永不停歇。在我的词典里，没有"完不成"这个词，只有不断进取。

词典里应该有各种各样的词，才值得收藏。人生也应该有高潮和低谷，才丰富多彩。包罗万象、泥沙俱下才是本质上的真实。世界上是没有永动机的，更不要说肉身凡胎的我们，我们是不可能做

第三章　打破枷锁，幸福不再遥不可及

到永不停歇的。休憩并不是罪过，会休息的人才会持之以恒地工作。

我的人生格言就是：人可以被打倒 100 次，但第 101 次你要站起来！

站起来之前，你也可以先趴在地上打个盹，想一想为什么总是被打倒。这不是害怕和气馁，而是思考和积蓄力量，以便更稳当地站起来，并不被第 101 次打倒。

再送给 A 型性格的朋友一个小故事。当你不容易停歇脚步的时候，请想想这个人。

一个人走进飞机，飞机起飞了。他很急，他很想早一点到达目的地，他就在飞机的过道里，不断地快速行走，气喘吁吁也绝不放慢脚步。飞机到达目的地了，这个人呢？身心俱疲，倒地不起。

对于 B 型性格的人来说，在恭喜你很可能长寿并少患病的同时，建议你不妨多参加一些集体活动，培养事业心，积极进取。对那些你原本嗤之以鼻的竞技性活动，也可偶尔参加，它会激发你的活力，让你感到激情澎湃。

D 型性格的人需要更好地和社会发生密切联系，改变离群独处的习惯，增加社会活动，多交一些朋友，培养更广泛的兴趣爱好。建立起良好的精神互助网络，打开心扉，不要有精神的洁癖，要乐于向自己所信任的人倾诉。要把自己的家庭营造成温暖的花园，能够将内心中的恶劣情绪卸载。在提升自己的情商方面下功夫，多到大自然中汲取养料。向山水学习，向花鸟虫鱼学习，学习那种自在天成的恢宏气度，那种自得其乐的淡泊状态，把臧否他人的眼光，

更多地投射到自己的内心和外在的世界。这样就会逐渐心境开朗。

给 A 型性格开方：放慢节奏，学会等待

看到这里，我想也许有的 A 型性格的朋友会有点紧张，他们说："那我如何改变自己呢？是不是 A 型性格就一成不变，我只有等着自己得心脏病了呀？"

别着急。性格类型的 ABCD 和血型的分类是不同的，性格类型是可以转变的。假如你基本上判定自己属于 A 型性格，你又不想早早地得上心脏病和其他一些病症，那么，有几个方法你可以试一试。

首先，你一定要坚持体育锻炼。体力的付出，让你出一身汗，而流汗是非常好的排泄方式。有一位研究生物化学的博士对我说："为什么过去劳动人民没有那么多的毒素呢？就是因为他们每天都要出汗，那是非常有效的排毒措施。现代的人们，住在恒温的房间里，几乎不出汗。这就让体内的毒素有了最好的储藏室。所以，一定要运动，一定要出汗。运动而不出汗，就不是真正的运动。"A 型性格的人，每天都会分泌出比一般人更多的应激激素，以备身体在关键时刻使用。我们前面说过，从短时间来看，这是一个有效的措施。但是如果每天每时似乎都处于不断的危机中时，你的激素就蓄积得太多了，达到有毒的水平，从而引起一系列的健康问题，就是咱们前面所说的心脏疾病和癌症等。研究表明，锻炼有利于消耗这些令人紧张的激素，并让温和而能颐养天年的内啡肽分泌出来，还可以改善心脏和肺的健康状况，使你安康。

不过，你千万不要走极端，不要参加太剧烈的运动。特别提醒一句，A 型性格的人，一旦决定了干什么事，就雷厉风行而且很容

第三章　打破枷锁，幸福不再遥不可及

易适得其反。这一次，你要和颜悦色、循序渐进哪。锻炼其实是可以有多种方式的，和风细雨的滋润也是一种，并非只有电闪雷鸣的那种刚烈。

放慢你的生活节奏，学会等待。A 型性格的人对于生活中屡屡发生的稍微的推迟，比如大堂里等待电梯、超市里等待结账、饭馆里等待点菜、电视节目不能按时开始等，常常出现皱眉、跺脚、咬牙、低声咒骂等表现，这时要学习放松。不然的话，这种频繁出现的不耐烦，就让你成了高压锅，自身产生的源源不绝的紧张素，使你的血压升高，又如同钝刀子割肉，虽然不至于立时毙命，但一刀一刀戕害你的健康，终有一天，让你轰然倒地不起。

弗雷德曼医生开出的药方，乍看起来，算不得狠，似乎不难，但要一天天地做下去，也不容易。他的药方是：你应该学会去对付每天的推迟现象。这话听起来有点拗口，其实就是训练自己对拖延安之若素。开始时不妨将自己放在一个故意等待的状态。比如，他建议做这样一个试验：你在超市交款台找一列最长的队伍，站在队伍中，然后……这是困难的——通过分散注意力或者做白日梦达到某种放松，以抵挡自己产生的抵触情绪或不耐烦。

"多想想对自己有利的一面，"弗雷德曼说，"想一想这是你重振雄风的机会，你甚至可以将它作为一个认识新朋友的机会。在你每次去商店的时候试试这种方法，它能改变你的行为作风。"

还有一个行之有效的小方法，就是绕远路回家。估计我这个建议一提出来，就会被某些人骂作神经病，说："每天挤车上下班无异于一场战斗，你还让我们故意绕远，知道吗，浪费别人的时间就等于谋财害命！"我说的绕远路，并不是让你故意走远路而迟到，而是提议用不那么焦急的方式，走一走我们的城市。例如你上下班的路

让光透进来：找回幸福的能力

旁风景优美，至少一周走一次。例如你乘坐公共交通工具，在你去公共汽车站或地铁站之前，给自己几分钟时间散步或浏览商店橱窗，把思绪从尽快到达目的地这个目标上挪开一会儿，欣赏街景。记得我们办过一个训练班，某天布置了一道作业，让大家在司空见惯的上班路上，发现一个从来没有注意过的角落。一个星期后，学员们兴高采烈地交流心得体会，异常兴奋地说，为了完成这个作业，需要特别慢地走路，不想发现了那么多有趣好玩的景色，一朵小花，一株绿树，一个卖香烟的老人……

有一个朋友说："以前，我们总觉得风景在远方，在欧洲，在南极，在大洋深处……其实，不必跑那么远的地方，就在我们周围，有无数好风光，被我们匆匆的脚步和空洞的目光所忽略。"

静坐也是一个改变性格的好方法。拉一张椅子坐在窗前或阳台上，无比单纯地坐在那儿，不要考虑工作问题，不要写邮件，不要接电话，不要在你周围放置开着的电视机。弗雷德曼医生说，Ａ型性格的人有一个特点，就是总有太多的事要做。这种无所事事的静坐，就是让你只做一件事，改换风格。坐着看。看外面的世界，抵御想成为其中一员的欲望，接下去的几分钟内，你将仅仅是现实世界的一名观众。

你到底是不是Ａ型性格呢？有一张包括25个问题的问卷，你可以试着答一答。如果有一半以上你回答"是"，那么，你就很有可能是Ａ型性格了。

这些问题是：

1. 你说话时会刻意加重关键词的语气吗？
比如：你今天晚上6点钟以前必须回家！

第三章 打破枷锁，幸福不再遥不可及

比如：这个任务，你只能完成，不能讨价还价！

比如：爱我还是爱她，你说清楚！

2. 你吃饭和走路都很急促吗？
3. 你认为孩子自幼就应该养成与人竞争的习惯吗？
4. 当别人慢条斯理做事的时候，你会感觉不耐烦吗？
5. 别人向你解说事情的时候，你会催促他赶快说吗？
6. 在路上开车或在餐馆排队、在银行等候的时候，你会被缓慢的过程激怒吗？
7. 聆听别人谈话时，你会一直想着自己的事情吗？
8. 你会一边吃饭一边写笔记或看报吗？
9. 你会在休假之前，赶着完成所有的工作吗？
10. 让你停下工作休息一会儿，你会觉得是浪费时间吗？
11. 与别人闲谈时，你总是提到自己关心的事吗？
12. 你是否觉得，宁肯务实，而不愿从事创新和改革的事？
13. 你是否觉得，全心投入工作而无暇欣赏周围的美景，是一种常态？
14. 你是否尝试在有限的时间内做更多的事？
15. 与别人有约时，你是否绝对遵守时间？
16. 表达意见时，你是否握紧拳头以加强语气？
17. 你是否有信心再提高你的工作效率？
18. 你是否觉得，有些事等着你立刻去完成？
19. 你是否对自己的工作效率一直不满意？
20. 你是否觉得与人竞争时，非赢不可？
21. 你是否经常打断别人的话？
22. 看别人生气时，你是否也会生气？

23. 用餐时，你是否一用完就匆忙离席？
24. 你是否经常有匆匆忙忙的感觉？
25. 你是否对自己近来的表现不满意？

另有资料表明：在美国，白领阶层中的男性心脏病患者，A型性格的人是B型性格的人的3倍。在年轻女性心脏病患者当中，这个比例是2.5倍。就是说在7个年轻的女心脏病患者当中，A型性格的占了5名，B型性格的只有2名。不过，你也不必悲观，咱们已经说过了，A型性格是可以改变的。

❦ 缓解焦虑的生活法则：必须当心，切勿担心

好了，我们再来谈谈焦虑的家族因素。

遗传在我们应对压力的方式上，有重要的影响。因为我们从小耳濡目染的就是家人如何应对压力。

比如，如果有人回家晚了，有的父母就非常忧虑，不断地打电话，想象各种恐怖的场景，想象可能被劫持或发生车祸，顺势思维，简直把一切最坏的可能性都想到了。别以为这种方式只是个人的选择，它是会遗传的。我们很多思维的方式，都是从我们父母那里学来的。即使父母已经过世，他们思维的方式也还会从骨灰盒里伸出一只手，牵引着我们的焦虑。最可怕的是那种以"爱"的名义进行的焦虑模式遗传。我爱你所以焦虑，我爱你所以惩罚你，我爱你所以控制你……因为它打着爱的旗号，让人误以为这就是爱的最好表达方式，让错误的思维体系一辈辈相传，渐渐成为不可更改的铁律。如果你不幸得到了这种遗传下来的应对压力的焦躁模式，这不是你的错。但你

要改变它，让这条焦虑的锁链在你这一环断裂，成为你的责任。

焦虑还可能派生出罪恶感和无用感，不是做错事、做坏事的犯罪，而是"罪由心生"，为自己杜撰和假想许多"罪行"，又觉得自己无用，对人对事常抱疑虑态度。这也是要改变的。

我们常常以为除去了焦虑的原因，焦虑就不治而愈了。比如，到了放学的时间，孩子还没有回家，妈妈就会产生焦虑，如果过一会儿孩子回来了，焦虑就自然解除了。这个过程很容易让人得出这样的结论：母亲为什么会焦虑呢？是因为孩子没有按时到家。那么，怎么能让母亲不再焦虑呢？就是孩子要按时回家。

如果这样的思维模式遗传下来的话，我们就会把情绪的变化，都顺水推舟地归结为外界的影响。而外界千奇百怪的变化，都不是我们能够控制的，那么，焦虑也就是不可避免的了。

其实，造成母亲焦虑的，是她内在的推理逻辑。孩子没有按时回家，那就有可能是出了意外。到底会是什么意外呢？最大的可能就是车祸或被人拐骗……可以设想，一旦母亲的思维进入了这个模式，焦虑就不可避免了。

我们要对自己的情绪负责，要明白造成焦虑的最主要的原因，就是我们自己的思维状态。这一点把握好了，就不会无谓地陷入焦虑的泥潭，无法自拔。正确的应对方式是"必须当心，切勿担心"。

另一个造成焦虑的原因，是生活事件的集中发生。什么是生活事件呢？

有一种解释是：生活事件指的就是日常工作、生活、学习中遇到精神重创及不幸，诸如亲人死亡、严重事故、工作挫折、家庭矛盾或夫妻间的感情破裂等。

这种说法对不对呢？我觉得基本上是对的，但是不够全面。因为它所列举的都是一些负面的刺激，但其实，生活事件也包括我们俗话所说的"喜事"。喜事也同样构成了"事件"。

下面这个说法，比较全面一些。

生活事件，也可称作生活变化，主要是指可以造成个人的生活风格和行为方式改变，并要求个体去适应或应对的社会生活情景和事件。生活事件存在于各种社会文化因素之中，诸如人们的生活和工作环境、社会人际关系、家庭状况、角色适应和变换、社会制度、经济条件、风俗习惯、社会地位、职业、文化传统、宗教信仰、种族观念、恋爱婚姻等，当这些因素发生改变时，即可能成为生活事件。

看来，这生活事件真是个大筐箩，什么都可以包括在里面。

那什么又叫"集中发生"呢？顾名思义，就是这些生活事件发生的频率太高了，都攒到一块了。比如咱中国人爱讲：

祸不单行；
按下葫芦浮起瓢；
一波未平，一波又起；
黄鼠狼偏咬病鸭子；
破船又遇顶头风；
悲喜交加，千头万绪；
双喜临门；
……

表达的就是这个意思。

那么，一个人在一定的时间内，可以承受多少生活事件的刺激呢？或者说，是不是我们把生活事件发生的频率尽量降低，就万事

第三章　打破枷锁，幸福不再遥不可及

大吉了呢？

咱们先来说说如何降低生活事件的发生频率。有句俗话，叫作"树欲静而风不止"，可借用来说生活事件的发生自有它的规律，不是你人为可以完全控制的。况且，如果人的生活中完全没有了突发的生活事件，所有的事情都被事先规划设计好了，一点意外也没有，生活就成了一潭死水，百无聊赖。我们的内啡肽也罢工了，人就萎靡不振死气沉沉。

没有意外和变故的旅程，那不叫旅程，只是在空无一人的熟悉街口溜达。

生活事件是人生不可逃避的一部分，对此，我们不必怨天尤人，也不必逃之夭夭。还是那句老话：你不能控制世界，但你可以控制自己的情绪。

在这方面，"社会再适应评定量表"（见附录），也许可以帮我们一个小忙。

这张表格，是由美国华盛顿大学精神病学专家T.H.霍尔姆斯和他的伙伴，经过研究，于1967年编制并发表，可用来研究生活事件同疾病间的关系。量表根据对5000多人的病史分析和实验室实验所获得的资料总结而成。其中列出了42种人生过程中较常见的生活事件或变动，既有消极的事件，又有积极的事件，因为它们都可能是充满紧张性的挑战，要求人们振作精神全力以赴地适应或调整。这个表把我们常见的一些生活事件，都给打上了一定的分值，称之为"单位"，简称LCU。这个单位，可不是工作单位那种意思，而是像青霉素抗菌效力的单位，说明这个事件所拥有的刺激强度，代表各事件对人影响的程度或要求人重新调整的力度。

人生最严重的生活变故莫过于配偶的死亡，故这一事件被列于

/ 让 光 透 进 来： 找 回 幸 福 的 能 力 /

首位，分值为100。结婚虽然属积极事件，但它也是令人充满紧张的，分值为50。这个量表发表以后，引起了世界各国研究者的关注，在各国进行了十分广泛的调查。大多数调查发现，一段时间内累积的LCU分值，的确同不健康（疾病和病感）呈正相关。

说到这里，我猜你一定有点好奇，很想算算自己的生活事件分值累加起来是多少。那咱们就详细地说一说。不过，因为这是国外的统计资料，也不必全盘照搬，仅供参考吧。

良好的社会支持网络，能有效抗击焦虑和危机

现在，我们谈谈社会支持的问题。

容易被焦虑所压倒的人，通常不善于利用社会支持网络。

社会支持，是指一个人信任并与之关系密切的人的支持。如同事、家人、朋友。一个人的社会支持程度越强大，越不容易陷入持续的焦虑之中。反之，当人们发生严重的生活事件和生活在危机当中的时候，就比较危险。有一个良好的社会支持网络，有值得信赖的人，能有力地抗击焦虑和危机。

群居动物必然会害怕孤独。比如说蚁群，比如说蜂群。你见过一只蚂蚁在旷野上独自打洞过活吗？你见过蜂巢中只有一只蜜蜂，在独自酿蜜吗？哲学家认为，人们读书、娱乐、交友、恋爱、信仰宗教等，都是为了分散孤独之心。有人爱说"征服孤独"，这话如同说我们征服自然、征服高山、征服某个男人或女人一样，是狂妄而且根本不能实现的。你只有和它和平共处，就像我们不能脱离大自然而存在一样，我们也只能和孤独如影随形。你要学会从孤独那里感受生命的常态，获取向隅独乐的功力。你学会了和孤独相伴，你

才是真正的强者，能够满怀激情地直面惨淡人生。什么叫平常心？这就是。从此风雨前行的时候，自得其乐，再不怨天尤人。

好了，你已经知道了一个人出现自卑、哀伤、担忧、害怕、焦虑这种种情形，是非常普遍的。我们每个人都会在将来的某一时刻遇到这种情境，如果严重的程度不断加深，又不能有效地解除，就会引发心理障碍，干扰我们的幸福感。

最根本的方式，是全面改善自己的心理健康，拿得起，放得下。真正能够调适自己的心态，享受当下快乐。直面一生中的所有挫折，娴雅地转过重峦。

当我和那些压力重重的朋友交流的时候，我说完了，他们往往还问："就这些吗？"我说："是的。"朋友们还是充满期望地问我："还有呢？"我说："没有了。"

大家很不甘心，就说："你总要教给我们一两个立竿见影的法子吧？"

我会苦笑道："你能要求健身教练在三天之内，把你的肱二头肌（咱们常说的上臂的那块疙瘩肉）练得见棱见角吗？"

大家回答："那是不可能的。"

我说："对啊，就是每日锻炼，要让肱二头肌发达起来，也要经过三个月的时间。既然我们知道身体的强健不是一蹴而就的事情，也不能要求我们的心理健康一蹴而就呀！"

朋友们明白了我的意思，但还是意犹未尽。

在这里，我和大家分享一个减压的方法——最简单的方式，就是调整呼吸。

呼吸是我们唯一能够有意识控制的生理活动。你并不能控制心跳，也不能控制血压，也无法控制胃液的分泌和胆汁的储存，但呼吸可以受到我们意志的指挥。

具体的方式是：

你先深深地呼出一口气。

注意啊，很多人以为深呼吸是从吸入空气开始的，有些号称有修行的老师也是这样传授的，其实这个顺序不对。当我们准备更迅捷地奔跑或需要强大的爆发力之时，我们都会深深地吸入一口气，这样我们的胸部就会有更深的扩张，肺部就会有更多的气体进入，更充沛的氧气渗入了血液，以供给身体更丰富的含有能量的物质。不过，请你记住，那是人进入紧张状态的准备动作，需要放松的时候，不是这样。

让我讲一个小故事。

古时有一位学生，要向老师学习。老师拿过一个杯子，杯子里面装满了水，然后，老师让学生端起茶壶，向杯子里面续水。

学生充满了狐疑，久久不肯往杯子里面倒水。为什么呢？因为结果很简单，谁都可以预料得到。但老师坚持让徒弟倒水，出现的局面就是水很快从杯子流淌而出，泻了满地。

徒弟说："水流出来了。"

老师说："是呀，如果你来的时候就是满的，那又怎么能接受新的东西呢？"

讲这个故事，就是说明你要放松，不是从吸气开始，而是要从呼气开始。先把你能够呼出去的所有的气都呼出去，然后再来缓缓地、深深地吸进一口气。屏住气，慢慢地数到3，然后再呼出去。这样，反复呼吸，坚持5分钟。每天最少来上3回。如果你发现自己开始紧张了，就用这个方法。

有的人可能不屑一顾，说："这样简单的方法，难道就能慢慢地让我学会放松吗？"

呼吸这个东西，看似简单，其实是非常重要的功能。比如，当我们报告某人生命停止的时候，通常会说于某日某时某分，他的呼吸停止了。而当我们紧张的时候，呼吸就会不由自主地加快，整个身体就进入了准备战斗或逃跑的状态。长久下来，就会滋生病态。

咱们的老祖宗创造词汇的时候，真是非常聪明。有很多这样的词：体会、体验、体察、体念、体悟、体恤、体现……都用了"身体"的"体"字，可见你要想领悟一个理念，单单靠思想是不够的，你的身体要参与，你的身体也是整个系统密不可分的一部分。反过来，如果你的身体放松了，它就会反转过来给你的意志以强大的影响。所以，你真要放松吗？当你的思想和情绪一时间无法操控的时候，就从你的身体入手。身体里最容易指挥的部分，就是我们的呼吸。你没法子让你的心跳马上降下来，你也没法子控制你肌肉的张弛（我们高度紧张的时候，会不由自主地哆嗦起来），好在上天留给我们一道情绪逃生的安全门，那就是我们的呼吸。不要小看了这个系统，只要你持之以恒地锻炼自己，就可以在紧张突如其来袭击我们的时候，用放缓呼吸这个撒手锏，把自己从紧张中解救出来。

当然，这是个治标不治本的方法，可以解救你于一时的危难，却不能根除你紧张的痼疾。真正的方法是从源头上清理焦虑，让我们拥有风雨不动安如山的稳定。

C 型性格的人是癌症的高发分子

下面，我们再来谈谈 C 型性格。

让光透进来：找回幸福的能力

细心的朋友一定会发现，在前面谈到性格分类的时候，有A型、B型、D型等，却偏偏没有提到C型。是粗心的科学家们把这个C型疏忽了吗？不是，在分类中，C型是存在的。

什么叫C型性格呢？

C型性格是在20世纪80年代由德国心理学家首先提出的。他们认为，C型行为的主要特征为：童年形成压抑，如幼年丧失父母，缺乏双亲的抚爱。行为特征表现为过分合作，过分忍耐，回避矛盾，自生闷气，过分焦虑，忍气吞声，逆来顺受，往往过度克制自己，压抑自己的悲伤、愤怒、苦闷等情绪。这类人往往属于人们口中的"大好人"，与世无争。这种人在遇到挫折时，其实内心并不是无怒无恨，只不过强行对它们进行压制罢了。

C型人罹患癌症的危险性比一般人高3倍，因为C型人的抑郁心理打乱了体内环境平衡，干扰免疫监控系统的功能，并不能及时清除异常突变细胞，这类细胞极易引发癌症。所以，以英文"cancer"（癌）的第一个字母为这种性格命名。

咱们再用《红楼梦》里的人物举个例子。比如迎春，这位大观园众小姐里最懦弱的一个，平日不善言辞，不喜欢出风头，时时处处与人为善。乳母偷了她的首饰去赌钱，她都不敢追问，事发了，乳母的子媳王住儿媳妇还欺负她。丫鬟为她抱不平，争吵起来，她劝阻不住，便"自拿了一本《太上感应篇》来看"。在抄检大观园时，她的丫鬟司棋出事，要被赶走，求她说情，她也不敢去……迎春的悲剧命运，是被父亲随便嫁给了禽兽般的孙绍祖，结果"金闺花柳质，一载赴黄粱"。在《红楼梦》里，并没有直接点出迎春是得了什么病，假如迎春再多活一些年头，估计会得乳腺癌或其他癌症，因为她实在是太典型的C型性格了。

第三章　打破枷锁，幸福不再遥不可及

关于癌症性格的问题，我一直在考虑讲还是不讲呢？犹豫不决。因为关于癌症的发病原因，现在并没有最终的结论研究出来，关于心理因素可以诱发癌症的说法，仅供大家参考。

在《心理学大辞典》里，"癌症"一词干脆开宗明义第一句话就是"心身疾病的一种"。

什么叫心身疾病呢？

心身疾病又称心理生理障碍。强烈的心理应激，会引起躯体的生理变化，我们在前面已经说过很多了，毋庸置疑。这种变化若是长期延续，就可能导致躯体的疾病，这也是被无数血的经验所证明了的。那么，在癌症的预防和治疗中，不仅须采用有效的生物科学治疗手段来处理实际发生的病理变化，也要通过心理治疗解决病人的心理问题。

心理学家们经过研究发现，经常产生强烈的不良情绪，比如焦虑、愤怒、忧愁、悲伤等，并过度压抑这些不良情绪，让这些负面情绪无法得到合理疏泄的人，容易患癌症。这类人的心理特征常表现为遇事敏感、情绪易于激动、自我克制和自我压抑力强，对不满和愤怒等总是隐藏起来不肯暴露，时常感到自己无所依靠，事事无能为力。长期下来，就积攒了很多愤怒和幽怨，由于表达出来的很少，绝大部分就压抑到了潜意识当中，开始作祟，积攒成癌。这种人，脸上也常常会挂相的，他们很少微笑，紧锁眉头。

按照中医的说法，五劳七伤，就会长成个苦瓜脸。

什么叫"五劳"呢？《黄帝内经·素问》说："久视伤血，久卧伤气，久坐伤肉，久立伤骨，久行伤筋。"按照这个逻辑，在办公室和电脑桌前伏案，必会伤血伤肉。

"七伤"则是：大饱伤脾，大怒气逆伤肝，强力举重、久坐湿地

伤肾，形寒饮冷伤肺，忧愁思虑伤心，风雨寒暑伤形，大恐惧不节伤志。

请注意这一句——忧愁思虑伤心。疾病常是灵魂和自我矛盾的体现。疾病的英文词"disease"的意思就是"不自在"，其本义可以理解为身体的疾病就是"内在的不自在"。

每一种疾病都是一种表达，当我们压抑一些东西，不许它在理智的层面得以表达时，它走投无路，就会在身体的层面得以表达。那就是身体的疾病。可以说，每一种症状，都是一部分自我在说"不"。如果我们不早早地倾听到这些信息，它就不得不用破坏性的方式来告诉我们。可惜的是，直到这种时候，很多人还是完全听不懂，有时简直要付出生命的代价。

有些人通过疾病，终于聆听到了身体的呼声，当然后面是理智的判断，他们尊重这种呼声，按照自己的心愿办事，身体就可能康复。

我这么一说，有的人可能就紧张起来了，咦！我是不是个 C 型性格的人呢？别慌，咱们有 10 道小题目，你可以试着答一答。

1. 你是不是很难公开地表达自己的情绪？内心总是伴随着难以解脱的压力？心情紧张焦虑？

2. 你怕面对人群吗？是不是很怕自己被伤害，谨言慎行？表面上小心翼翼，沉默寡言，态度温和，内心却十分压抑，挣扎痛苦？

3. 当你有一件事没有成功时，常常自责，懊悔不已？你也许很有才华，对自己和对他人的期望值很高。内在的求全和好胜心很强。

4. 你会对有创新的计划都心怀忌意，容易秉持悲观态度，是个完美主义者，极其惧怕失败吗？

第三章　打破枷锁，幸福不再遥不可及

5. 你是患病不肯求医，一味坚持隐忍吗？当发觉自己有可能患病时，会一拖再拖，并拒绝告诉家人？

6. 当你觉得自己不如别人时，常常会很沮丧，甚至极度不安。你有很深的不安全感，会常常怀疑别人捉弄自己吗？

7. 当你心情懊恼和不愉快的时候，会强颜欢笑，喜怒不溢于言表吗？当天气变换、亲人离散的时候，你的情绪容易波动和抑郁吗？

8. 你的人际关系怎么样呢？是不是没有很密切的人际关系，并且认为不把心事向人倾诉是强人的表现，因此沉默寡言呢？

9. 你会常常舍弃自己的爱好，委曲求全顺应现实吗？你是不是认为无力改善现状呢？

10. 当你的情绪不佳时，是不是很难向人倾诉自己的心声，不知道如何开口，并认为这是软弱无能的表现，任凭激烈的内心冲突折磨自己，却装作没事人一样，不屑表露？

如果上面这10道小题目中，你答"是"的占有7项的话，那么，你就有可能属于C型性格。如果只有5～7项答"是"，那么你有转向C型性格的较大可能性。如果你答"是"的在5项以下，你可能就不属于这种性格了。

对于这类心理小测验，我觉得你不必太当真。但是它里面透露出来的信息，你可以适当地加以注意。

C型性格的人为什么易患癌症呢？目前比较统一的看法是：C型性格的消极心态会严重妨碍体内的免疫机能，使免疫监视功能低下，不能很好地发现肌体内突变的癌细胞，这样就使突变癌细胞倍增繁殖，发生癌肿。此外，C型性格的不良情绪会直接降低肌体的

细胞免疫和体液免疫功能，致使癌病毒乘虚而入，从而发生癌症。

对于危险的C型性格，首先应多交朋友，开阔心境，遇事及时向朋友倾吐，该发脾气的时候就痛痛快快地发一次火，你会感到从来没有过的酣畅淋漓！其次，在关心别人的同时，也真诚地关心自己。不要总是忘掉一个人，委屈一个人，这个人不是别人，就是你自己啊！不要害怕矛盾和回避矛盾。普通人虽然达不到"与人奋斗，其乐无穷"的境界，但不退让总是可以做得到的。人生就是一个充满了矛盾的过程，你不可能躲入世外桃源自成一体，无穷无尽地忍耐只会让事情变得更加糟糕，要解决矛盾就要打开窗户说亮话，事情找到一个平衡点，就能有出口。千万不要压抑忧郁，那是一条死胡同。

心理学家斯宾诺莎认为，心理活动与身体的生理活动的重要性是等同的，是同一过程的两个方面。C型性格的心理活动特色，就是一个很有说服力的例子。不良心态得不到宣泄，精神上的封闭、压抑，导致身体的生理活动也倾向消极，癌症就应运而生了。

心理是脑的机能，是脑对客观现实的反映，脑的活动直接影响生理的活动。C型性格的人的消极心理，直接诱发了消极的生理活动。空气污染、社会环境是一样的，为什么有的人患上癌症，有的人则未发生癌变，60％以上的因素是心理因素，是C型性格在起作用。

第四章

抵达幸福有方法

人生本没有意义，
你要为自己的人生确立一个意义。

构建自己的幸福体系

我们为什么活着呢？

这是一个哲学问题，也是一个心理学的问题。

我的老师在我刚开始学习心理学的时候，曾经问过我："毕淑敏，你说说，心理学的基础是什么？"

因为我自己是学医出身，而且在那个刹那，我想到了弗洛伊德，他曾是维也纳最著名的精神科医生，于是我脱口而出："心理学的基础是医学。"

老师说："毕淑敏，你错了。心理学的基础是哲学。"

每个人的一生都应该是争取幸福的一生，都应该是让自己的幸福最大化的一生。心理学把人生幸福当成最高的研究目标。

我们所走的每一个脚印，都应该踏在幸福之路上，尽管幸福之路蜿蜒曲折。你不妨以一生的耐力和才华，且思且走，最终成就一个高度。

人生的至高财富，生命的所有意义，就是谋求幸福。

整个世界正处于某种前所未有的物质丰富但精神迷茫的时刻。每个人必须要为自己的幸福负责，而不是由他人来决定我们的幸福纲领和步骤。这一过程是冷暖自知，没有人能代替你完成这个人生的终极功课，只有你自己用日子来一笔笔亲手书写。

世界上几乎所有的事情都要适可而止。

太阳不能永远照射，那样会把大地烤焦。雨不能总是下个没完，那就是洪涝灾害。吃饱了，你就不能再吃，那样就会把肚子胀破。我在边疆行医的时候，看到一个姑娘，因为在别人的婚礼上吃了太多浸满了油的抓饭，那些硬而干燥的米饭粒在胃中发酵，结果她得了急性胃扩张，膨胀的胃最后在腹中爆裂。当我们急诊为她手术的时候，我看到了满肚子都是白花花的米饭粒……医生们尽了最大的努力来抢救她的生命，无奈肚肠被过多的食物胀裂之后，虽然被大量的生理盐水洗干净了，但无所不在的细菌还是引起了严重的腹腔感染，最后年轻的生命悲惨地被食物扼杀。慢性的多食，后果也很严重。就算是肚子没有胀破，但高血脂、糖尿病、肥胖症、心脏病，都和饮食的不节制密切相关。运动也不可过量，那会导致肌肉拉伤和关节劳损，还有绿茵场上的猝死。一项研究发现，过度锻炼还会导致女子不育。当然了，工作也不能过量，那是一种人的异化，除了像机器一样地运转，他再也找不到乐趣，直到某一天过劳而死。连氧气这种东西，也不能太多。太多了，就会氧中毒。

唯有一样东西，那就是幸福，没有止境。在这个世界上没有任何一个人，会嫌他享有的幸福太多了。不幸的人，当然是希望自己慢慢变得幸福起来。幸福的人，也希望在不破坏别人幸福的基础上，自己的幸福越来越丰盛。

没有一种流传久远的理论或信仰，是要我们永远受苦受难。即使是要你承受现世的苦难，也一定会承诺你在忍受这些苦难之后，将获得来世以至永生的幸福。

对幸福的追求，超越了种族和地域的限制，成了人类大同的目标。

幸福是什么？

是一种感觉，是灵魂的成就，而不是任何物质的东西。假如谁跟你说，"我有一个东西，你拥有了它，就像坐上了一条船，可以直接抵达幸福的彼岸"，你千万不要相信。倘若真是那样的话，我们只要拼命地制造这种东西，然后分发给大家，无数的人就会轻而易举地获得幸福。

可惜这种神秘的物质，永远不会制造出来。或者说，人类已经寻觅过了，找到了一种仿制品，那就是形形色色的毒品。但我们都清醒地知道，这种山寨版的幸福模拟物质，是抵达地狱的垂直电梯。

幸福生活的精髓，就是你在了解了幸福的真相之后，构建自己的幸福体系。

也就是说，如何做一个幸福的包子呢？既有富有营养的皮，又有鲜美可口的馅料。最重要的是，它是你亲手做出来的，和这个世界上其他的包子都不相同。

当我们确定了争取幸福是我们人生的终极目标之后，我们也讨论了争取幸福之路上的种种拦路虎和陷阱。那么，我们在绕过这些障碍之后，是否就必然地抵达了幸福的彼岸呢？如果不是如此，我们还要进行哪些努力，寻找哪些途径呢？

先要想想这样几个问题。

你认为自己幸福吗？

如果这个答案是否定的，那么毫无疑问，你要继续回答下面的问题了。如果这个回答是肯定的，就是说，你觉得自己是个比较幸福的人，那么，你也要继续回答下面的问题。因为按照咱们前面所说，没有什么人会嫌弃幸福太多。请记住，幸福是没有终点的。

第四章　抵达幸福有方法

然后我们要思考：为什么要追求幸福？

亚里士多德说：幸福是生命的意义和目的，是人类生存的终极目标。

幸福就是我们的生命存在的理由。你可以问自己很多问题，比如，为什么要上大学呢？为什么要找一个好老公或好媳妇呢？为什么要买大房子呢？为什么要千方百计地把孩子送到重点幼儿园里呢？为什么要孝顺父母呢？为什么要争取成功呢？为什么要追求功名呢？为什么要尽量让自己显得年轻呢？

这些问题的终极核心，都是幸福。不是为了自己的幸福，就是为了大众的幸福，比如革命先烈。

中国人民高唱的《东方红》，其中就有一句"他为人民谋幸福，呼儿嗨哟……"，可见幸福是全民族的理想。

为什么我们在长期以来的生活实践中，漠视了这一点呢？

因为自有人类以来，我们就在为温饱而奋斗。那个时候，储存更多的食物，就意味着遇到灾年的时候，你有更多的机会存活下去。如果你晋升到部落里比较高的等级，就有机会得到更多的配偶，你的基因就有可能更多地遗传下去。如果你身体高大，在奔跑和搏斗的时候，就有更多获胜或逃跑保全生命的机会，你的子嗣也能获得更多的安全保障……

当人们开始交换和贸易时，出现了货币，有钱就可以做到很多你凭一己之力难以完成的事情。储蓄金钱，就是储蓄了很多机会，储蓄了一种安定和保障。储蓄成为一种习惯，不管需要还是不需要，我们把储蓄越多的人，当成越让我们有安全感的人。人们不再问储蓄的目的，而只是把它当成了一种本能。这就赋予金钱越来越大的魔力。

让光透进来：找回幸福的能力

凡此种种，都是远古的馈赠，人类就是这样一步步地发展过来的，不必羞愧。物质的东西是比较容易看清楚，比较容易量化，也容易比较的。以往相亲，女方家的人，会到男方家看看他家的粮食囤子有几个。有钱人可以三妻四妾，当了皇上，就可以三宫六院七十二嫔妃。有"人往高处走，水往低处流"这样的民谚，"金榜题名时，洞房花烛夜"被称为人生大喜之日，也都是生存法则的提炼。它们背后，潜藏的是对幸福指标做了简单的物化和量化。

所以，长久以来，人们以为幸福就是物质。然而，人终究是有理性的动物。时至今日，如果没有爱情，有再多的配偶，都和幸福无关，因为人毕竟不是动物。再多的金钱，也和幸福无关，因为幸福是一种精神境界。

由于科技的进步，身高不再成为活下去的有利因素。只要你的智商情商足够高，一样可以获得很好的工作，获得不菲的报酬。为了人类社会的基因多样性和性别比例的平衡，以及最大层面的公平，地球上的绝大多数国家实行一夫一妻制，所以靠着高位以拥有更多女人来传宗接代的可能性，也已经基本上退出了主流的意识形态。

不过，很多人依然陷在这个原始本能的圈子里，这就是贪官在腐败的同时一般都包养情妇，很多有钱人超生并把这当成某种特权的原因之一。

随着文明的进步，人已经离普通动物越来越远了。在温饱解决之后，有意识地争取幸福，是全人类面临的重要问题。学会掌控你的激素，也是新时代的人面临的崭新挑战。

快乐不是奢侈品，是人类的精神维生素。如果我对你说："从现在开始，你丰衣足食，但你再也感受不到任何快乐，当然也没有幸福感，你麻木不仁地活一百年，然后寂静无声地死去，没有任何人会记得你，因为他们也是完全没有情感的。"我相信几乎所有的人都会说："那你让我现在就死去吧。"

　　理想的人生，恰似朴素的草编，柔软轻快，韧而持久，令人舒适，永远带着不动声色的暖。

幸福,最重要的是要有目标感

走向幸福的康庄大道,最重要的是要有目标感。

目标感和具体的目标是不同的。目标感是有方向和有崇高意义的精神追索。

不然的话,当你局部取得了胜利时,你的目标——有什么样的房子、什么样的车子、什么样的职务,一旦达到的时候,你反倒会空虚,会无所依傍地兴味索然。

不信,你回忆一下,看是不是有过这种达到了既定的目标,却怅然若失的时刻?我相信每个人都有过这种"拔剑四顾心茫然"的疑惑。

目标感必定是某种崇高的东西,是在一己生命之外,对整个族群和更大范围内的他人有所帮助的希冀。为什么这么说呢?我猜想,如果一个人只是为了自我而活,那么,在危机重重的人类进化史之中,这个物种必定要灭绝。"人群"是什么意思呢?人是群居动物,人必要成群才能生活。如果一个人非常自私,凡事只顾自己,完全不顾及他人,那么一旦有灾难降临的时候,别人都不会帮助他,他也就非常可能夭折。久而久之,以自私为目标感的人,必将受到整个人类文化的唾弃。

在说完了目标感之后,咱们再说说目标。一字之差,有所不同。

第四章　抵达幸福有方法

目标感是高远天际的朝阳，目标就是近处的那座山峰。

目标感和目标一定是要统一的。草蛇灰线，伏脉千里。如果你的目标感是看重自己的亲人，让自己和家人幸福，你的目标是一个和睦家庭，那么，你就要争取更多的时间和自己的孩子待在一起。

记得开心理诊所的时候，某天，有一位女子来咨询问题。她说孩子就要考中学了，但公司派她到国外办事处。外派可以获得很丰厚的收入——留存下来，可以让孩子一辈子都吃穿不愁。

她问我该怎么办。我说："你的最终目标感是什么？"

咱们先从近期目标说起。那女子说是辅导孩子好好学习，身心健康，注意饮食，开导紧张情绪，并且和老师及时沟通；做一手好饭菜。

我说："如果你的最终目标感是在你的行业中，创造出更完善的科学管理体系，开拓广阔市场，那就要选择接受这份工作。并没有对错之分，也不是待在孩子身边就一定是正面的影响。也有很多父母不在孩子身边，反倒更激起了孩子自强的意志。

"最怕的就是你心中把孩子和家庭看得很重，但又为了金钱到远方去，这样会饱受折磨，因为金钱并不能保证孩子的一生都幸福。或者是相反，你希望工作第一，你本可以到外地工作而为了照顾孩子留在家里。如果真是那样选择了，就不要一天唠唠叨叨，频发牢骚，说'孩子呀，都是你耽误了我的工作'。那样会让孩子自卑，觉得成了你的负担，反倒适得其反。"

人是要有一点使命感的，是要有一点崇高感的。一个人可以不信教，但必须要信一点东西，要信一己利益之上的高远的东西。要相信有这样的存在，它会超越自我生命的长度，独立高悬。信这个和不信这个，结果是不一样的。如果一点都没有，埋在世俗的庸常

让光透进来：找回幸福的能力

尘灰中，每天都是卿卿我我柴米油盐，那就会觉得过一辈子和过一天没有多少区别，那就让人萎缩和了无生气。

心理学家弗兰克说过："人类需要的不是一个没有挑战的世界，而是一个值得他去奋斗的目标。我们需要的，不是免除麻烦，而是发挥我们真正的潜力。"

如果你的潜力一直得不到发挥，那它就会像一头蠢蠢欲动的野兽，在你的身体里东奔西走，让你牢骚满腹，看什么都不顺眼，指桑骂槐，愤世嫉俗，不得安宁。环顾我们周围有很多这样的人，总是怨天尤人、郁郁不得志的样子，要害就是自己的潜能没有得到适当喷涌，既无法为社会和他人造福，也让自己时时生活在阴郁寡淡的压抑状态。

什么是你的内在的潜能呢？有谁来告诉你呢？对不起，除了你自己以外，没有任何人理当管这个事情。

要把自己的天分潜能最大化。天分潜能是我们快乐的触媒。持久的快乐就是幸福的地基。当然还有就是要对人类有利，你有这份天分，你把它最大化，对人类的发展就是贡献，然后自己又能享受幸福，这样的好事情，何乐而不为呢？天分最大化带来了幸福最大化，贡献最大化，这不是有百利而无一害的事情嘛！不做才傻！

解决了以上两个问题之后，就初步找到你的快乐增长点，它和你的目标有关，它和你的才能相关。

就像某个地方要发展，就要找到自己的资源，找到一个新的经济增长点一样，你必须要走这条路。只有一生中不断地从目标和开发自我潜能方面入手，找到持久而稳定的意义感，你才能充实而快乐。这个组合，有的人直到退休以后才找到。有的人，甚至直到生命终了，也还是不知所以，那简直就等于白来世上一趟。纵观他的

第四章　抵达幸福有方法

一生，就像一张被复印的纸，就像一面专门反射别人声音的墙壁，就像一件千篇一律的工业化产品，毫无特色。那真是寒彻肺腑的悲哀呀。

时间是人生的组成材料，所以，鲁迅先生说："时间就是性命。无端的空耗别人的时间，其实是无异于谋财害命的。"

以前人们觉得闲坐着聊天、无聊地打麻将、长时间地喝酒是浪费时间。其实现代社会，浪费时间也有了不同的表现形式。例如没法对别人说"不"，就是浪费时间。在传统文化中，有求必应是一种美德，但是如果所有人的要求你都要设法满足，你自己的要求就被淹没了。

浪费时间的，还有那些整天不能有片刻时间离开手机的人。有一次坐飞机，降落之后，机舱门还没有打开，几乎所有的人都拿出手机，打个不停。我在想，如果是给家人报个平安，那么晚几分钟，似乎也不是什么大问题。仔细听听大家说的是什么，有很多也不是报平安，只是聊天或说些平常话。在机舱门打开之前，严格讲起来，打手机还是有些不妥的，主要是并没有什么十万火急必须得争取这几分钟的事，那么最主要的原因，还是现代人无法离开手机，很多人只要别人找不到自己或自己一时找不到别人，就不安宁。这在某种程度上来说，也是一种浪费光阴。

还有可开可不开的会议，还有无所不在的迟到，还有漫长的饭局，还有很多言不由衷的应酬……

节约时间，尽快找到你的才能表达方法，然后抓紧时间，投入你的精力，在其中体验到幸福。

这世上，尽是邪说，你可要当心。告诉大家一个增强幸福感的好法子，那就是增加想做的事情，尽量地减少那些你不想做的事。

让光透进来：找回幸福的能力

记得在本书开始的部分，我们谈到人在快乐的时候，会有一种激素分泌。一谈到激素，人们就会想到性激素。其实，激素有很多种，性激素只是其中的一部分。

激素（hormone）音译为荷尔蒙，希腊文原意为"奋起活动"。它对人的肌体的代谢、生长、发育和繁殖等起重要的调节作用。

要说激素的浓度单位，每毫升都是以纳克（十亿分之一克）计量，极其微小，但其调节作用非常明显。它们由内分泌腺或内分泌细胞分泌出来之后，直接入血，在体内作为信使传递信息，激素的生物活性使它成为我们生命中极为重要的物质，通过调节组织细胞的代谢活动，从而影响人的整个生理活动。

1853年，法国的巴纳德研究了各种动物的胃液后，发现了肝脏具有多种不可思议的功能。另一位法国科学家贝尔纳认为这一定是其中含有某种特殊的物质，才能具备这种功能。这是激素首次进入人们的视野。

1880年，德国的奥斯特瓦尔德从甲状腺中提出大量含有碘的物质，并确认这就是调节甲状腺功能的物质。后来才知道这也是一种激素。

1901年，在美国从事研究工作的日本人高峰让吉从牛的副肾中提取出调节血压的物质，并做成晶体，起名为"肾上腺素"，这是世界上提取出的第一种激素晶体。

1902年，英国生理学家斯塔林和贝利斯经过长期的观察研究，发现当食物进入小肠时，由于食物在肠壁摩擦，小肠黏膜就会分泌出一种数量极少的物质进入血液，流送到胰腺，胰腺接到后就立刻分泌出胰液来。他们将这种物质提取出来，注入哺乳动物的血液中，发现即使动物不吃东西，也会立刻分泌出胰液。斯塔林和贝利斯给这类数量极少但有强大生理作用，可激起生物体内器官反应的物质起名为"激素"。

自从命名激素一词后，新的激素又不断地被发现，人们对激素的认识不断地加深、扩大。现在把凡是通过血液循环或组织液起传递信息作用的化学物质，都称为激素。

激素的分泌有一定的规律，既受肌体内部的调节，又受外界环境信息的影响。激素分泌量的多少，对肌体的功能有着至关重要的影响。

我们体内的激素是如何工作的，我们是否只能被动地让冥冥之中的古老生理反应操纵我们的肌体，而我们却好像局外人一样只能接受？

从今以后，我们要学会控制自己的激素。有了目标感，有了目标，每天都向着这个目标感统辖下的目标迈进，你的意识和潜意识都在为此而协调努力，你的激素就会有规律地分泌，如同优质的润滑油，滋润着你身心的各个角落。

另一个重要系统是免疫系统。

人体的免疫系统像一支精密的军队，24小时昼夜不停地保护着你的健康。不管你睡着还是清醒，不管你旅行还是思考，在你的体内，在任何一秒钟内，免疫系统都在不辞辛劳地工作着。它们调派不计其数不同职能的免疫"部队"，不断出发和战斗，从事复杂的任务。这个系统包括骨髓和胸腺，还有淋巴器官，比如扁桃体、脾脏、淋巴结等。红细胞和白细胞就是免疫系统里的士兵，骨髓是负责制造这些细胞的兵工厂。在你体内，每秒钟就有800万个血球细胞死亡并有相同数量的细胞生成。人体内的淋巴液大约比血液多出4倍。它们协同作战，设下重重关卡，防堵入侵的毒素及微生物。

让光透进来：找回幸福的能力

免疫系统不仅时刻保护我们免受外来入侵物的危害，同时也像警察一样，将体内细胞突变引发癌症的威胁消灭在萌芽之中。如果没有免疫系统的保护，即使是一粒灰尘也足以致命。根据医学研究显示，人体90%以上的疾病都与免疫系统失调有关。自从抗生素发明以来，科学界一直致力于药物的发明，期望它能治疗所有的疾病。可惜药物的使用，永远无法替代免疫系统的全面功能，还会产生对人体健康有害的副作用，扰乱免疫系统平衡。

人体的免疫系统，具有不可思议的力量。它不仅使人体免于病毒、细菌、污染物质及疾病的攻击，还是出色的清道夫，能把新陈代谢后的废物和免疫细胞与敌人打仗时遗留下来的病毒尸体一一清除。

免疫系统还司修补之职，能修补受损的器官和组织，使其恢复原来的功能。

健康的免疫系统，是人体一道无可取代的防卫天堑。

免疫系统的反应是非常灵敏的，变化在应激状态出现5分钟后就会表现出来，约在应激状态消失后的1小时内恢复原状。研究表明：在心情愉快的几天里，被试的各项免疫应答指标均较高；在心情不佳的几天里，各项指标则较低。

长时间（数月乃至数年）的生活压力对人体免疫系统的影响已引起研究者的高度关注，良好的心理因素与免疫力增强有关，不良的心理因素则可降低免疫力。20世纪70年代末，某海岛发生了几起严重的事故，结果附近的居民近10年来一直处于相对较强的应激状态，科学家发现，这里的居民与别处居民相比，其疱疹抗体的数量明显多于后者，说明这里居民的细胞免疫能力较差。

一项有关抑郁症患者的免疫应答研究的因素分析表明：与健康

组相比，抑郁症患者的各项免疫指标均偏低，而痊愈后其细胞活性偏低的现象就不复存在了。

看来，我们不但要学会控制自己的激素，还要学会控制自己的免疫系统，让它们能在一个良好的状态下工作。

这种控制，说起来复杂，其实最简单的方法，就是做你能做的事，做你最想做的事，做能给你带来快乐的事，做能给予别人快乐的事。

而当你快乐的时候，人的免疫系统也处在正常状态，激素也是正常的，这样的人就是和谐的，是赏心悦目健康阳光的。反之就是分裂的，病态的，不单自己痛苦，给别人带来的也是不安和躲避。

建立良好的人际关系，自己幸福，也传播幸福。

人要对自己的幸福负责，这是我们的终极理想。人要能控制自己的心理和精神，人能找到物美价廉的让内啡肽分泌的方法，人能让自己的激素和免疫系统始终处在高度和谐的状态，素面亲和，用语温煦。赶快行动起来吧，行动将决定你是否幸福。

让光透进来，你有能力获得幸福

很多人看起来一刻不停地在忙，实际上他们的精神还是空虚的。当本书行将结束的时候，我只有一个希望，希望大家尝试着把自己是否幸福作为衡量一切的标准。这就是人生唯一的业绩。它不是金钱，不是地位，不是权势，不是名声，而是你自己的精神层面是否感觉到和谐。

亚伯拉罕·林肯说过这样一句话："许多人的幸福程度只能到达他们的想象范围。"

你追求幸福的能力，是你所有能力中最重要的能力。你追求幸福中最大的障碍，其实来自你内心的限制。生命常常无聊地消耗于平庸琐碎之事，消耗在诸如升迁、牢骚、猜忌、造谣这类猥琐中。想爱的人没有爱，想做的事没有做，眨眼间，就老了。生命本不该如此啊！这些人没有品尝到幸福的美酒，是因为还没有准备好酒杯。就算幸福的琼浆真的倾倒下来，也会洒在沙土上，湮灭无痕。

有很多人觉得自己没有资格获得幸福。他们无望地在那里等待，把人生变成彻头彻尾的寒夜。守一盏枯黄残灯，像土豆等待发芽一样苦苦等待别人能带给他幸福。可惜呀，直等到周身青紫，储满了毒素，也没有人代他敲开幸福之门。以为自己和幸福绝缘的想法，是一种自我贬低，是一种不让自己幸福的禁闭令。所有的人在获取

第四章　抵达幸福有方法

幸福的道路上，都是平等的。你充满了发现幸福和创造幸福的能力，请站起来，快步走过去，自己打开幸福的枷锁，放幸福的阳光进来。

在旧书堆里，我看到了蔡元培先生的文章：《以美育代宗教》。

这篇文章不长，我将原文引用在这里：

我向来主张以美育代宗教，而引者或改美育为美术，误也。我所以不用美术而用美育者：一因范围不同，欧洲人所设之美术学校，往往只有建筑、雕刻、图画等科，并音乐、文学，亦未列入。而所谓美育，则自上列五种外，美术馆的设置，剧场与影剧院的管理，园林的点缀，公墓的经营，市乡的布置，个人的谈话与容止，社会的组织与演进，凡有美化的程度者，均在所包，而自然之美，尤供利用，都不是美术二字所能包举的。二因作用不同，凡年龄的长幼，习惯的差别，受教育程度的深浅，都令人审美观念互不相同。

我所以不主张保存宗教，而欲以美育来代他，理由如下。

宗教本旧时代教育，各种民族，都有一个时代完全把教育委托于宗教家，所以宗教中兼含着智育、德育、体育、美育的元素。说明自然现象，记上帝创世次序，讲人类死后世界等等是智育。犹太教的十诫，佛教的五戒，与各教中劝人去恶行善的教训，是德育。各教中礼拜、静坐、巡游的仪式，是体育。宗教家择名胜的地方，建筑教堂，饰以雕刻、图画，并参用音乐、舞蹈，佐以雄辩与文学，使参与的人有超出尘世的感想，是美育。

从科学发达以后，不但自然历史、社会状况，都可用归纳法求出真相，就是潜识、幽灵一类，也要用科学的方法来研究它。而宗教上所有的解说，在现代多不能成立，所以智育与宗教无关。历史学、社会学、民族学等发达以后，知道人类行为是非善恶的标准，

让光透进来：找回幸福的能力

随地不同，随时不同，所以现代人的道德，须合于现代的社会，决非数百年或数千年以前之圣贤所能预为规定，而宗教上所悬的戒律，往往出自数千年以前，不特挂漏太多，而且与事实相冲突的，一定很多，所以德育方面，也与宗教无关。自卫生成为专学，运动场、疗养院的设备，因地因人，各有适当的布置，运动的方式，极为复杂。旅行的便利，也日进不已，决非宗教上所有的仪式所能比拟。所以体育方面，也不必倚赖宗教。于是宗教上所被认为尚有价值的，只有美育的元素了。庄严伟大的建筑，优美的雕刻与绘画，奥秘的音乐，雄深或婉挚的文学，无论其属于何教，而异教的或反对一切宗教的人，决不能抹杀其美的价值，是宗教上不朽的一点，只有美。

然则保留宗教，以当美育，可行么？我说不可。

一、美育是自由的，而宗教是强制的；

二、美育是进步的，而宗教是保守的；

三、美育是普及的，而宗教是有界的。

因为宗教中美育的元素虽不朽，而既认为宗教的一部分，则往往引起审美者的联想，使彼受其智育、德育诸部分的影响，而不能为纯粹的美感，故不能以宗教充美育，而只能以美育代宗教。

这篇文章原载《现代学生》第一卷第三期（1930年12月版）。通读全文，蔡老的拳拳之心，透过岁月的烟尘，依旧灼热。

经过数十年的奋斗，基本上可以证明美育不能代替宗教。我认为积极的人本主义心理学，在某种程度上，可以回答人生的很多基本问题。

我的父母都是得癌症去世的，当他们离世的时候，我都守候在他们身边。他们留给我的最重要的遗言，就是他们都觉得自己很幸福。那个时刻，他们是如此虚弱，饱受病痛的折磨。我永远无法想象那一刻他们正遭受的煎熬，在那样的痛苦状态当中的垂垂老人，怎么还能感知幸福？！

但是，他们是我的父母，我万分尊敬他们、信任他们，我知道他们在生命的最后时刻，所要和我说的话，无比重要，无比真实。那就是他们无怨无悔地度过了自己的一生，他们觉得自己是幸福的。他们把这一生的感受凝结成如此朴素而温暖的一句话，告知他们挚爱的儿女。

我觉得这是非常宝贵的精神遗产。我由此坚信，一个人只要胸怀理想，不懈地努力，真诚勇敢，爱祖国爱人民，爱亲人爱朋友，就可以到达精神幸福的顶峰，那个时刻，即使生命即将振翅而去，也满怀欣慰与安然。

当我在《百家讲坛》最后一讲说到这里的时候，我的泪水，不禁潸然而下。我不知道在最后的播出带里，是否保留下了这个镜头。现在我写到这里，又一次泪水滚过面颊。

我不是专职的老师，也不是术业有专攻的心理学教授，我也不是准备留下传世之作的作家。我只是一个曾经的边防战士，一个曾救人性命的普通医生，一个正在努力写作的作者。容颜可老，但心不愿沮丧。军人经历和医生生涯，让我成为"无可救药"的人道主义者。我所做的微不足道，但它的方向始终是指向保护和拯救生命。我相信每个人一生都在渴望尊重理解和被善待，想让自己愉悦从容和睦。只是，这种看似简单的东西，如今稀少难觅。我如此地热爱我父母曾经经历过的和我自己正在经历的幸福，我觉得自己有义务和责任，把在幸福之路上的点滴思考和大家分享。可能有很多谬误错漏之处，祈请海谅。很抱歉，在现阶段，我已不可能做到更好了。

让光透进来：找回幸福的能力

活着，有一种神圣庄严的不可避免性。途中风雨交加，孤单前行，你无可脱逃，只有蔼然应答，充满惊喜地活在当下。

最后，让我衷心祝愿所有把本书读到这里的人，从现在开始，从这一分钟开始，去争取独属于你的幸福！让我们的灵魂在艰窘的挣扎中飘逸出香气，如麝香，如檀香，如雪花之香，如淡水之香。哈！后面这两样东西，其实并没有凡间的香气，只是天堂的风吹拂着将它摇曳。

附 录
社会再适应评定量表

这个表把我们常见的一些生活事件，都给打上了一定的分值，称之为"单位"。制定这张表格的霍尔姆斯教授发现，如果人在一年内经历的生活事件总和，超过了300单位，70%的人，在第二年就可能发生明显的健康问题。如果总和在150～300单位，48%的人可能发病。总和在150单位以下，第二年可能比较平顺。

序号	生活事件	分值
01	配偶去世	100
02	离婚	73
03	分居	65
04	入狱	63
05	亲密的家人去世	63
06	自己受伤或生病	53
07	结婚	50

续表

序号	生活事件	分值
08	被老板解雇	47
09	复婚	45
10	退休	45
11	家人健康的转变	44
12	怀孕	40
13	性功能障碍	39
14	家庭增加新成员	39
15	工作变动	39
16	经济状况的改变	38
17	好友去世	37
18	从事不同性质的工作	36
19	与配偶吵架的次数改变	35
20	超过1万美元的贷款	31
21	丧失贷款抵押物品的赎取权	30
22	工作职责的改变	29
23	子女离家	29
24	打官司	29
25	个人杰出的成绩	28

续表

序号	生活事件	分值
26	配偶开始或停止工作；学业的开始或结束	26
27	生活水平的改变	25
28	个人习惯上的修正	24
29	和上司相处不好	23
30	工作时间或工作条件的改变	20
31	搬家	20
32	转校	19
33	娱乐的改变	19
34	教堂活动的改变	19
35	社交活动的改变	18
36	贷款少于1万美元	17
37	睡眠习惯的改变	16
38	家庭联欢时人数的改变	15
39	饮食习惯的改变	15
40	假期	13
41	圣诞节	12
42	轻微犯法	11

让光透进来：找回幸福的能力

1. 配偶去世，100 分

在"社会再适应评定量表"中，生活事件刺激度分值排在第一位的，之前已经讲过了，是"配偶去世"，为 100 分。制定这个表格的人，看来是认同把配偶的关系放在我们所有密切关系的第一位了。

按照咱们中国人的想法，似乎是血缘更重要。记得我学习心理学的时候，有一次随口说道："我认为夫妻关系是人类最重要的关系之一。"

老师立刻更正我说："不是'之一'，是最重要的关系，它是唯一的。"

在我心目中，夫妻关系应该与一个人和父母的关系、和儿女的关系一样重要。它们是并列的，不是唯一。我的老师非常严肃地对我说："毕淑敏，夫妻关系就是人类最重要的关系。这一点是没有疑义的。"

想想也是，一个和你没有任何血缘关系的人，和你的基因毫不相关的人，要和你生活几十年，耳鬓厮磨共患难。她或他要和你一道送走你的双亲，抚育你的孩子，经历人间几乎所有的风波……这难道还不是最重要的关系吗？

这一点，请谨记在心。虽然残酷，而且或许会让你的父母和子女心怀不安和不满，但你不必内疚。这就是规则。

2. 离婚，73 分

我们前面已经说过，这是外国人编纂的表格，还没有经过众多的中国民众来验证。所以，这种排行和打分的顺序和结果，也许并不准确。你完全可以保留不同的意见，暂且听之。

对照这一量表，有些人可能会撇撇嘴，说："没那么严重吧？我认识的某某人，离婚了照样活蹦乱跳跟没事人似的，甚至好像比离婚之前生活得更好呢！"

我相信有这样的个案，但我依然觉得当这种人类最亲密的关系彻底破裂之时，它带给人的杀伤力万不可小觑。很多人为了表示自己和过去一刀两断的决绝，为了激励自己不要沉湎于痛苦，可能会有很多精神抖擞的外在举动，我想这都可以理解，显示着一种复原的决心。不过，这并不表明这种损伤不严重或不致命。这就像中国在遭遇汶川地震重创后众志成城不断恢复，但并不代表这种灾难和破坏不深重不惨烈。一般说来，如果一起盟过海枯石烂的誓言，一起相濡以沫携手并行，当撕裂发生并断然分手的时刻，有那种撕心裂肺的痛楚才是正常的。如果轻描淡写地很快复原，我觉得当年的结合，也可能是逢场作戏。

3. 分居，65分

记得我的老师指导过我："心理医生在处理夫妻感情纠结的时候，你要特别询问来访者是否已经'分床而居'，如果回答'是'，你还要继续询问是否分居。有时候，分居并不是其中一个人拎了箱子到外面去居住，而是可以发生在同一个屋檐下。夫妻双方彼此不再说话，停止交流，甚至连眼神也不再对视……这都是关系被摧毁破坏的强烈信号。有些夫妻善良并且一厢情愿地认为，分居会让彼此变得珍惜对方。有没有这样的情形呢？是有的。但你不能把这当成救命稻草，分居标志着关系危险而脆弱。很多分居，如果不加以彻底改善，接下来的就是婚姻彻底破产了。"

4. 入狱，63分

按我的感觉，好像这个分值低了一些。国情不同，或致看法有异。对于中国人来说，作奸犯科，都是极为严重的事件了，怎么也大过分居吧？

5. 亲密的家人去世，63分

我觉得这个亲密的家人应该包含自己的父母和子女。在注重亲情的东方，在我们的文化中，这个分值可能也略显得轻了一些。

6. 自己受伤或生病，53分

这一项似乎也比较笼统。自己生病，当然会造成很大的心灵困扰，不过，病的种类不同，给人造成的影响，也会有所区别。头疼脑热是一类，脑血栓和癌症就是另外一类。话又说回来，有时候，我们所承受的压力和具体的病症并没有太大的关系，而是取决于我们如何看待这个变故。所以，这个分值也自有道理。

7. 结婚，50分

接下来的生活事件是"结婚"。这一条，估计有异议的人多。按照咱们中国人的传统，结婚是大喜事呀，君不见人生的几大惬意时刻，"洞房花烛夜"也是榜上有名的。生活事件分为正性事件和负性事件，在心理学家和科学家眼里，只要是事件，就构成了压力，并不因为是好事，就有百利而无一弊。更不消说，很多人的婚姻，有不可告人之目的。其实那目的也是司马昭之心，无非是想让自己生活得更好一些，最好是少劳甚至不劳而获。总之，不管出自何等动机，环境和人际关系的改变都会带来巨大的变化，无论是嫁入豪门还是荆钗布裙，都是挑战。

8. 被老板解雇，47分

个人觉得这个分值可能也略嫌轻了些。要知道，工薪一族如果失去了饭碗（这一条指的不是自己主动辞职，另谋高就，而是很清楚地说明被解雇了），这对人的打击可非同小可。工作这件事对于一般的中国人来说，不仅仅意味着得到报酬养家糊口，而且代表着一种身份和位置。一旦突如其来地被解雇，心灵上的震波会达到相当的强度。

9. 复婚，45分

关于复婚，我们往往觉得当事人既然是先离而后合的，想必是深思熟虑了，应该没有大的反复了，应该回归安宁平和了。其实不然。破镜重圆之后的关系，充满了重新适应的难堪和变数，对于当事人来说，还是强烈的刺激。45分应该是有的。有些夫妻分了合合了分的，纠结不清，就是明证了。

10. 退休，45分

制作这个表格的人，想来深谙人之心理。如果一个人说，我太想退休了，然后想上哪儿玩就上哪儿玩，想睡到几点就睡到几点，那你基本上可以断定，这个人还年轻。退休是老年人的一大关口，他从自己为之献出青春的岗位上退下来，好像一块顺水而下的鹅卵石，被甩到了河滩上，并且永远和激流澎湃的河主流隔绝开来。时光如梭，华发如丝。这个落差，是需要好好应付的。

11. 家人健康的转变，44分

给这一条定出了如此高的分值，是非常明智并切合实际的。有的时候，家人的病痛带给我们的痛苦，甚至大于我们自己患病。我当医生的时候，有一段时间在小儿科工作，几乎每个陪病儿住院的妈妈都会说："看到孩子这样遭罪，我真恨不得把这病拿到自己身上，哪怕是重上10倍，也乐意呀。"那时我还没有结婚，惊奇母爱真的如此让人奋不顾身吗？后来有了自己的孩子，才知所言不虚。

12. 怀孕，40分

我觉得这个分值的高低，也许因人而异，差异可能会显著一些。对于夫妻感情十分甜蜜，经济状况良好的夫妻来说，压力大概小一点。如果是未婚先孕加之种种客观条件都不允许孩子安然出世的男女伴侣，那压力值可能会翻番。

13. 性功能障碍，39分

我们的民族心理是高度重视繁衍的类型，生殖崇拜绵延不绝。一个男人，若是丧失了性功能，有人会觉得是奇耻大辱。你看看街上到处都是卖壮阳药、补肾药的广告，从中可见一斑。其实，一个人的价值，并不完全取决于你有没有性能力，除了这个能力之外，人还有很多更值得珍视的能力。

14. 家庭增加新成员，39分

对于目前的独生子女来说，这个分值似乎也有调高的必要。一个孩子的诞生，简直就是在你面前打开了一扇通往新世界的大门，可能通往鸟语花香的圣地，也可能是通往百废待举、焦头烂额的沼泽。它的重要性、复杂性、艰巨性，超乎我们的想象。

15. 工作变动，39 分

这个"变动"，估计主要是指平调。如果是高升，可能压力会更大一些。如果是低就，压力值也可能会更高一些。但即使是平调，给人们带来的冲击也不小。

16. 经济状况的改变，38 分

我自忖主要是指经济收入下降吧，如果是轻度的上升，我觉得应该不会构成什么严重的事件。当然，经济收入上升得太猛烈了，比如突然中了几千万的奖票，给人的刺激，恐怕也不是这点分值就够用的了。不过，这是太小概率的事件，咱们还是讲更普通而平凡的改变吧。

17. 好友去世，37 分

这一条，我觉得也要根据彼此的感情基础来区别对待。如果是青梅竹马莫逆之交的逝去，其冲击的严重程度也许和亲人相似。

18. 从事不同性质的工作，36 分

调换工作这件事，大体上可分为两种。一种是同等性质的，一种是不同性质的。如果是同样性质的工作，对人的撞击比较小，这比较好理解。如果是不同性质的工作，则万不可小觑。我认识的一位朋友，在一家媒体工作，原来负责的栏目是旅游版面，后来调整到美容版面。对于这份新的职责，她两眼一抹黑，对美容

几乎一窍不通。那种失魂落魄的迷惘的心态，家人难以理解。大家说："不还是原单位吗，所有的同事和领导也都没有变化，连上下班的时间都一模一样，你怎么就慌张和一蹶不振了呢？"人们常常低估了不同性质的工作带来的复杂变化和应对压力。再比如，如果从"生产"这道工序改变为"销售"，那变化也是非同小可。在别人看来，你可能还是在这个单位，进出的还是同一扇大门，人际关系方面也一如既往，但当事人却觉得这个变动翻天覆地。如果你对此没有充分的认识，很可能会造成心理上的落差而陷入压力旋涡。

19. 与配偶吵架的次数改变，35 分

我没有看到过这个表格的原文，看到的翻译资料，就是这样描述的，我有点不好理解。想来，是指吵架的次数有所增加吧，若是减少，应该没有这么高的分值。不过又一想，也许进入了冷战，更让人觉得被忽略和藐视，因此带来更深层面的伤害。心智的暴力，是不流血而取人性命的战争。它虚而不幻，模糊而真实，无影无形又无所不在，酿造仇恨并遗传和发芽。总之，有些夫妻是把争吵当成交流的手段，若是一方突然不吵了，或是大吵个没完，都不是祥兆，是要引起很多压力的。

20. 超过 1 万美元的贷款，31 分

因为没有编制这表格时的相应物价资料，我无法准确说出这里提到的 1 万美元，究竟是怎样的概念。姑且把它当作一笔比较大的款项吧。

21. 丧失贷款抵押物品的赎取权，30 分

这一条，带有不同国情的烙印。

22. 工作职责的改变，29 分

这一条，和前面"从事不同性质的工作"，似有相同之处。我们常常把变化理解为巨大的落差，比如从农村到达城市，从小学升入中学，从衣食无着的乞丐到突然中奖的千万富翁，嫁入豪门，亲人离世等大喜大悲的激变……其实，飓风可以起于青萍，惊雷或许堆积于无声之处，对于你生活中的小变化不可忽视。比如原来你是 3 个人的小组长，现在变成负责 5 个人的领导工作，也许有人会说："不就是增加了 2 个人吗？没什么了不起的！"哦，不是这样的。

你也可以设想是增加了 60% 以上的工作呢，不可掉以轻心。如果没有良好的心态应对，累加的效应，也会酿成危机。

23. 子女离家，29 分

这一条和更多的人有关联。我觉得中国的父母对孩子的关切照料，十分周到。孩子从一出生，哺育孩子和指导孩子，就成了很多父母最重要的生活组成部分。孩子一天天长大，终于有一天会离开家庭，父母面临的失落非同小可。特别是中国现代家庭，有很多是独生子女，他们在某种程度上成了家庭运转的轴心。多年前，和一位朋友说起独生子女家长的焦虑，他因为有两个孩子，就不大理解。我对他说："你想象一下，如果一只公鸡和一只母鸡，只有一颗鸡蛋，现在还要把这颗鸡蛋完整健康地孵化出小鸡，而这对公鸡和母鸡以前从来没有干过这活，完全没有现成的经验，你说它们能不紧张吗?"

现在我们沿着这个思路往下推演,如果这对鸡妈妈和鸡爸爸,辛辛苦苦地把小鸡抚养了18年,小鸡突然振翅一飞,和鸡公鸡婆拜拜了,从此另筑新巢,再回来已是客人,你说这鸡窝里所经受的震荡,能轻吗?国外最先将这种状况命名为"空巢综合征"。

据说"空巢"起源于一则童话:在一片茂密的山林里,栖息着很多鸟,它们有的在翩翩起舞,有的在歌唱,然而在这片山林里,却有一对老鸟趴在窝中,心中苦叹:"孩子们的翅膀硬了,都飞走了,剩下我们两个老的好凄凉、好孤单……"

单从字义上讲,空巢就是"空寂的巢穴",比喻小鸟离巢后的情景,现在被引申为子女离开后家庭空虚、寂寞的状态。换句话说,空巢家庭是指无子女共处,只剩一对老年人独自生活的家庭。1979年,"提倡一对夫妇只生一个孩子"的政策在城市地区严格执行。20~30年后,我国城市第一代独生子女恰好是求学、工作、结婚的时期,他们的父母大多为48~60岁,就已经步入家庭空巢期。这些空巢的父母尚在中年,并将在空巢家庭中生活很多年。若以中国城市人口的预期寿命78岁来计算,普通独生子女家庭中空巢期将长达30年以上。

家有儿女,父母一般都形成紧张而有规律的生活,恨不得睡觉时也睁着一只眼,密切关注着孩子的一举一动。虽然操碎了心,但也形成了特定的生活节奏。孩子离开后,突然落入松散的、无规律的恍惚状态,导致其中的一部分人难以适应,出现无所事事、情绪低落、消沉抑郁、丧失生活目标的状况。因为多年以来都是围着孩子转,轴心一旦消隐,孤独的生活状态让他们对自己存在的价值产生怀疑,没有了关怀和倾注爱心的对象,产生被遗忘的感觉,其中严重者，甚至思维能力下降，疾病缠身……最常见的躯体症状有失眠、早醒、睡眠质量差、头痛、心慌气短、消化不良等，更严重的则表现为心律失常、高血压、冠心病、消化性溃疡等。在一部分父母的潜意识里，常会有"倘若自己生了重病，孩子就会重新回到自己的身边"这种可怕的逻辑，常常使空巢综合征成为各种严重病症的诱发因素。

由于中国独生子女政策实施时的严峻和一刀切，使得那个时代的父母，很多是在没有做好充分思想准备的时候，就无可选择，放弃了生育自由。他们所遭遇的心理困惑和生活适应上的挑战，也许十分特殊。所以，我认为这个分值可能有调高的必要。

24. 打官司，29 分

个人觉得，对于怕打官司愿意息事宁人的中国人来说，迫不得已打官司，是个比较严重的事件。也许国外对于法律诉讼司空见惯，所以这一项的分值并不是很高。前一阶段，我怒告某家杂志侵权，他们居然冒用我的名字，发表了一篇署名为我的名字的伪作，在文中以我的口吻丑化我的家人，虽然最后是我胜诉，但在这一过程中我所受的煎熬和压力，闹得我的血压不断升高，医生说再这样下去，也许我会被气得脑出血呢！以我个人的感受来说，"打官司"的分值，可能低估了实际情况，29 分，似乎不够用。

25. 个人杰出的成绩，28 分

这个分值是否适宜，留着让那些有着杰出贡献的人自己来衡量、判断。不过分值也许并不是最重要的，具体到每个人的情况不同，取得的杰出成绩也千差万别，对每个人的影响也会有所不同。我觉得提出这一条的最大价值在于，它告诉我们，即使是正性的事件，也会给我们带来意想不到的压力。当你遭逢这种境遇的时候，不必感到孤单和不可理解，以为自己在顺风顺水春风得意的情况下，还会觉得不爽，是一个异类。其实，压力无所不在。

26. 配偶开始或停止工作；学业的开始或结束，26分

我觉得这一项的贡献在于让我们更深地了解到不单自己开始或停止工作、学业，是一个事件，自己的另一半发生这样的情况时，也会对整个家庭产生不可小觑的影响。一旦遇到了，请不要紧张，一起商量对策就是了。

27. 生活水平的改变，25分

这一条可能有点笼统吧，咱中国人的古话说的是"由俭入奢易，由奢入俭难"，那意思是对生活水平改变这个事件，要具体情况具体分析。如果是从贫寒走入奢华，似乎比较简单。但反过来，从奢华走入朴素，则比较困难。其实，我对这个说法一直有些质疑，我觉得由奢入俭易。为什么这么说呢？你想啊，为什么会有这种变化呢？一个是你主动追求的，一个是被迫如此，无法逃避的。前者是你的选择，后者是你无法选择，都是必须接受的现实。至于由俭入奢，倒是可能逃避的，要费思量，要逐渐适应，应该说是比较困难的。

不管怎么说，总之，生活水平的变化，无论是变好还是变糟，都会引起一定程度的刺激和压力，这一点，不容置疑。

28．个人习惯上的修正，24 分

什么是个人习惯呢？此大项目下，大概包括了饮食、锻炼、睡眠以及减肥、戒烟种种子项目，这些都会带来生活习惯的改变。我认识的一个朋友告诉我，他为了戒烟，学会了吃糖。结果是烟戒掉了，体重增长了 10 斤。他苦恼地问："你说说是继续抽烟害处大，还是我身上这 10 斤肥肉的害处大呢？"

无言以对。

29．和上司相处不好，23 分

我毫不迟疑地感觉这个分值偏低了。在国人心目中，与自己上级的关系，是所有工作关系中最重要的关系。在国外，若是和顶头上司关系不好，大不了走人就是了，虽然是有刺激的生活事件，但相对轻松一些。在国内，如果这个矛盾化解不了，我相信会使很多人异常苦恼。也许把这分值乘以 2 还差不多。

30．工作时间或工作条件的改变，20 分

对于工作时间来说，在待遇不变的情况下，缩短工作时间，应该是受到欢迎和容易适应的，适应起来可能不大困难。构成压力的情况，估计主要是指加班了。

我讨厌加班。我觉得加班不仅仅是超额使用了身体和精力，更主要的是它让我对自己的时间失去了控制感。这是一种令人不安的不舒服感觉。

31．搬家，20 分

我觉得对于成人来说，20 分，可能差不多。对于孩子来说，可能稍少了一些。在我担当心理医生的那些年月里，看到过很多因为搬家而丧失了原来熟悉的环境和小朋友的友谊的孩子，会因此变得孤僻和沉默寡言。那种哀伤，是成人所难以理解的。由于城市的快速建设和人群的巨大流动性，人们经常处于搬家的状态中，所以，要特别照料孩子的心理状况，搬家对于他们短暂的生命历程来说，就如同死亡一样令人难以接受。

32．转校，19分

这一条和上面这一条，有某种关联，既然说到了学校，我们有理由相信这一条主要是针对孩子和青少年的。依据我上面所经历过的交谈，我觉得这个评分也低了一些。对于孩子和青少年来说，频繁地转学，等同灾难。

33．娱乐的转变，19分

对于这一条，我有点吃不准。估计是放弃了原来喜爱的娱乐项目，转而开始新的娱乐或者运动项目，会手忙脚乱一阵子，一切从零开始，显得十分外行，在内行的人面前感到自卑，手足无措，等等。

34．教堂活动的改变，19分

记得我在国外一位老奶奶家做客，她请我睡在一张大木床上，然后很炫耀地告诉我说："你知道这条雪白的床单有什么来历吗？"我低头看了看浆洗一新的床单，说不出个所以然来。老奶奶说："告诉你吧，它已经有60年的历史了，是我年轻时候亲手绣的！"

你可以想见躺在一条有着60年沧桑历史、绣满了花的、被特殊浆液浸泡过的、笔挺的床单上入睡，是怎样不舒服了。快到黎明时我才入睡，老奶奶就已经醒来了。她穿戴一新，催促我们也早早起床，说今天要到教堂去。老人家当时那种期待和郑重的神色，让我深感她对每次教堂活动的重视。所以，我相信这一活动的改变，是有重要影响的。

35. 社交活动的改变，18 分

对于年轻人来说，同学、朋友、哥们儿、同事等的欢聚，是极为珍惜的社交活动。我认识一位丧偶的夫人，她对我说，丈夫的去世，还不是最不可忍受的。因为丈夫罹患重病，她已有思想准备，家中条件也很好，各方面都妥善处理了。她最难过的是丈夫过世后，以前所有的朋友都很少往来了。因为那些朋友都是他们夫妻共同的朋友，男方不在了，大家觉得和她一个人往来不方便，而且也怕触景伤情，就一个个地远离了。那位夫人说："我在失去了丈夫的同时，也失去了所有的朋友，真是双倍地凄惨哪！"

36. 贷款少于 1 万美元，17 分

看来贷款这件事对人构成的压力，是持续而潜移默化的。不管是大量的贷款还是稍少量的贷款，都是生活事件中的不祥因子。

37. 睡眠习惯的改变，16 分

那些被失眠问题困扰的人，一定觉得这个分值低了。的确，若是睡不好觉，真是痛苦。咱们中国有个词叫作"择床"，说的是人对于自己睡觉的床铺，有挑选的毛病。如果睡眠的卧具有所改变，就会影响睡眠。

有一位教授有次问我:"你一次出差,最多能坚持多长时间?"我有点纳闷。按说能坚持一天,就能坚持很多天。记得我乘船环球旅行,在海上颠簸了几个月,似乎也不是太大的问题。我说:"什么意思呢?如果需要,可以坚持很久的。"

教授说:"羡慕你,我最多只能坚持3天,3天过了,一定要回家。"

我觉得有点好笑,说:"您怎么跟灰姑娘不能过夜里12点一样呢,是怕您的金马车变成南瓜吗?"

他苦笑了一下说:"我只要离开自家的卧室,就睡不好觉。有的时候,几乎是彻夜无眠。你想啊,一个人如果睡不成觉,最多只能坚持3天,之后若是再不回家,就头痛得要裂开,什么事情也做不成了。所以,人家请我讲学,我只能讲3天。第四天,一定打道回府。"

这段话,或许可为这一条做个小注脚。

38. 家庭联欢时人数的改变,15分

中国人喜聚不喜散,如果上一年的除夕金玉满堂全家团圆,这一年的聚会却门庭冷落,那对老年人造成的打击,是一定不会小的。

39. 饮食习惯的改变,15分

对于执拗的"中国胃"来说,这个分值有点少啊。我认识一个很有才华的青年,毕业以后,辞谢了北京若干家大机构的挽留,执意回到家乡,最主要的原因就是"饮食不习惯"。"唉!北方的伙食,我实在是难以忍受。就说一棵葱吧,那么大,那么辣,而且味道怪怪的,哪里有我们家乡的香葱纤巧秀气呢?还有芹菜,我的天哪,一

棵西芹有小孩子的胳膊那么粗,却没有什么味道,徒有其表,哪里如我们家乡的香芹,细细的,浓郁的香气呛鼻子……"

我这才深深明白了,有的时候,胃这个器官,是具有一票否决权的。

40. 假期,13分

这一条,可能会让某些朋友吃惊了。一定有人会说:"假期,多么好的事情啊,高兴还来不及呢,怎么还构成了生活事件?"

这一条,乍一听,你可能不理解。不过我相信,只要静下心来想一想,就会明白休假绝对会给我们带来挑战。如何把假期度过?到哪里去?和谁一起去?还是自己去?怎样到达目的地?买飞机票、火车票还是用其他交通工具?怎样花费才能最俭省?办不办保险?保额多少?穿什么衣服和什么鞋子出发?带什么药品?要不要背上电脑?手机的话费不多了,需要马上去充,还有银行卡要办一张国际通用的,是不是很烦琐呢?

所以,13分不多呀。

41. 圣诞节,12分

这一节也是和过节有关。我斗胆把这个项目改一下,改成咱们的"春节",也许更符合国情。是啊,每逢这个举国欢庆的日子,冒着寒风,顶着人海,无数游子跋涉千万里,千辛万苦地赶路,只为了在除夕夜辞旧迎新的那一刻,能和自己的亲人一道度过,只为了大年初一吃饺子的时候,所有的家人都团团圆圆地围坐在热气腾腾的桌边……为了这个平凡而又奢侈的愿望,多少人积攒金钱,保存体力,蓄积礼物,埋下各种人脉关系,希望在那个节日到来的时候,自己能够更快乐地回家。所以，这个节日，是应该被称为生活事件的，是应该构成压力的。

42. 轻微犯法，11分

什么是轻微违法呢？是不是闯红灯啊，在超市里小偷小摸呀？应该要算的。

好了，我们用了几乎可以算是冗长的篇幅，来分析这个表格的各个子项。具体的用法就是，你把你这一年中已经遭遇的生活事件找出来，把它们的分值累加起来，你就得出了自己目前和以后的压力状态数值。让我们试着来做一个这样的加法。

假如你这一年里，先是离了婚——73分；

之后患心脏病多年的母亲去世——63分；

由于连连遭遇打击，开车的时候走神，出了事故，胳膊骨折了，受伤——53分；

休病假，使得自己无法再像以前那样负责一个重要部门的工作，被调到一个相对清闲的岗位。虽然工作上的压力有所缓解，但不受重视的感觉却日益加重。工作变动——39分；

由于和离婚的妻子原本是大学同学，离婚之后，和同学们的关系也就渐渐疏远。社交活动的改变——18分；

好了，把这几项加起来，多少分了呢？答：246分。

让我再来重复一遍：制定这张表格的霍尔姆斯教授发现，如果人在一年内经历的生活事件总和，超过了300单位，70%的人在第二年就可能发生明显的健康问题。如果总和在150～300单位，48%的人可能发病。总和在150单位以下，第二年可能比较平顺。

通过这张表格，我们发现有些人应该对自己的身心健康方面高度注意了。因为当分值接近 300 分的时候，就有 50% 的可能性要生病了。

当然了，任何表格都是死的，都不可能包罗万象。所以，我们万不必迷信它。不过，如果在你的生活里面出现了很多意外情况的叠加，那么，你还是要对自己的身心健康采取更加重视的态度。

后 记
念叨着一种坚定的幸福

我喜欢丝绸和瓷器。不仅因为它们为中国历史上最值得骄傲的发明之一,也是中国古代脚力最矫健走得最远的商品,更因为它们独特的俊美。任何一种人工的纤维,至今都无法媲美丝绸的高贵和精彩,就算表面上模拟得有几分形似了,一贴到皮肤上,那感觉也全然不同,人的触觉和天然的丝绸更熨帖。瓷器呢,简直就是魔法师。来自大地的凡土,经过艺人的手和火焰的烘烧,成仙得道,变得光洁如水、晶莹夺目。总感到瓷器在用这造化,表达意味深长的哲理。

多年前,我在江西景德镇做了一个青瓷的瓶。初起,在那女师傅的摊子上,摆满了琳琅满目的样品,让我一时无法确定到底做个什么物件好。看出我的犹疑,女师傅说:"就做个瓶吧。"

我这时一眼看上了一个盘子的坯,问:"做个盘不好吗?"

女师傅说:"盘也好。不过要是我,还是会选瓶。"

"为什么呢?"我当然要问。

"瓶,代表平顺安宁啊。你没见中国古代的案几上,人们都摆瓶的。天天看到瓶,念叨着瓶,就是一种许愿,人就会平安的。"女师傅慈眉善目地说。

让光透进来：找回幸福的能力

面对古人这种饱含心理学暗示疗法的理由，你还能抗拒吗？于是，就动手来做瓶。

想手下这温润的泥，在混浊杂乱的深壤中，闭目养神了千万年，突然就见了太阳。原本面目模糊无筋无骨的粉尘，被劳动赋予了形体，就成了花瓶或盘盏的坯。它鲜白、柔和、素净、温软，一如晨曦初现时的清爽。女师傅端来一碟黑色的液汁，把毛笔递给我道："在瓶上写好你想说的话，画上你喜欢的图。"我说："恐怕写不好画不好。"女师傅说："自己写的画的，好看不好看并不要紧，意义格外不同。"见我执了笔，她又叮嘱道："这碟子里就是古法青花的染料，你看它是黑色的，烧过之后，就变成靛蓝色了。记得要事先想周全哪，下笔之后，就没法再改了。"

我屏住气，画上了一幅画，写上了几个字。这些字和画，承载着我的心意，沁入了青瓷泥坯的肌肤。署上时间和名字之后，我问女师傅："然后呢？"

女师傅说："然后你就把它交给我。它会被送到古窑，要整整烧3天共72小时。"

我问："然后就好了吗？"

女师傅轻叹了一口气说："那可也不一定。要看这瓶的运气呢。要是炸了裂了，都没有法子。总会有这样的事，我们退你钱。但愿你这瓶平安。"

之后，我回了北京，静静的等待中充满了惦念。常常想到这个瓶正在熊熊的炉火中修行，烈焰包绕，熠熠生辉。如同我们的意志，经过了磨炼和时间，与万物方能黏成一体。青瓷之中，凝固了大地的疆土，吞咽了江河的净水，吸附了一些古老手艺的染料，那里面有稀有元素的玄妙配方。还有动物皮毛扎束起的笔锋灵韵，那是狐

后记　念叨着一种坚定的幸福

狸的尾巴吧？我描画图案书写姓名的时候，从笔尖看到了一点跳动的金红色。瓶身上有我和家人的名字，代表着我们的身心。奔突的炉火如炙红的绸，要围绕着它旋舞3天。它会灼痛吗？祈愿这个瓶没有砰然炸裂，没有琐细的网纹，它从容轻巧安然涉险，不动声色地跨过火海，终于又重回云淡风轻的人间。想起明朝时的海船，载了万千的青花瓷器，遭遇风暴沉入海底，几百年波涛翻滚环伺周围。一朝出水后，那瓷器依然湛蓝着雪亮着，一如北欧少女端庄的眸。纵是出了意外成了废品，击打后，爆成数不清的碎片，也可以镶在墙上地上，成一幅残缺的装点。

终于，那瓶被安全地送达了我家。打开包装的一瞬，我又一次屏住了呼吸。

我终于又看到了它，恰如灾难后亲朋重逢。经过千度以上的高温浴洗，它亭亭玉立，一如既往地周正、安宁、温润、亲切可人，让人想起满月时分风平浪静的海，毫无瑕秽地闪着银钴般的微光。这瓶最显著的变化是不再柔软，弹之铮铮作响，犹若侠骨激荡。

我看到了那瓶身上的图案，一丛兰花娴雅地开放着，仿佛有沁人心脾的幽香逸散而出。我母亲名中有一个"兰"字，谨以此瓶寄托我无尽的思念。

我看到了那瓶身上手书的两个字——"幸福"，清晰坚定，蓝得触目惊心，宛若蚀刻到了瓶的骨。

那一刻，我恰好完成了这本书的初稿，正在修改中。今晨，凝望着这个安坐身旁的瓶，我写下了这本书的后记。这本小书，也如同这个手工的青花瓷瓶，一笔一画都是心血凝聚。中国有句成语，叫作"画饼充饥"，略带调侃。我在这里把这个真实存在的瓶写出来，借着它把一份深深的祝福送给你——祝你幸福平安！

© 中南博集天卷文化传媒有限公司。本书版权受法律保护。未经权利人许可，任何人不得以任何方式使用本书包括正文、插图、封面、版式等任何部分内容，违者将受到法律制裁。

图书在版编目（CIP）数据

让光透进来：找回幸福的能力 / 毕淑敏著 .

长沙：湖南文艺出版社, 2025.6. -- ISBN 978-7-5726-2401-8

I. B84-49

中国国家版本馆 CIP 数据核字第 2025BZ5123 号

上架建议：畅销·文集

RANG GUANG TOU JINLAI: ZHAOHUI XINGFU DE NENGLI

让光透进来：找回幸福的能力

著　　者：	毕淑敏
责任编辑：	张子霏
监　　制：	秦　青
策划编辑：	张宇帆
特约编辑：	张晓虹
营销编辑：	kk
封面设计：	尚燕平
版式设计：	李　洁
封面插图：	肥猫天使
内文插图：	视觉中国
内文排版：	百朗文化
出　　版：	湖南文艺出版社
	（长沙市雨花区东二环一段 508 号　邮编：410014）
网　　址：	www.hnwy.net
印　　刷：	北京嘉业印刷厂
经　　销：	新华书店
开　　本：	680 mm × 955 mm　1/16
字　　数：	238 千字
印　　张：	19
版　　次：	2025 年 6 月第 1 版
印　　次：	2025 年 6 月第 1 次印刷
书　　号：	ISBN 978-7-5726-2401-8
定　　价：	59.80 元

若有质量问题，请致电质量监督电话：010-59096394

团购电话：010-59320018